utb 6352

W0350990

Eine Arbeitsgemeinschaft der Verlage

Brill | Schöningh – Fink · Paderborn
Brill | Vandenhoeck & Ruprecht · Göttingen – Böhlau · Wien · Köln
Verlag Barbara Budrich · Opladen · Toronto
facultas · Wien
Haupt Verlag · Bern
Verlag Julius Klinkhardt · Bad Heilbrunn
Mohr Siebeck · Tübingen
Narr Francke Attempto Verlag – expert verlag · Tübingen
Psychiatrie Verlag · Köln
Ernst Reinhardt Verlag · München
transcript Verlag · Bielefeld
Verlag Eugen Ulmer · Stuttgart
UVK Verlag · München
Waxmann · Münster · New York
wbv Publikation · Bielefeld
Wochenschau Verlag · Frankfurt am Main

Christian Fuchs ist Professor für Mediensysteme und Medienorganisation an der Universität Paderborn, Deutschland. Er ist ein kritischer Theoretiker der Kommunikation, der digitalen Medien und der Gesellschaft. Er ist Mitherausgeber der Zeitschrift tripleC: Communication, Capitalism & Critique. Er ist Autor zahlreicher Publikationen, darunter die Bücher Grundlagen der Medienökonomie: Medien, Wirtschaft und Gesellschaft (2023), Der digitale Kapitalismus (2023) und Kommunikation und Kapitalismus: Eine kritische Theorie (2020).

Christian Fuchs

Radikaler Digitaler Humanismus

Eine Philosophie für die digitale Gesellschaft des 21. Jahrhunderts

UVK Verlag · München

Dieses Buch ist die deutsche Übersetzung des folgenden Buches:
Christian Fuchs. 2022. Digital Humanism: A Philosophy for 21st Century Digital Society. Emerald Publishing Limited.

Umschlagabbildung: © iStockphoto, wildpixel

Bibliografische Information der Deutschen Nationalbibliothek
Die Deutsche Nationalbibliothek verzeichnet diese Publikation in der Deutschen Nationalbibliografie; detaillierte bibliografische Daten sind im Internet über http://dnb.dnb.de abrufbar.

1. Auflage 2024

DOI: https://doi.org/10.36198/9783838563527

Dischingerweg 5 · D-72070 Tübingen

Internet: www.narr.de
eMail: info@narr.de

Einbandgestaltung: siegel konzeption | gestaltung
CPI books GmbH, Leck

utb-Nr. 6352
ISBN 978-3-8252-6352-2 (Print)
ISBN 978-3-8385-6352-7 (ePDF)
ISBN 978-3-8463-6352-2 (ePub)

MIX
Papier aus verantwortungsvollen Quellen
FSC® C083411
www.fsc.org

Inhaltsverzeichnis

Abbildungsverzeichnis

Tabellenverzeichnis

1 Einleitung

Das Buch *Radikaler Digitaler Humanismus: Eine Philosophie für die digitale Gesellschaft des 21. Jahrhunderts* ist ein Beitrag zur Moralphilosophie der digitalen Gesellschaft. Es führt in den Ansatz des Radikalen Digitalen Humanismus ein und stellt folgende Fragen: Warum ist die humanistische Philosophie im heutigen digitalen Zeitalter wichtig? Wie kann der Humanismus uns helfen, kritisch zu verstehen, wie digitale Technologien die Gesellschaft und die Menschheit formen? Welche Art von Humanismus brauchen wir, um die Digitalisierung der Gesellschaft kritisch zu verstehen? Dieses Buch trägt zur Erneuerung der humanistischen Philosophie im digitalen Zeitalter bei.

Unsere heutige globale digitale Gesellschaft ist kein guter Ort zum Leben. Autoritarismus und Nationalismus sind in vielen Teilen der Welt starke Kräfte. Autoritarismus und Hass verbreiten ihre Ideologien ständig im Internet und über soziale Medien. Damit einher geht ein Angriff auf die Wahrheit und die Qualitätsmedien. Wir haben erlebt, wie Falschmeldungen Wahlergebnisse beeinflusst und den politischen Alltag dominiert haben. Es ist von einer postfaktischen Politik (*Post-Truth*) die Rede. Zu viele Menschen misstrauen Fakten, der Idee der Wahrheit, Expert:innen und Forschung. Sie glauben, dass die Wahrheit das ist, was sie als emotional beruhigend und ideologisch akzeptabel empfinden. Algorithmen schaffen und steuern Aufmerksamkeit und Sichtbarkeit im Internet, was die Politik beeinflusst. In der algorithmischen Politik ist es undurchschaubar geworden, ob eine bestimmte Information, die online zirkuliert, von einem Menschen oder einem Roboter erstellt wurde. Roboter und Künstliche Intelligenz (KI) formen und beeinflussen die Welt der Arbeit, des Konsums, der Freizeit, der Entscheidungsfindung, des Transports, der Produktion, des Gesundheitswesens, der Bildung, der Nachrichten und der Unterhaltung. Viele Menschen fragen sich, ob die menschliche Autonomie und Entscheidungsfindung durch KI-gesteuerte Roboter ersetzt werden kann und wird. Die digitale Überwachung ist allgegenwärtig. Sie wird sowohl von Regierungen als auch von kapitalistischen Unternehmen als Mittel der Kontrolle eingesetzt. Wir haben den Niedergang der Öffentlichkeit im digitalen Zeitalter miterlebt. Nachrichten und Informationen müssen kurz, oberflächlich und unterhaltsam sein, um ein beachtliches Publikum zu erreichen. Die Öffentlichkeit ist in Mikroöffentlichkeiten, Filterblasen und Echokammern aufgespalten, so dass die Menschen nicht mehr in der Lage sind, miteinander zu reden. Rechtsextremist:innen lenken den Hass online gegen Migrant:innen, Flüchtlinge, Feminist:innen, Sozialist:innen, Liberale, Expert:innen und Qualitätsmedien. Die Öffentlichkeit ist stark polarisiert. Infolgedessen neigen viele Menschen dazu, andere Menschen in den Kategorien von Freund und Feind zu sehen. Digitale Technologien prägen auch die Kriegsführung. Die digitale Kriegsführung hat die zerstörerischen Fähigkeiten der Militärtechnologien erweitert und intensiviert. Die enormen Mengen an Elektronikabfällen und die Versorgung digitaler Technologien mit Energie aus fossilen Brennstoffen und Kernenergie haben zur Umweltkrise und zu Umweltrisiken beigetragen. Die COVID-19-Pandemie hat gezeigt, wie anfällig die Menschheit für Viren und Gesundheitskrisen ist. Während der Pandemie waren die Menschen gezwungen, ihr Leben online neu zu organisieren, um zu überleben, was zu neuen Ungleichheiten und Problemen geführt hat.

Die Menschheit und die Gesellschaft befinden sich in einer großen Krise. Die Digitalisierung wirkt als Vermittler der Krise der Menschheit und der Gesellschaft. Wie wird die Gesellschaft in zehn, zwanzig und fünfzig Jahren aussehen? Wird es die Gesellschaft und die Menschheit noch geben? Oder werden sie am Ende stehen? Wird die Gesellschaft durch Kriege, Umweltkatastrophen und eskalierende Krisen zerstört worden sein? Werden neue Faschismen entstanden sein, die die Menschheit versklaven? Werden wir in einer Barbarei leben, in der die Reichen die Menschheit beherrschen und andere nach Belieben töten und behandeln? Oder wird eine alternative Gesellschaftsordnung entstanden sein, die Frieden, Wohlstand, Glück, Gerechtigkeit, Freiheit, Gleichheit und Nachhaltigkeit für alle garantiert? Wir kennen die Antwort auf diese Fragen nicht, aber es ist wichtig, dass wir darüber nachdenken, was die Menschheit in die Situation gebracht hat, in der sie sich jetzt befindet, und welche Wege es aus dieser Krise der Menschheit gibt.

Der Kapitalismus basiert auf dem Gegensatz zwischen individueller Freiheit und sozialer Gerechtigkeit. Die Aufklärung und die Französische Revolution förderten die Idee der Menschenrechte, zu denen auch politische Rechte und das Recht des Einzelnen gehören, so viel Eigentum und Kapital zu besitzen, wie er oder sie anhäufen kann. Das kapitalistische Eigentum ersetzte die feudale Grundherrschaft. Mit den neu geschaffenen Freiheiten entstanden auch neue Formen der Herrschaft wie Lohnarbeit und kapitalistische Monopole. Die individuelle Freiheit des Eigentums untergräbt das Versprechen der Aufklärung, Gleichheit und Solidarität als universelle Rechte zu verwirklichen. Die kapitalistische Gesellschaft untergräbt die soziale Freiheit. Die kapitalistische Gesellschaft beruht auf dem, was die kritischen Theoretiker Max Horkheimer und Adorno die Dialektik der Aufklärung nennen. Der Kapitalismus bringt die Tendenz zur „Selbstzerstörung der Aufklärung" (Horkheimer und Adorno 1969/2014, 18) mit sich, so dass es ein Potenzial der „Rückkehr der aufgeklärten Zivilisation zur Barbarei" (22) gibt.

Die Dialektik der Aufklärung kann im Kapitalismus zu einem Punkt führen, „wo sie in der Abschaffung von Vernunft selbst terminiert“ (Adorno 1975, 376) und in „irrationale[n] Ausbrüche[n]" (Adorno 2006, 24) resultiert. Es kommt dann zur Destruktion „des rationalen Denkens, so daß das, was dann nach dieser Destruktion am Schluß übrigbleibt, der Antiaufklärung und dem Irrationalismus nur allzu gut in den Kram“ (Adorno 2008, 171-172).

Der Kapitalismus hat das Potenzial, Auschwitz zu produzieren. Auschwitz zeigt, dass die „Widervernunft des totalitären Kapitalismus [...] zur Ausrottung der Menschen treibt" (Horkheimer und Adorno 1969/2014, 78-79). Der Kapitalismus verspricht, den Humanismus voranzubringen, hat aber gleichzeitig ein zerstörerisches und faschistisches Potenzial. Die Tatsache, dass der Kapitalismus den Humanismus verspricht, ihn aber in Wirklichkeit untergräbt, sollte uns nicht dazu veranlassen, den Humanismus, die Moderne und den Universalismus zu verwerfen – wie es viele Postmoderne getan haben –, sondern für die Überwindung ihres partikularistischen Charakters zu argumentieren und zu kämpfen und den Humanismus, die Moderne und den Universalismus zu generalisieren, damit alle Menschen Vorteile davon haben. Adorno schreibt in diesem Zusammenhang, dass die Dialektik der Aufklärung nicht die Notwendigkeit impliziert, die Aufklärung abzuschaffen, sondern sie vielmehr vollständig zu realisieren: „diese Wundmale, die die Aufklärung hinterläßt“, sind „zugleich auch stets die Momente [...], in denen Aufklärung selber als eine noch partielle, als nicht aufgeklärt genug gewissermaßen sich erweist, und daß nur dadurch, daß man ihr Prinzip konsequent weiterverfolgt, diese Wunden vielleicht geheilt werden können“ (Adorno 2015, 266).

Die kapitalistische Produktion ist nicht einfach ein Wirtschaftsmodell, sondern eine politische Ökonomie. Das bedeutet, dass Klassenkämpfe, Gesetze und Politiken den spezifischen Charakter der kapitalistischen Wirtschaft und die Verteilung der Macht in ihr prägen. Wie viel (Un-)Gleichheit und soziale (Un-)Gerechtigkeit es gibt, ist eine politisch-ökonomische Frage.

In den 1970er Jahren entstand das Modell des neoliberalen Kapitalismus, das sich zu einer globalen politischen Ökonomie entwickelte. Es basiert auf der Stärkung der Privateigentümer:innen des Kapitals, des Finanzkapitals und der transnationalen Unternehmen gegenüber den Arbeitenden, den Armen, den Arbeitslosen und den Gewerkschaften. Zu seinen Merkmalen gehören die Privatisierung und Kommerzialisierung öffentlicher Dienstleistungen und Gemeingüter, die globale Auslagerung von Arbeit durch transnationale Unternehmen, die Entstehung von prekärer Arbeit, die Schaffung von digitalem Kapital, die Finanzialisierung der Wirtschaft, hochriskante Finanzderivate und niedrige Steuern für Unternehmen und Reiche. Der Neoliberalismus ist Akkumulation durch Enteignung (Harvey 2003):

> „Die Akkumulation durch Enteignung erhielt nach 1973 eine immer herausragendere Bedeutung, teilweise als Kompensation für die in der erweiterten Reproduktion entstehenden chronischen Probleme der Überakkumulation. Hauptvehikel dieser Entwicklung war die Finanzialisierung und die effektive Abstimmung eines internationalen Finanzsystems – größtenteils auf Geheiß der USA –, das bestimmten Gebieten oder auch ganzen Ländern von Zeit zu Zeit alles von leichten bis hin zu brutalen Entwertungsrunden und der Akkumulation durch Enteignung auferlegen konnte. Doch auch die Öffnung neuer Länder für die kapitalistische Entwicklung und kapitalistische Formen des Marktverhaltens spielte eine Rolle, ebenso wie die ursprüngliche Akkumulation in den Ländern, die sich anschickten, aktiv im globalen Kapitalismus mitzuspielen (Südkorea, Taiwan und jetzt, noch dramatischer, China). All das erforderte nicht nur die Finanzialisierung und einen freizügigeren Handel, sondern auch eine radikal neue Herangehensweise beim Einsatz der Staatsmacht, die ja immer ein zentraler Akteur bei der Akkumulation durch Enteignung ist. Das Aufkommen der neoliberalen Theorie und der mit ihr verbundenen Politik der Privatisierung symbolisierte einen großen Teil dieser Verlagerung“ (Harvey 2003, 154-155).

Der Neoliberalismus verschärfte die sozioökonomischen Ungleichheiten, so dass die Reichen und die Konzerne einen immer größeren Anteil des weltweiten Reichtums kontrollierten und die Arbeitenden und andere einen immer geringeren Anteil. Im Neoliberalismus erreichte der Antagonismus zwischen individuellem Privatkapital und sozialer Gerechtigkeit einen neuen Höhepunkt. Prekäres Leben, prekäre Arbeit und die ungleiche Verteilung des Reichtums nahmen deutlich zu (Piketty 2014). Das Kapital kolonisierte immer größere Teile und Bereiche des Lebens. Kapitalistische Profitinteressen wurden über humane Interessen und Menschen gestellt. Die Gegensätze zwischen Kapital und Arbeit, Austerität und Prekarität, Profit und Mensch vertieften sich.

Abbildung 1.1 zeigt die Entwicklung der durchschnittlichen bereinigten Lohnquote für 21 Länder. Die Lohnquote ist der Anteil der Gesamtlöhne am Bruttoinlandsprodukt. Ich habe die Daten für alle Länder verwendet, für die Daten verfügbar waren. Die Lohnquote zeigt die Wirtschaftskraft der Arbeit im Verhältnis zum Kapital. Eine höhere Lohnquote bedeutet, dass der Anteil des Kapitals am BIP geringer ist und umgekehrt. Die Lohnquote war für diese Länder auf jährlicher Basis verfügbar. Ich habe den Durchschnitt aller Länder für jedes Jahr berechnet.

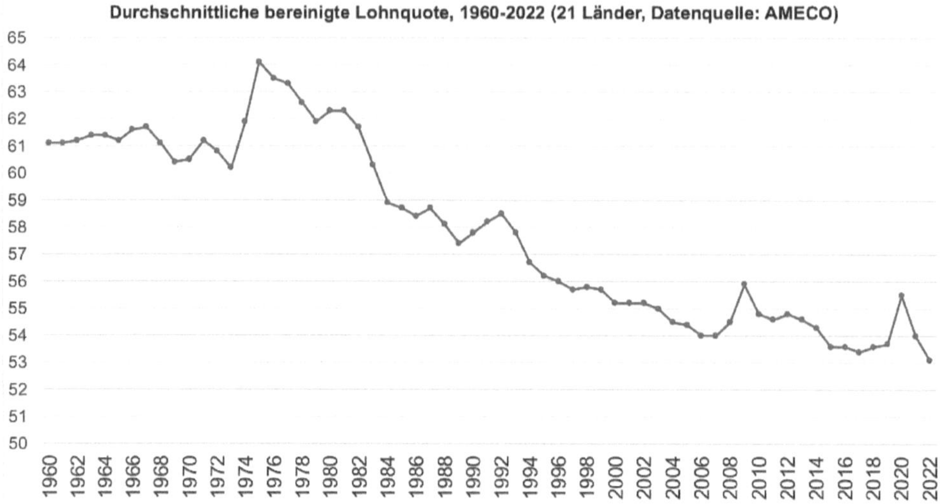

Abbildung 1.1: Die Entwicklung der durchschnittlichen bereinigten Lohnquote in 21 Ländern
Länder: Australien, Belgien, Dänemark, Deutschland, Finnland, Frankreich, Griechenland, Irland, Island, Italien, Japan, Kanada, Luxemburg, die Niederlande, Norwegen, Österreich, Portugal, Schweden, Spanien, USA, Vereinigtes Königreich

	Welt	Afrika	Lateinamerika und Karibik	Nordamerika	Asien-Pazifik	Europa und Zentralasien	EU28	G20	ASEAN	BRICS
2004	53,7	47,1	48,4	61,7	50,5	56,7	59,4	55,6	41,9	53,2
2005	53	46,4	48,3	60,7	50,1	56,2	59,2	54,8	41,8	52,2
2006	52,5	46,2	48,2	60,6	49,4	55,8	58,8	54,3	41,8	51,3
2007	52,3	45,7	47,6	60,9	48,8	55,9	58,9	54	41,8	50,7
2008	52,6	45,2	48,2	61,1	50	56,3	59,1	54,4	42,9	52,2
2009	53,5	46,1	50,4	60,5	50,5	58,2	60,4	55,2	43,4	53,5
2010	52,2	45,7	49	59,4	49,1	57	59,8	53,9	42	51,8
2011	51,5	46,7	49,3	59,2	49	55,2	58,8	53,1	41,8	50,6
2012	51,5	46,6	49,8	59,3	49	55,3	58,9	53,1	41,5	50,7
2013	51,5	47,2	50,5	58,8	49,1	55,3	58,5	53,1	41,5	51,5
2014	51,7	47,5	50,8	58,7	49,4	55,3	58,4	53,2	41,2	51,9
2015	51,8	47,9	51,1	59,3	49,3	54,8	57,8	53,3	40,6	52
2016	51,7	47,5	51	59,2	49,2	55	57,9	53,3	40,5	51,9
2017	51,4	47,4	50,5	58,8	49	54,6	57,6	52,9	40,1	51,6

Tabelle 1.1: Globale und regionale Daten für die Entwicklung der Lohnquote in Prozent des BIP, Datenquelle: International Labour Organization

Zwischen 1960 und Mitte der 1970er Jahre stieg die Lohnquote, was die zunehmende Bedeutung des Wohlfahrtsstaates, die Macht der Gewerkschaften und die Rolle der Kämpfe der Arbeiterklasse widerspiegelt. Im Jahr 1975 erreichte die durchschnittliche Lohnquote einen Höchststand von 64,1%. Der anschließende Aufstieg des Neoliberalismus brachte Lohndrückerei und die Umverteilung der Einkommen von der Arbeit zum Kapital mit sich. Im Jahr 2000 sank die durchschnittliche Lohnquote auf 55,2%. Im Jahr 2022 lag sie mit 53,1% auf dem niedrigsten Stand in dem 62 Jahre umfassenden

Analysezeitraum. „Der Anteil des Arbeitseinkommens ist in vielen Volkswirtschaften, sowohl in Industrie- als auch in Entwicklungsländern, seit den 1980er Jahren gesunken, während der Gewinnanteil entsprechend gestiegen ist. Die Hauptursache dafür ist die Lohndrückerei aufgrund der Schwächung der Arbeitsmarkteinrichtungen, die verhindert hat, dass die Löhne mit dem Anstieg der Produktivität und in vielen Fällen auch der Lebenshaltungskosten Schritt halten"[1] (UNCTAD 2020, 65). Tabelle 1.1 zeigt Daten zur Entwicklung der Lohnquote auf globaler Ebene sowie auf verschiedenen regionalen und organisatorischen Ebenen. In dem erfassten Zeitraum blieb die Lohnquote entweder sehr niedrig (Afrika, Lateinamerika) oder sie ging weiter zurück. Auf globaler Ebene sank sie von 53,7% auf 51,4% im Jahr 2017.

Der Kapitalismus befindet sich in der Krise. Im Jahr 2008 explodierten die Widersprüche des neoliberalen Kapitalismus in einer neuen Weltwirtschaftskrise. Die vorherrschende Reaktion der Politik war keine Kehrtwende, sondern mehr vom Gleichen, eine Verschärfung des Neoliberalismus, die als Austeritätspolitik bekannt wurde. Das Kapital wurde auf Kosten der Arbeitnehmer und der menschlichen Interessen wieder fit gemacht. Der Neoliberalismus schwächte die organisierte Arbeiterbewegung und ihre Fähigkeit, Klassenkämpfe zu führen. Die linke Bewegung wurde durch ständige antisozialistische Angriffe geschwächt. Immer mehr Menschen hatten genug. Sie waren auf der Suche nach Alternativen. Rechtsautoritäre Kräfte mobilisierten, indem sie Feindseligkeiten gegen Minderheiten lenkten und sich der Freund-Feind-Ideologie bedienten. Trump, Brexit und der Aufstieg rechtsautoritärer Kräfte, die die Demokratie bedrohen, waren die Folge. Die negative Dialektik des Neoliberalismus entlud sich im Aufkommen neuer Nationalismen, rechtsautoritärer Kräfte, des Rassismus und neuer Faschismen, die die Aufmerksamkeit der Arbeiterklasse von den eigentlichen kapitalistischen Ursachen des sozialen Elends ablenken.

Während im Kapitalismus im Allgemeinen das Kapital über den Menschen dominiert, ein Widerspruch, der sich im neoliberalen Kapitalismus noch verschärft hat, ist eine neue Form des autoritären Kapitalismus entstanden, in dem das digitale Kapital über den Menschen und die menschlichen Interessen dominiert. Das digitale Kapital, das in Form der Hardwareindustrie, der Softwareindustrie, Big Data, sozialen Medien, gezielter Werbung, Cloud Computing, dem Internet der Dinge, Algorithmen, Überwachungssystemen und vielem mehr organisiert ist, beherrscht nun das tägliche Leben. Dies hat nationalistischen, rassistischen und faschistischen Gruppierungen, autoritären Strukturen, der Polarisierung und Fragmentierung sowie Strukturen des Misstrauens gegenüber Expert:innen, Wissenschaft, Bildung und Qualitätsnachrichten Auftrieb verschafft und ihnen eine Plattform geboten. Die Realität des neoliberalen Kapitalismus hat zu einer Bedrohung der Demokratie und zum Aufkommen neuer Formen des Antihumanismus geführt. Die Gesellschaft befindet sich heute an einer Weggabelung zwischen Humanismus und Barbarei. Nur wenn sich eine breite Koalition fortschrittlicher Kräfte gegen Faschismus und Zerstörung zusammenschließt und eine Front bildet, die für den Humanismus kämpft, kann der Abstieg in die Barbarei verhindert werden. Der Humanismus ist eine wichtige praktische Kraft, um die heutige Menschheit vor dem Abstieg in die Barbarei zu bewahren.

Dieses Buch liefert einen Beitrag zur Moralphilosophie der digitalen Gesellschaft. Es stellt die Frage: Wie kann der Humanismus uns helfen, kritisch zu verstehen, wie digitale Technologien die Gesellschaft und die Menschheit formen?

---

[1] Aus dem Englischen ins Deutsche übersetzt.

Um eine Antwort auf diese übergreifende Frage zu geben, stellt das Buch den Ansatz des Digitalen Humanismus vor. Es bietet eine allgemeine Einführung in den Digitalen Humanismus und vertritt eine bestimmte Version des Digitalen Humanismus, die ich als Radikalen Digitalen Humanismus bezeichne. Das Buch *Radikaler Digitaler Humanismus: Eine Philosophie für die digitale Gesellschaft des 21. Jahrhunderts* bietet eine Einführung in den Humanismus im digitalen Zeitalter. Es analysiert, was die Dekolonisierung der Wissenschaft und die Erforschung des Digitalen, der Medien und der Kommunikation bedeutet, welche Rolle Roboter, Automatisierung und künstliche Intelligenz im digitalen Kapitalismus spielen und wie die Kommunikation bezüglich Tods und Sterben durch digitale Technologien, kapitalistische Nekromacht und digitalen Kapitalismus vermittelt wurde. Gegliedert in sechs Kapitel, eine Einleitung und eine Schlussfolgerung, wird die Hauptfrage in weitere Fragen unterteilt, die in diesem Buch behandelt werden:

- Kapitel 2: Was ist (Radikaler) Humanismus?
- Kapitel 3: Was ist (Radikaler) Digitaler Humanismus?
- Kapitel 4: Was bedeutet es, die akademische Welt und das Erforschen von Medien, Kommunikation und dem Digitalen zu enkolonialisieren? Wie kann die akademische Welt auf fortschrittliche Weise verändert werden?
- Kapitel 5: Wie können wir die Auswirkungen von Robotern und Künstlicher Intelligenz (KI) auf das Alltagsleben auf der Basis des Radikalen Humanismus verstehen und theoretisieren?
- Kapitel 6: Wie sehen die KI-Strategien der EU, der USA unter Donald Trump und Chinas aus?
- Kapitel 7: Welche Rolle spielt die kommunikative Vermittlung von Tod und Sterben in der kapitalistischen Gesellschaft? Wie hat sich die Kommunikation mit sterbenden Angehörigen durch die COVID-19-Pandemie verändert? Welche Rolle haben digitale Technologien und der Kapitalismus in diesem Zusammenhang gespielt?

Kapitel 2 trägt den Titel „Was ist (Radikaler) Humanismus?". Das Kapitel erörtert Definitionen des Humanismus. Es fasst diese Definitionen zusammen, um ein philosophisches Verständnis des Humanismus zu entwickeln. Dieses Verständnis hat epistemologische, ontologische und axiologische Dimensionen. Das Kapitel weist darauf hin, dass der Humanismus kulturübergreifend ist. Gängige Einwände gegen den Humanismus werden anhand der Werke des Historikers Yuval Noah Harari diskutiert. Auf der Grundlage des allgemeinen Verständnisses von Humanismus wird der Ansatz des Radikalen Humanismus vorgestellt. Der Radikale Humanismus ist eine besondere Form des Humanismus. Seine erkenntnistheoretischen, ontologischen und axiologischen Aspekte werden skizziert. Das Kapitel diskutiert vier Beispiele für Ansätze des Radikalen Humanismus (Karl Marx, Erich Fromm, Wang Ruoshui, David Harvey).

Der Titel von Kapitel 3 lautet „Was ist (Radikaler) Digitaler Humanismus?" Es wird argumentiert, dass der Digitale Humanismus eine Philosophie ist, die für die Analyse des digitalen Zeitalters geeignet ist und spezifische epistemologische, ontologische und axiologische Dimensionen aufweist. Außerdem wird eine spezifische Version des Digitalen Humanismus vorgestellt, nämlich der Radikale Digitale Humanismus. Es wird argumentiert, dass wir die Zusammenarbeit aller Humanismen fördern müssen, um den Aufstieg neuer Faschismen im digitalen Zeitalter zu verhindern. Das Kapitel erörtert auch Einwände gegen den Digitalen Humanismus und geht auf diese ein.

Kapitel 4 trägt den Titel „Die Dekolonisierung der akademischen Welt: Eine radikalhumanistische Perspektive". Es reflektiert über Forderungen und Prozesse der Dekolonisierung des akademischen Feldes der Medien- und Kommunikationswissenschaften. Es fragt: Was bedeutet es, die akademische Welt und das Erforschen von Medien, Kommunikation und dem Digitalen zu dekolonisieren? Wie kann die akademische Welt auf fortschrittliche Weise verändert werden? Das Kapitel nimmt eine radikalhumanistische und politisch-ökonomische Perspektive auf die Dekolonisierung ein, was bedeutet, dass es sich dafür interessiert, wie Kapitalismus, Macht und materielle Aspekte der Wissenschaft wie Ressourcen, Geld, Infrastrukturen, Zeit, Raum, Arbeitsbedingungen und die gesellschaftlichen Produktionsverhältnisse die Möglichkeiten und Realitäten von Forschung und Lehre gestalten. Kapitel 4 unterstreicht die Bedeutung der Definition des (Neo-)Kolonialismus als Grundlage von Debatten über Dekolonisierung und beschäftigt sich mit theoretischen Grundlagen und Definitionen der (Neo-)Kolonisation. Es wird aufgezeigt, wie materielle Kräfte und die politische Ökonomie die Universität und die akademische Wissensproduktion prägen und negativ beeinträchtigen. Das Kapitel bietet Perspektiven für konkrete Schritte, die unternommen werden können und sollten, um die kapitalistische und kolonialisierte Universität zu überwinden und ein gemeinwohlorientiertes Universitäts- und Wissenschaftssystem zu schaffen.

Der Titel von Kapitel 5 lautet „Roboter und Künstliche Intelligenz (KI) im digitalen Kapitalismus". Das Kapitel fragt: Wie können wir die Auswirkungen von Robotern und Künstlicher Intelligenz auf das Alltagsleben auf der Grundlage des Radikalen Humanismus verstehen und theoretisieren? Wie können Henri Lefebvres Ideen genutzt werden, um den ideologischen Charakter zeitgenössischer Darstellungen der Auswirkungen von Robotern und KI auf die Gesellschaft aufzudecken? Es befasst sich mit eher unbekannten Werken des Radikalen Humanisten Henri Lefebvre zur Soziologie und Philosophie der Technologie wie *Vers le cybernanthrope* (Auf dem Weg zum Kybernanthropen). Es werden die Grundlagen eines Lefebvre'schen, dialektischen, radikal-humanistischen Ansatzes für die Soziologie und Philosophie der Technik vorgestellt. Das Kapitel führt in Lefebvres Begriff des Kybernanthropen ein und setzt ihn in Relation zu Robotern und KI in der heutigen Gesellschaft. Auf der Grundlage von Lefebvres Kritik an der Kybernanthropie entwickelt Kapitel 5 die Grundlagen der Ideologiekritik an Robotern und KI im digitalen Kapitalismus. Es diskutiert Beispiele für technologiedeterministisches und sozialkonstruktivistisches Denken im Kontext von Robotik, KI und Cyborgs und plädiert für einen alternativen, Lefebvre'schen, dialektischen Ansatz. Das Kapitel verortet den Humanismus im Kontext von Computern, KI und Robotik. In Kapitel 5 wird ein Radikaler Humanismus nach Lefebvre entwickelt, indem Analysen von KI und Robotern im Posthumanismus, Transhumanismus, techno-deterministischen Ansätzen, Ansätzen der sozialen Konstruktion von Technologie, Techno-Optimismus, Techno-Pessimismus, Akzelerationismus, der Massenarbeitslosigkeitshypothese und Spike Jonzes Film *Her* vorgenommen werden. Das Kapitel zeigt, dass die wichtigste Lehre, die wir aus der radikal-humanistischen Techniksoziologie und Henri Lefebvres Werken über Technik ziehen können, darin besteht, dass der Radikale Humanismus dazu beiträgt, Technologien für die Vielen und nicht für die Wenigen zu schaffen und zu erhalten. Diese Erkenntnis ist auch im Zeitalter des digitalen Kapitalismus, der intelligenten Roboter und der Künstlichen Intelligenz von großer Bedeutung.

Der Titel von Kapitel 6 lautet „Politische Diskurse über Roboter und Künstliche Intelligenz (KI) in der EU, den USA und China". Das Kapitel fragt: Wie sehen die KI-Strategien der EU, der USA unter Donald Trump und Chinas aus? Es führt eine kritische politische Diskursanalyse aus einer radikal-humanistischen Perspektive durch. Es wird analysiert, welche Art von Ideologien wir in den KI-Strategien der Europäischen Union, der USA unter Donald Trump und Chinas finden können. Die Analyse zeigt, dass sich KI und Robotik in einem digitalen Technologiewettlauf befinden, der auf einen internationalen politisch-ökonomischen Wettlauf um die Akkumulation politisch-ökonomischer Macht hindeutet.

Der Titel von Kapitel 7 lautet „Nekromacht, Tod und digitale Kommunikation im Covid-19-Kapitalismus:". Es geht darin um die kommunikative Vermittlung von Tod und Sterben in der kapitalistischen Gesellschaft. Das Kapitel stellt die Frage: Welche Rolle spielt die Kommunikation von Tod und Sterben in der kapitalistischen Gesellschaft? Wie hat sich die Kommunikation mit sterbenden Angehörigen durch die COVID-19-Pandemie verändert? Welche Rolle haben die digitalen Technologien und der Kapitalismus in diesem Zusammenhang gespielt?

Das Kapitel ist eine Reflexion über die digitale Vermittlung von Tod und Sterben in der COVID-19-Pandemie aus einer radikal-humanistischen Perspektive der Kritik der Politischen Ökonomie. Es analysiert Tod und Sterben im Kapitalismus, diskutiert einige grundlegende theoretische Erkenntnisse über die Rolle von Tod und Sterben im Kapitalismus, stellt empirische Studien über Tod und Sterben in der Gesellschaft vor, gibt eine theoretische Interpretation dieser empirischen Erkenntnisse, stellt einige empirische Studien über Tod und Sterben in der Gesellschaft und die COVID-19-Pandemie vor und interpretiert deren Ergebnisse aus einer kommunikationswissenschaftlichen Perspektive.

In kapitalistischen Gesellschaften sind Tod und Sterben Tabuthemen und werden versteckt, unsichtbar gemacht und institutionalisiert. Die COVID-19-Pandemie hatte widersprüchliche Auswirkungen auf die Rolle des Todes in der Gesellschaft. Es ist ein menschliches, kulturelles und gesellschaftliches Allgemeinwissen, dass Menschen im Kreise ihrer Liebsten sterben wollen. Die vorgestellten empirischen Studien bestätigen die Erkenntnisse der Philosophen Kwasi Wiredu und Jürgen Habermas, dass Menschen von der Wiege bis zur Bahre grundsätzlich soziale und kommunikative Wesen sind. Der Wunsch, auf soziale Weise zu sterben, ergibt sich aus der sozialen und kommunikativen Natur des Menschen. Im Kapitalismus weicht die Realität des Sterbens vom Ideal des Sterbens ab. Der Kapitalismus verbirgt, individualisiert, macht unsichtbar und institutionalisiert Tod und Sterben.

Aufbauend auf den Arbeiten des politischen Theoretikers und Philosophen Achille Mbembe und des Philosophen und Soziologen Erich Fromm führt das Kapitel den Begriff der kapitalistischen Nekromacht ein. Es wird gezeigt, wie die COVID-19-Pandemie in vielen Fällen die soziale und kommunikative Natur der Menschen zerstörte und wie die kapitalistische Nekromacht unnötige Überschuss-Tote schuf und den Kontext der digitalen Vermittlung der Kommunikation mit sterbenden Angehörigen in der Pandemie bildete.

Kapitel 8 („Für einen Radikalen (Digitalen) Humanismus") bildet den Abschluss des Buches. Es fasst die Gesamtargumente zusammen, plädiert für einen Radikalen Humanismus und einen Radikalen Digitalen Humanismus und macht Vorschläge, wie diese Ansätze in der Gesellschaft gefördert werden können.

2 Was ist (Radikaler) Humanismus?

Zusammenfassung

Dieses Kapitel befasst sich mit der Frage: Was ist Humanismus? Es beschäftigt sich mit Definitionen des Humanismus. Es fasst diese Definitionen zusammen, um ein philosophisches Verständnis des Humanismus zu entwickeln. Dieses Verständnis hat epistemologische, ontologische und axiologische Dimensionen. Das Kapitel weist darauf hin, dass der Humanismus transkulturell ist. Häufige Einwände gegen den Humanismus werden anhand der Werke des Historikers Yuval Noah Harari diskutiert. Auf der Grundlage des allgemeinen Verständnisses von Humanismus wird der Ansatz des radikalen Humanismus vorgestellt. Der radikale Humanismus ist eine besondere Form des Humanismus. Seine erkenntnistheoretischen, ontologischen und axiologischen Aspekte werden vorgestellt. Das Kapitel erörtert vier beispielhafte Ansätze des radikalen Humanismus (Karl Marx, Erich Fromm, Wang Ruoshui, David Harvey).

Schlüsselbegriffe: Humanismus, Radikaler Humanismus, Sozialistischer Humanismus, Ethik, Philosophie, Moralphilosophie

2.1 Einleitung

Die heutige Gesellschaft sieht sich mit vielen Problemen konfrontiert, die durch digitale Technologien hervorgerufen werden. Zu diesen Problemen gehören beispielsweise die digitale Überwachung, die Macht und die Steuervermeidungsstrategien transnationaler digitaler Konzerne, die digitale Kriegsführung, der digitale Faschismus, der digitale Autoritarismus, Rassismus und Hetze im Internet, Elektroschrott und eine nicht nachhaltige digitale Wirtschaft, die Ausbeutung prekärer digitaler Arbeitskräfte, digitale Diktaturen, digitale Ungleichheiten und Klüfte, die Prekarisierung des menschlichen Lebens durch die digitale Automatisierung, Angriffe auf Qualitätsmedien und die Idee der Wahrheit und der Nachrichten selbst („*Post-Truth*-Gesellschaft", „Fake News"), etc. Zusammengefasst bedeutet dies, dass Unmenschlichkeit das zentrale Problem der gegenwärtigen digitalen Gesellschaften ist. Der digitale Humanismus bietet einen philosophischen Ansatz, der es uns ermöglicht, Wissen zu schaffen, das die Bewältigung der globalen Probleme der digitalen Gesellschaft unterstützt.

Der Ansatz des Digitalen Humanismus wird in Kapitel 3 vorgestellt und in den folgenden Kapiteln dieses Buches auf verschiedene Themen angewandt.

Um die Frage zu beantworten, was Digitaler Humanismus ist, müssen wir zunächst eine Antwort auf die Frage geben: Was ist Humanismus? In diesem Kapitel werden Definitionen des Humanismus erörtert (Abschnitt 2.2). Es fasst diese Definitionen zusammen, um ein philosophisches Verständnis des Humanismus zu vermitteln. Der Humanismus hat eine epistemologische, eine ontologische und eine axiologische Dimension. Das Kapitel weist darauf hin, dass der Humanismus transkulturell ist (Abschnitt 2.3). Häufige Einwände gegen den Humanismus werden anhand der Werke des Historikers Yuval Noah Harari diskutiert (Abschnitt 2.4). Ausgehend vom allgemeinen Verständnis des Humanismus wird der Ansatz des Radikalen Humanismus vorgestellt, indem die erkenntnistheoretischen, ontologischen und axiologischen Dimensionen erörtert (Abschnitt 2.5) und vier beispielhafte Ansätze vorgestellt werden (Abschnitt 2.6: Karl Marx, Erich Fromm, Wang Ruoshui, David Harvey).

2.2 Definitionen des Humanismus

Werfen wir einen Blick auf einige Definitionen und Charakterisierungen des Humanismus aus der wissenschaftlichen Literatur, die sich mit der Frage „Was ist Humanismus?“ beschäftigt hat.

- Humanismus bezeichnet „Lebensansätze – und die Vertreter dieser Ansätze –, die sich durch die Wertschätzung des Menschen und der menschlichen Kultur im Gegensatz zur Wertschätzung von Göttern und Religion sowie durch die Bejahung der Wirksamkeit der menschlichen Vernunft bei der Anwendung von Beweisen im Gegensatz zu Theismus, theologischer Spekulation und Offenbarung auszeichnen“[2] (Copson 2015, 2).
- Der Humanismus ist ein „Gedankensystem“, das sich auf die „großen Fragen“ der Welt konzentriert und sich dabei auf Wissenschaft und Vernunft als „unschätzbare Werkzeuge, die wir in allen Bereichen des Lebens anwenden können und sollten“[3], stützt (Law 2011, 6, 1).
- Der Humanismus ist eine Weltanschauung, die betont, dass „die Dinge, die wir im menschlichen Leben schätzen, keine Illusion sind; dass wir als Menschen aus unseren eigenen Ressourcen die gemeinsamen moralischen Werte finden können, die wir brauchen, um zusammenzuleben, und die Mittel, um ein sinnvolles und erfülltes Leben für uns selbst zu schaffen; und dass die Ablehnung des religiösen Glaubens kein Grund zur Verzweiflung sein muss“[4] (Norman 2004, 24-25).
- Der Humanismus ist „eine Philosophie oder eine Reihe von Überzeugungen, die davon ausgehen, dass der Mensch ein System der Moral durch seine eigenen Überlegungen und nicht durch den Glauben an ein göttliches Wesen erreicht“[5] (Andrews 2010, 91).
- „Vom vierzehnten Jahrhundert bis zum Ende des neunzehnten Jahrhunderts bedeutete Humanismus im Wesentlichen: (1) ein Bildungsprogramm, das sich auf die klassischen Autoren stützte und sich auf das Studium der Grammatik, der Rhetorik, der Geschichte, der Poesie und der Moralphilosophie konzentrierte; (2) ein Bekenntnis zur Perspektive, zu den Interessen und zur Zentralität der menschlichen Person; (3) ein Glaube an die Vernunft und die Autonomie als grundlegende Aspekte der menschlichen Existenz; (4) ein Glaube, dass die Vernunft, der Skeptizismus und die wissenschaftliche Methode die einzigen angemessenen Instrumente für die Entdeckung der Wahrheit und die Strukturierung der menschlichen Gemeinschaft sind; (5) ein Glaube, dass die Grundlagen für Ethik und Gesellschaft in der Autonomie und der moralischen Gleichheit zu finden sind. Seit dem Ende des

[2] Aus dem Englischen ins Deutsche übersetzt.

[3] Aus dem Englischen ins Deutsche übersetzt.

[4] Aus dem Englischen ins Deutsche übersetzt.

[5] Aus dem Englischen ins Deutsche übersetzt.

neunzehnten Jahrhunderts wird der Humanismus zusätzlich zu den oben genannten Aspekten durch die Art und Weise definiert, in der bestimmte Aspekte der humanistischen Kernüberzeugungen wie die Einzigartigkeit des Menschen, die wissenschaftliche Methode, die Vernunft und die Autonomie in philosophischen Systemen wie dem Existentialismus, dem Marxismus und dem Pragmatismus verwendet wurden"[6] (Luik 1998).

- „Humanismus ist eine demokratische und ethische Lebenshaltung, die betont, dass der Mensch das Recht und die Verantwortung hat, seinem eigenen Leben Sinn und Gestalt zu geben. Er steht für den Aufbau einer humaneren Gesellschaft durch eine Ethik, die auf menschlichen und anderen natürlichen Werten im Geiste der Vernunft und der freien Forschung durch menschliche Fähigkeiten beruht. Er ist nicht theistisch und akzeptiert keine übernatürlichen Sichtweisen der Realität"[7] (Humanists International 2020).
- „Der Begriff ‚Humanismus' fand Eingang in das philosophische Vokabular durch die *studia humanitatis*, die mit der Ausrichtung der Renaissance-Bildung auf die klassische Kultur im Gegensatz zur christlichen Schrift verbunden war. Im späten 19. Jahrhundert etablierte er sich als Oberbegriff für alle Denkrichtungen, die die zentrale Stellung des Menschen oder der menschlichen Gattung in der Ordnung der Natur betonen. Heutzutage ist der Humanismus in der englischsprachigen Welt mehr oder weniger ein Synonym für Atheismus oder säkularen Rationalismus"[8] (Soper 2005, 167).
- Der Humanismus „stellt den Menschen, im Gegensatz zu Gott, in den Mittelpunkt des Universums. Obwohl die Konzentration auf die menschliche Natur und das menschliche Leben letztlich auf das antike griechische Denken zurückgeht, hat der Humanismus im modernen Sinne mit seinem anthropozentrischen Glauben an die grenzenlosen Möglichkeiten der ungehinderten menschlichen Vernunft und seiner säkularen Überzeugung, dass das menschliche Schicksal ganz in den Händen des Menschen liegt, seine Wurzeln in der Aufklärung des achtzehnten Jahrhunderts"[9] (Kraye 2006, 477).

Der Humanismus ist ein philosophischer Ansatz, der die aktiven und transformativen Fähigkeiten des Menschen in der Gesellschaft und der sozialen Welt hervorhebt. Als Philosophie hat er erkenntnistheoretische, ontologische und axiologische (ethische, moralische) Dimensionen. Erkenntnistheorie bedeutet, dass man zu verstehen versucht, wie Menschen die Welt verstehen und Wissen über sie schaffen. Es geht um das Verstehen des Verstehens. Ontologie ist die Lehre davon, wie die Welt aussieht. Es geht darum, die Welt und das Sein zu verstehen. Axiologie (Ethik) ist die Moralphilosophie, die sich mit den moralischen Grundlagen der Gesellschaft, moralischen Prinzipien und moralischen Praktiken befasst. In der Ethik geht es darum zu verstehen, was gut und was schlecht ist. Wenn wir die oben genannten Charakterisierungen des Humanismus zusammenfassen, können wir die folgenden grundlegenden Definitionen für diese drei Dimensionen des Humanismus als Philosophie geben:

- **Die Epistemologie des Humanismus**

  Der Mensch ist in der Lage, seine Vernunft einzusetzen, um Wissen über die Welt

---

[6] Aus dem Englischen ins Deutsche übersetzt.
[7] Aus dem Englischen ins Deutsche übersetzt.
[8] Aus dem Englischen ins Deutsche übersetzt.
[9] Aus dem Englischen ins Deutsche übersetzt.

zu erlangen, wozu auch die Nutzung und Entwicklung der Wissenschaft gehört. Humanist:innen fragen kritisch nach dem Zustand der Welt. Kritisches Denken ist Teil des humanistischen Ansatzes.

- **Die Ontologie des Humanismus**

  Das menschliche Verhalten und die Gesellschaft werden nicht von Gott, Religion, Ideologie oder anderen Autoritäten bestimmt. Die Menschen konstituieren durch ihre Handlungen, sozialen Beziehungen und sozialen Verbindungen die Gesellschaft.

- **Die Axiologie des Humanismus**

  Der Mensch hat die Fähigkeit und die moralische Verantwortung, eine gute, humane Gesellschaft zu erschaffen. Humanist:innen sind überzeugt, dass es möglich ist, dass Menschen handeln, um die Gesellschaft und die Lebensbedingungen der Menschheit zu verbessern.

2.3 Die Transkulturalität des Humanismus

Einer der Kritikpunkte am Humanismus ist, dass er eine liberale, eurozentrische Ideologie sei. Die Gefahr solcher Ansichten besteht darin, dass sie uns erlauben, die positiven und wichtigen Aspekte des Humanismus, wie das Engagement für Demokratie, das gute Leben und die Menschenrechte für alle, leicht als Eurozentrismus abzutun, der zur Rechtfertigung von Autoritarismus und Diktaturen benutzt werden kann. Ein Blick in die Geschichte zeigt, dass sich der Humanismus in vielen Teilen der Welt entwickelt hat. Die Behauptung, der Humanismus sei eurozentrisch, ist falsch.

Im afrikanischen Denken hat der Humanismus eine wichtige Rolle gespielt. „Lange bevor sich die Europäer vor etwas mehr als drei Jahrhunderten in Südafrika niederließen, hatten die einheimischen afrikanischen Völker bereits weit entwickelte philosophische Ansichten über den Wert des Menschen und über wünschenswerte Gemeinschaftsbeziehungen. Der Geist des Humanismus – in der Zulu-Sprache ubuntu (Menschlichkeit) und in der Sotho-Sprache botho genannt – prägte das Denken und das tägliche Leben unserer Völker. Humanismus und kommunale Traditionen förderten gemeinsam harmonische soziale Beziehungen“[10] (Manogsuthu G Buthelezi, zitiert in: More 2004, 156).

> „Botho, hunhu, ubuntu ist das zentrale Konzept der gesellschaftlichen und politischen Organisation in der afrikanischen Philosophie, insbesondere bei den Bantu-sprachigen Völkern. Es besteht aus den Prinzipien des Teilens und der gegenseitigen Fürsorge. [...] Mit dieser Begründung schlagen wir vor, dass es richtiger ist, von afrikanischer Menschlichkeit zu sprechen als von afrikanischem Humanismus. [...] Zwei Thesen, die in fast allen einheimischen afrikanischen Sprachen zu finden sind, sollen hier diskutiert werden. Die erste lautet: Motho ke motho ka batho und die zweite: Feta kgomo o tshware motho. [...] Der erste Aphorismus besagt, dass Menschsein bedeutet, die eigene Menschlichkeit zu bekräftigen, indem man die Menschlichkeit der anderen anerkennt und auf dieser Grundlage humane, respektvolle Beziehungen zu ihnen aufbaut. Dementsprechend ist es ubuntu, das die Kernbedeutung des Aphorismus ausmacht: Motho ke motho ka batho. [...] Der zweite Aphorismus (Feta kgomo o tshware motho) bedeutet, dass

[10] Aus dem Englischen ins Deutsche übersetzt.

> man sich, wenn man vor der entscheidenden Wahl zwischen Reichtum und der Erhaltung des Lebens eines anderen Menschen steht, für die Erhaltung des Lebens entscheiden sollte"[11] (Ramose 2003, 643-644).

Es gibt auch lateinamerikanische Versionen des Humanismus. Zu den frühen lateinamerikanischen humanistischen Denker:innen gehörten Juan de Zumárraga (1468-1548) und Sor Juana Inés de la Cruz (1651-1695) (Gracia und Vargas 2018). de la Cruz forderte die religiöse Vorherrschaft der Frauen heraus (siehe Nuccetelli 2020, 29-35). Denker wie François-Dominique Toussaint Louverture (1743-1893) und José Martí (1854-1895) traten für Antikolonialismus und antikoloniale Befreiungskämpfe ein und ließen sich vom Rationalismus, den Ideen der Aufklärung und der französischen Revolution leiten (Gracia und Vargas 2018; James 1963; Nuccetelli 2020, Kapitel 6). José Carlos Mariátegui (1895-1930) war ein peruanischer Marxist und sozialistischer Humanist. Er betonte die Bedeutung des Klassenkampfes und dass die „Ethik des Sozialismus im Klassenkampf entsteht"[12] (Mariátegui 1930; siehe auch die in Mariátegui 2011 zusammengestellten Aufsätze).

Der Humanismus hat auch in der asiatischen Philosophie eine wichtige Rolle gespielt. In Indien haben die antike Philosophie der Cārvāka und die Vedas Materialismus und Atheismus sowie die Grundlagen des Humanismus gefördert (Chatterjee und Datta 2007, Kapitel II; Fowler J 2015; Rao 2017). In China entwickelte sich das humanistische Denken als Teil von Philosophien wie Konfuzianismus, Mohismus, Taoismus, Legalismus und Zen-Buddhismus (Fowler M 2015; Guying 2018, Kapitel 6; Meinert 2010; Tu 2003). Hier einige Beispiele für den chinesischen Humanismus. „Konfuzius war ein ‚moralischer Humanist', weil er seine Ideen auf Moralpsychologie, Handlungstheorie und Tugendethik gründete"[13] (Fung 2009, 270). „Die frühen konfuzianischen Denker arbeiteten auf eine humanistische Regierung hin, die die Bedürfnisse des Volkes als erste Priorität ansah"[14] (Lai 2008, 47). „Gelegentlich wählt Mozi einen eher humanistischen Ansatz und appelliert an die Sorge des Himmels für die gesamte Menschheit. In dieser Argumentation ändert sich das Profil des Himmels entsprechend, von einer transzendentalen moralischen Autorität zu einem liebenden Akteur, der sich um das persönliche Wohlergehen eines jeden Menschen kümmert"[15] (Lai 2008, 65). Der konfuzianische Philosoph Mencius betonte, dass „der Mensch von Natur aus gut ist"[16] (Lai 2008, 36).

Der Zen-Buddhismus wurde als eine humanistische Philosophie interpretiert, die darauf abzielt, die Befreiung von Gefangenschaft und Erleuchtung (Satori) zu fördern (Suzuki, Fromm und De Martino 1971):

> „Wenn wir mit diesem Leben irgendwie unzufrieden sind, wenn es etwas in unserer gewöhnlichen Lebensweise gibt, das uns der Freiheit in ihrem heiligsten Sinne beraubt, müssen wir uns bemühen, irgendwo einen Weg zu finden, der uns ein Gefühl der Endgültigkeit und Zufriedenheit gibt. Zen schlägt vor, dies für uns zu tun, und versichert uns die Erlangung eines neuen Blickwinkels, in dem das Leben

---

[11] Aus dem Englischen ins Deutsche übersetzt.

[12] Aus dem Englischen ins Deutsche übersetzt.

[13] Aus dem Englischen ins Deutsche übersetzt.

[14] Aus dem Englischen ins Deutsche übersetzt.

[15] Aus dem Englischen ins Deutsche übersetzt.

[16] Aus dem Englischen ins Deutsche übersetzt.

einen frischeren, tieferen und befriedigenderen Aspekt annimmt. [...] Satori besteht nicht darin, einen bestimmten geplanten Zustand durch intensives Nachdenken zu erreichen. Es ist die wachsende Erkenntnis einer neuen Kraft im Geist, die ihn befähigt, die Dinge von einem neuen Gesichtspunkt aus zu beurteilen. Seit der Entfaltung des Bewusstseins sind wir dazu veranlasst worden, auf die inneren und äußeren Bedingungen in einer bestimmten begrifflichen und analytischen Weise zu reagieren. [...] Zen will die absolute Freiheit, sogar von Gott."[17] (Suzuki 2015, 15, 34, 36).

In der klassischen europäischen Philosophie war Aristoteles der wichtigste Vertreter des Humanismus (Freeman 2015). In der islamischen Welt des Mittelalters entwickelte sich der Humanismus als Teil des Denkens von z. B. der Mu'tazila, Abu Nasr Al-Farabi, Ibn Miskawayh, Ibn Sina (Avicenna), Ibn Rushd (Averroes) (Ljamai 2015).

Die Diskussion zeigt, dass der Humanismus nicht nur westlich und liberal ist. Es gibt verschiedene Versionen davon, einschließlich einer Vielzahl von Humanismen, die ihren Ursprung in Afrika, Lateinamerika und Asien haben. Der Humanismus ist nicht notwendigerweise eine liberale Weltanschauung, ihm liegt eine Vielzahl von Weltanschauungen zugrunde. Daher gibt es neben dem liberalen Humanismus zum Beispiel auch religiöse Humanismen, den sozialistischen Humanismus und den marxistischen Humanismus. Luik (1998) führt vier Arten moderner humanistischer Philosophie auf: Marxistischer Humanismus, Pragmatischer Humanismus, Existenzialistischer Humanismus und Heidegger'scher Humanismus. „Zu den großen Humanisten der Vergangenheit gehörten Buddha, die hebräischen Propheten, Jesus Christus, Sokrates, die Philosophen der Renaissance, die der Aufklärung bis hin zu Goethe und Marx. Es gibt eine ungebrochene Tradition des Humanismus, die etwa 2500 Jahre zurückreicht und die heute in den verschiedensten Bereichen des Denkens wächst"[18] (Fromm 1961/2003, 204). Der Humanismus hat viele Ansatzpunkte, die alle ideell und institutionell gewürdigt werden sollten. Der Humanismus sollte am besten in Form von transdisziplinären und transkulturellen Begegnungs-, Diskussions- und Kooperationsprojekten organisiert werden.

Es gibt jedoch weiterhin erhebliche Kritiken am Humanismus.

2.4 Yuval Noah Hararis Kritik am Humanismus

Slavoj Žižek (2018a, 30) identifiziert vier Typen und Stadien in der Entwicklung des Antihumanismus:

[1] Theozentrischer Antihumanismus:
religiöser Fundamentalismus, der sich gegen den Säkularismus richtet;

[2] Theoretischer Antihumanismus:
französischer Strukturalismus und Poststrukturalismus, deren Hauptvertreter Althusser, Foucault und Lacan waren;

[3] Zutiefst ökologischer Antihumanismus:
Umweltbewegungen, die die „Menschen auf nur eine Tierart unter anderen" (Žižek 2018a, 30-31) reduzieren und die Menschheit als solche dafür verantwort-

[17] Aus dem Englischen ins Deutsche übersetzt.

[18] Aus dem Englischen ins Deutsche übersetzt.

lich machen, dass sie „das Gleichgewicht des Lebens auf der Erde durcheinandergebracht" (Žižek 2018a, 31) hat;

[4] Posthumanismus und Transhumanismus:
„Bei den ‚Posthumanisten' (Donna Haraway und anderen) handelt es sich um Kulturtheoretiker, die beobachten, wie der heutige gesellschaftliche und technologische Fortschritt unsere Ausnahmestellung als Menschen immer weiter aushöhlt [...] Während der ‚Mensch' für die Posthumanisten eine bizarre Spezies tierhafter Cyborgs ist, berufen sich die ‚Transhumanisten' (Raymond Kurzweil und andere) auf die jüngsten wissenschaftlichen und technologischen Innovationen (Künstliche Intelligenz, Digitalisierung), die auf die Entstehung einer Singularität, einer neuen Form der kollektiven Intelligenz hindeuten" (Žižek 2018a, 30).

Der Historiker Yuval Noah Harari (2017, 2013) ist ein Vertreter der vierten Form des Antihumanismus. Er schreibt populäre Bestseller über die Geschichte und Zukunft der Menschheit. Er stellt den Humanismus infrage (Harari 2013, Kapitel 12; Harari 2017, Kapitel 7) und vertritt eine Version des Posthumanismus, die das Ende der Menschheit und der Menschen und ihre Ersetzung durch Cyborgs und Dataismus als unvermeidliche Folgen des wissenschaftlichen Fortschritts ansieht. Er vertritt die Auffassung, dass es ein „‚Upgrade' von Menschen zu Göttern" (Harari 2017, 64) geben wird, die unsterblich sind. „Das dritte große Projekt der Menschheit im 21. Jahrhundert wird es sein, dass sie für sich göttliche Schöpfungs- und Zerstörungsmacht erwirbt und den *Homo Sapiens* zum *Homo Deus* erhebt" (69). „Doch sobald die Macht von den Menschen die Algorithmen übergeht, könnten die humanistischen Projekte irrelevant werden. Sobald wir die homozentrische Weltsicht zugunsten eines datazentrischen Weltbilds aufgeben, könnten Gesundheit und Glück der Menschen immer weiter an Bedeutung einbüßen. [...] Der Dataismus droht somit, Homo sapiens das anzutun, was Homo sapiens allen anderen Tieren angetan hat" (534-535).

Harari charakterisiert den Humanismus als eine Religion, die „die Menschheit [anbetet]" (302). Er unterscheidet drei Formen des Humanismus: Den liberalen Humanismus, der zu Kapitalismus und Individualismus geführt habe, den sozialistischen Humanismus, der in Stalins Gulags resultiert habe, und den evolutionären Humanismus, dessen Konsequenzen der Sozialdarwinismus, Hitler und Auschwitz gewesen seien. Harari spricht von „den drei humanistischen Splittergruppen" (356).

Harari vertritt eine zynische Form der Vernunft, die davon auszugehen scheint, dass der Humanismus die Quelle allen Übels auf der Welt ist. Er argumentiert, dass als Folge einer unaufhaltbaren, wissenschaftsbasierten negativen Dialektik des Humanismus der Mensch und mit ihm der Humanismus bald verschwinden werden. Die Menschen könnten nichts dagegen tun. Der sozialistische Schriftsteller Paul Mason (2019, 188) charakterisiert den Ansatz von Harari als einen „Fatalismus", der „uns, wenn wir ihm nichts entgegensetzen, wehrlos der Macht von Technologiemonopolen und Überwachungsstaaten ausliefert". (188).

Harari stellt den Humanismus falsch dar. Stalin und Hitler waren keine Humanisten. Viele Stalinist:innen haben sowohl den Humanismus als auch den sozialistischen Humanismus abgelehnt. Und sozialistische Humanist:innen haben sowohl den Stalinismus als auch den Faschismus bekämpft und waren glühende Verfechter:innen der Demokratie. In einer detaillierten sozialpsychologischen Studie zeigt Erich Fromm, dass Hitler ein Nekrophiler war und dass der „Nekrophile [...] die *Vernichtung* [verlangt]" (Fromm 1977, 457), dass Stalin ein geistiger und körperlicher Sadist war, und dass beide für menschliche Zerstörungswut stehen, ein Merkmal für Autoritarismus, das dem Humanismus entgegensteht. Harari stellt den Humanismus als Strohmann dar, indem er die wichtigsten modernen Weltanschauungen und politischen Projekte in ihn einbindet. Eine so weit gefasste Charakterisierung beraubt den Begriff des Humanismus jedoch seiner Aussagekraft.

Der Humanismus hat das Potenzial, neue Formen anzunehmen, die uns helfen, neue Faschismen und die totalitären Potenziale des Dataismus infrage zu stellen. Auf der Grundlage des erarbeiteten Verständnisses von Humanismus wird im nächsten Abschnitt der Radikale Humanismus vorgestellt. Wir werden uns der Frage des Radikalen Humanismus nähern, indem wir uns zunächst mit seinen Grundlagen befassen (Abschnitt 5) und dann einen Blick auf vier spezifische Radikale humanistische Ansätze werfen (Abschnitt 6: Karl Marx, Erich Fromm, Wang Ruoshui, David Harvey).

2.5 Was ist Radikaler Humanismus? Grundlagen des Radikalen Humanismus

Die Hauptkritikpunkte am Humanismus sind, dass er a) auf der erkenntnistheoretischen Ebene den Positivismus vorantreibt, b) auf der ontologischen Ebene den Individualismus, den Kapitalismus und den Egoismus vorantreibt, idealisiert und ideologisch rechtfertigt, und c) auf der axiologischen Ebene eine partikularistische Form des Universalismus fördert, die die Frage, was es bedeutet, ein Mensch zu sein, auf weiße, männliche, westliche, bürgerliche Individuen und ein Konzept der Natur als wild und zähmbar beschränkt, was Rassismus, Sexismus, Patriarchat, (Neo-)Kolonialismus, Imperialismus, Kapitalismus, Klassismus und Umweltzerstörung gefördert hat. Diese Kritik wurde nicht, wie viele fälschlicherweise annehmen, zuerst von den Poststrukturalist:innen, dem Postkolonialismus und dem Posthumanismus formuliert. Bereits im 19. Jahrhundert kritisierte Karl Marx den Liberalen Humanismus

Der Humanismus der Aufklärung ist ein philosophischer Ansatz, der auf der Einsicht beruht, dass die Entwicklung der Gesellschaft und des Menschen nicht durch den Willen Gottes vorbestimmt ist, sondern dass die menschliche Vernunft das entscheidende Kriterium ist, das die Entwicklung der Gesellschaft und des Menschen bestimmt. Zu den Philosophen der Aufklärung gehören beispielsweise Jean le Rond d'Alembert, George Berkeley, Marquis de Condorcet, Étienne Bonnot de Condillac, René Descartes, Denis Diderot, Johann Wolfgang von Goethe, Johann Gottfried Herder, Wilhelm von Humboldt, David Hume, Thomas Jefferson, Immanuel Kant, Gottfried Wilhelm Leibniz, John Locke, Montesquieu, Thomas Paine, Jean-Jacques Rousseau, Adam Smith oder Voltaire[19]. Sie argumentierten, dass „das zentrale Anliegen der menschlichen Existenz nicht die Entdeckung des Willens Gottes, sondern die Gestaltung des menschlichen Lebens und der Gesellschaft nach Maßgabe der Vernunft“[20] sei (Luik 1998). „Der Humanismus der Aufklärung kommt in seinen ethischen und politischen Maximen einer Einigung am nächsten, wenn er sich zur Disziplin der Vernunft bekennt, in der die Wahrheit sowohl öffentlich als auch privat nicht durch Dogmen, sondern durch Argumente und Gegenargumente zu Tage treten muss, und wenn er sich zu den Tugenden der Wohltätigkeit und des Unterlassens von Fehlverhalten bekennt“[21] (Luik

[19] https://en.wikipedia.org/wiki/Category:Enlightenment_philosophers

[20] Aus dem Englischen ins Deutsche übersetzt.

[21] Aus dem Englischen ins Deutsche übersetzt.

1998). Der Humanismus der Aufklärung war die Weltanschauung, die den Aufstieg der repräsentativen Demokratie als Alternative zur monarchischen und klerikalen Herrschaft und den Aufstieg des Kapitalismus als Alternative zum Feudalismus prägte.

Marx kritisiert, dass der Liberale Humanismus, verstanden als Liberalismus des Eigentums – d.h. das Recht, dass jede:r so viel Eigentum, Reichtum und Kapital besitzen kann, wie er/sie will – zu einem possessiven Individualismus führt, einem Egoismus, der dem Gemeinwohl schadet.

> „Es handelt sich um die Freiheit des Menschen als isolierter auf sich zurückgezogener Monade. [...] Die praktische Nutzanwendung des Menschenrechtes der Freiheit ist das Menschenrecht des *Privateigentums*“ (Marx 1843, 364-365).

> „Das Menschenrecht des Privateigentums ist also das Recht, willkürlich (à son gré), ohne Beziehung auf andre Menschen, unabhängig von der Gesellschaft, sein Vermögen zu genießen und über dasselbe zu disponieren, das Recht des Eigennutzes“ (Marx 1843, 365).

> „Die Sphäre der Zirkulation oder des Warenaustausches, innerhalb deren Schranken Kauf und Verkauf der Arbeitskraft sich bewegt, war in der Tat ein wahres Eden der angebornen Menschenrechte. Was allein hier herrscht, ist Freiheit, Gleichheit, Eigentum und Bentham. Freiheit! Denn Käufer und Verkäufer einer Ware, z.B. der Arbeitskraft, sind nur durch ihren freien Willen bestimmt. Sie kontrahieren als freue, rechtlich ebenbürtige Personen. Der Kontrakt ist das Endresultat, worin sich ihre Willen einen gemeinsamen Rechtsausdruck geben. Gleichheit! Denn sie beziehen sich nur als Warenbesitzer aufeinander und tauschen Äquivalent für Äquivalent. Eigentum! Denn jeder verfügt nur über das Seine. Bentham! Denn jedem von den beiden ist es nur um sich zu tun. Die einzige Macht, die sie zusammen und in ein Verhältnis bringt, ist die ihres Eigennutzes, ihres Sondervorteils, ihrer Privatinteressen. Und eben weil so jeder nur für sich und keiner für den andren kehrt, vollbringen alle, infolge einer prästabilierten Harmonie der Dinge oder unter den Auspizien einer allpfiffigen Vorsehung, nur das Werk ihres wechselseitigen Vorteils, des Gemeinnutzens, des Gesamtinteresses“ (Marx 1867, 189-190).

Marx argumentiert auch, dass der Kapitalismus auf der Ausbeutung von Kolonien und der Sklaverei beruht: „Der außerhalb Europa direkt durch Plünderung, Versklavung und Raubmord erbeutete Schatz floß ins Mutterland zurück und verwandelte sich hier in Kapital“ (Marx 1867, 781). Die bürgerlichen politischen Ökonomen und Kapitalisten würden die Armut der Kolonisierten und die Sklaverei tolerieren, was den proklamierten Humanismus des Liberalismus als Unmenschlichkeit enttarnen würde: „Im Interesse des sog. Nationalreichtums sucht er nach Kunstmitteln zur Herstellung der Volksarmut. Sein apologetischer Panzer zerbröckelt hier Stück für Stück wie mürber Zunder“ (Marx 1867, 739).

Marx betonte auch, dass der Kapitalismus zur Zerstörung der Natur führt: „Die kapitalistische Produktion entwickelt daher nur die Technik und Kombination des gesellschaftlichen Produktionsprozesses, indem sie zugleich die Springquellen alles Reichtums untergräbt: die Erde und den Arbeiter“ (Marx 1867, 529-530). Die kapitalistische Produktion erfordert Arbeitskraft und materielle Ressourcen. Die Kapitalist:innen sind gezwungen, zu versuchen, beides so billig wie möglich zu bekommen, um auf dem Markt zu überleben und zu akkumulieren, was zur Entwicklung immer neuer

Methoden der Ausbeutung der Arbeitskraft und der Aneignung der Natur zu günstigen oder kostenlosen Bedingungen führt.

Der Liberalismus erklärt das Privateigentum als „ein Menschenrecht" (Marx und Engels 1845/1846, 189). Angesichts der Auswirkungen des Kapitals haben Privateigentum und Kapital nur „einen liberalen Schein" (Marx und Engels 1845/1846, 189), sind aber in Wirklichkeit barbarisch.

Ausgehend von Marx haben die kritischen Theoretiker Max Horkheimer und Theodor W. Adorno (1969/2014) die negative Dialektik des Liberalen Humanismus analysiert. Sie sprechen von der Dialektik der Aufklärung, womit sie meinen, dass die politische Ökonomie des Kapitalismus destruktive Potenziale und Realitäten schafft, die die Verwirklichung der Menschenrechte, die Aufklärung und Liberalismus versprechen, zerstören und untergraben. Der Kapitalismus bringt die Tendenz der „Selbstzerstörung der Aufklärung" (Horkheimer und Adorno 1969/2014, 18) mit sich, sodass ein Potenzial der „Rückkehr der aufgeklärten Zivilisation zur Barbarei" (22) besteht. Die Kälte ist das „Grundprinzip der bürgerlichen Subjektivität, ohne das Auschwitz nicht möglich gewesen wäre" (Adorno 1975, 356).

Die Ausbeutungs- und Herrschaftsstrukturen des Kapitalismus wendeten sich gegen die aufklärerischen Werte des Liberalismus und führten im 20. Jahrhundert zu Auschwitz. „Nach dem kurzen Zwischenspiel des Liberalismus, in dem die Bürger sich gegenseitig in Schach hielten, offenbart sich die Herrschaft als archaischer Schrecken in faschistisch rationalisierter Gestalt" (Horkheimer und Adorno 1969/2014, 110). Horkheimer und Adorno weisen darauf hin, dass die kapitalistische Gesellschaft an Freiheit, Gleichheit und Brüderlichkeit glaubt und verspricht, die kapitalistische Realität jedoch besitzergreifender Individualismus und Ungleichheit ist – ein Antagonismus zwischen der Freiheit des Eigentums auf der einen Seite und sozialer Freiheit, Gleichheit und Solidarität auf der anderen. Das Ergebnis ist, dass faschistische Potenziale im Kapitalismus existieren.

Die Alternative zum Liberalen Humanismus besteht nicht darin, dass wir die Ideen der Moderne, des Universalismus, der Wahrheit, der Solidarität, des Humanismus, der westlichen Welt und der Emanzipation begraben sollten. Dies führt leicht zu einem Antimodernismus, der die Arbeit idealisiert, zu Partikularismus und Relativismus, die zur Zersplitterung der Gesellschaft und zur Vergrößerung der Unterschiede beitragen, zu reaktionären Angriffen auf wissensproduzierende Institutionen in Bildung, Medien und Kultur, die Parallelen zur extremen Rechten aufweisen, und zur Unterstützung von Diktaturen im Namen der Opposition gegen den Euro- und Westzentrismus und den Antiimperialismus.

Die Alternative ist eine alternative Moderne, ein vollständig universeller Humanismus und eine globale Emanzipation von Ausbeutung und Herrschaft, die allen zugutekommt. Der Radikale Humanismus ist die richtige Alternative zum Liberalen Humanismus. Aber was ist Radikaler Humanismus?

Der Radikale Humanismus ist eine materialistische Philosophie, die die produktiven, sozialen und transformativen Fähigkeiten der Menschen betont, die sie befähigen, sich von Klassengesellschaft, Kapitalismus, Ausbeutung, Herrschaft und Ideologie zu befreien und gemeinsam eine bessere Welt zu schaffen. Sozialistischer Humanismus ist eine andere Bezeichnung für den Radikalen Humanismus. Er hat drei Dimensionen (siehe Alderson und Spender 2017, Fromm 1965a, Fuchs 2020a):

- **Die Epistemologie des Radikalen Humanismus: Dialektische Erkenntnistheorie**

  Der Radikale Humanismus nutzt die dialektische Philosophie, die Kritik der politischen Ökonomie und die Ideologiekritik als intellektuelle Mittel, um die Gesellschaft und die Welt kritisch zu verstehen. Er ist an der Entwicklung kritischer Gesellschaftstheorien und an der kritischen Analyse von Ausbeutung und Herrschaft interessiert.

  Der Mensch ist in der Lage, die Vernunft zu nutzen, um Wissen darüber zu produzieren, wie die Welt aussieht, was die Nutzung und Entwicklung der Wissenschaft einschließt. Humanist:innen fragen kritisch nach dem Zustand der Welt. Kritisches Denken ist Teil des Humanistischen Ansatzes.

- **Die Ontologie des Radikalen Humanismus: Der Mensch als soziales, gesellschaftliches, produzierendes Wesen**

  Der Radikale Humanismus begreift den Menschen als soziales und gesellschaftliches Wesen und die Gesellschaft als den Bereich menschlicher sozialer Produktion. Die Gesellschaft wird von Menschen in sozialen Beziehungen geschaffen, was bedeutet, dass sie sich verändert und dass Menschen die Fähigkeit haben, die Gesellschaft aktiv durch Zusammenarbeit und, falls erforderlich, durch soziale Kämpfe zu verändern. Der Radikale Humanismus betont die Rolle der menschlichen Interessen, der menschlichen Bedürfnisse, der menschlichen Praktiken, der Praxis und der sozialen Produktion in der Gesellschaft. Viele radikale Humanist:innen haben sich von Marx' (1844b) Ökonomischen und Philosophischen Manuskripten inspirieren lassen. Der Mensch wird nicht als isolierte Monade betrachtet, sondern als ein soziales Wesen, das in und durch soziale Beziehungen existiert. Dass der Mensch die Gesellschaft schafft, wird so interpretiert, dass die Menschen „ihre eigene Geschichte [machen], aber sie machen sie nicht aus freien Stücken, nicht unter selbstgewählten, sondern unter unmittelbar vorgefundenen, gegebenen und überlieferten Umständen" (Marx 1852, 115). Die radikalhumanistische Analyse von Klassen- und Herrschaftsgesellschaften bedient sich des Begriffs der Entfremdung. Entfremdung bedeutet, dass die Arbeitenden keine Kontrolle über die Produktionsmittel haben (Klassengesellschaft), dass die Bürger:innen keine Kontrolle über die kollektive Entscheidungsfindung haben (Diktatur) und dass die Menschen keine Kontrolle über die Sinngebung und die Definitionsmacht haben (Ideologie, Respektlosigkeit). Das Ergebnis sind Ausbeutung und Fremdherrschaft. Die Ausbeutung von Menschen in Klassenverhältnissen ist der Schlüssel zum Verständnis der wirtschaftlichen Form der Entfremdung. Entfremdung nimmt aber auch die Form der Herrschaft im politischen System an, wo eine Gruppe andere Gruppen unterdrückt, und die Form der Ideologie im kulturellen System. Diese Formen der Entfremdung stehen in Wechselwirkung. Kapitalismus, Patriarchat und Rassismus sind drei Arten von Machtbeziehungen, die jeweils wirtschaftliche Entfremdung, politische Entfremdung und kulturelle Entfremdung miteinander verbinden. In der heutigen Gesellschaft wirken Kapitalismus, Patriarchat und Rassismus in der kapitalistischen Gesellschaft zusammen. In Gesellschaften, die von Klasse und Entfremdung geprägt sind, werden die Menschen von der herrschenden Klasse ausgebeutet und unterdrückt.

- **Die Axiologie des Radikalen Humanismus: Die Philosophie der Praxis**

  Die Philosophie der Praxis ist die Axiologie des Radikalen Humanismus. Sie betont, dass die Menschen trotz aller Unterschiede viel gemeinsam haben, darunter den Wunsch und das Bedürfnis nach Glück und einem guten Leben, was angesichts der sozialen Natur des Menschen bedeutet, dass jeder in der Lage sein sollte, ein gutes

Leben zu führen. Die Menschen können eine bessere Gesellschaft nur erreichen, indem sie ihre eigene Geschichte in Form von Klassenkämpfen für eine klassenlose Gesellschaft schreiben. Die Praxis ist der Klassenkampf für den demokratischen Sozialismus. Radikaler Humanismus ist ein Humanismus, der die Notwendigkeit betont, in der Gesellschaft Bedingungen zu schaffen, die es allen Menschen und der Gesellschaft ermöglichen, sich zu entfalten und ihre Potenziale voll auszuschöpfen. Humanismus ist Sozialismus. Sozialismus ist Humanismus. Sozialismus bedeutet eine Gesellschaft der Gemeingüter, von der alle Menschen profitieren. Der Sozialismus ist eine Verwirklichung des wirtschaftlichen, politischen und kulturellen Gemeinguts. In einer sozialistischen Gesellschaft leben alle Menschen in Wohlstand und die Arbeit wird reduziert, minimiert und abgeschafft (ökonomische Allmende). In einer solchen Gesellschaft haben alle Menschen demokratische Mitwirkungsrechte (politisches Gemeingut) und werden respektiert (kulturelles Gemeingut). Der demokratische Sozialismus sieht den Sozialismus als inhärent humanistisch und demokratisch. Er ist antifaschistisch, anti-stalinistisch und antikapitalistisch. Er ist kritisch gegenüber den antidemokratischen Potenzialen und Realitäten dieser Systeme. Der Radikale Humanismus beschränkt das Verständnis von Demokratie nicht auf das politische System, sondern plädiert für die Ausweitung der Demokratie auf die gesamte Gesellschaft, einschließlich der Wirtschaft. Der Radikale Humanismus unterstreicht die demokratische Notwendigkeit der kollektiven Selbstverwaltung von Wirtschaft und Gesellschaft. Er versteht Demokratie als partizipatorische Demokratie. Die Ethik des Radikalen Humanismus ist eine Ethik der Klassenkämpfe und gesellschaftlichen Kämpfe. In der Überzeugung, dass die Menschen eine Gesellschaft verdienen und brauchen, die allen zugutekommt, argumentiert er, dass es wert und notwendig ist, dass die Menschen für einen demokratischen Sozialismus kämpfen.

2.6 Vier Ansätze für einen Radikalen Humanismus: Karl Marx, Erich Fromm, Wang Ruoshui, David Harvey

Betrachten wir den Radikalen Humanismus anhand der Werke von Karl Marx, Erich Fromm und Wang Ruoshui näher. Marx (1818-1883) war „durch und durch Humanist" (Fromm 1963, 81) und der Denker, der den Radikalen Humanismus am meisten beeinflusst hat. Erich Fromm (1900-1980) war ein kritischer Theoretiker und humanistischer Philosoph, der von den Werken von Marx und Sigmund Freud beeinflusst wurde. Er hat viel zur Verbreitung des Radikalen Humanismus beigetragen. So hat er zum Beispiel den Sammelband *Socialist Humanism: An International Symposium* (Fromm 1965a) herausgegeben und wies im Gegensatz zu strukturalistischen Marxisten wie Louis Althusser auf die humanistischen Aspekte des Marx'schen Denkens hin (Fromm 1963). Wang Ruoshui (1926-2002) war ein chinesischer Philosoph, der einer der Hauptvertreter des marxistischen Humanismus in China war. In den frühen 1980er Jahren war er an einer intellektuellen Debatte über Humanismus und Entfremdung beteiligt. David Harvey (geb. 1935) ist ein politischer Ökonom, Sozialtheoretiker und Wirtschaftsgeograf. Er ist einer der meistzitierten und einflussreichsten Sozialwissenschaftler. Der Schwerpunkt seiner Arbeit liegt auf der Analyse des Kapitalismus.

Karl Marx

Marx vertritt die Auffassung, dass die Menschen in Klassengesellschaften unvollständig sozial sind, und dass die vollen Potenziale von Menschen und Gesellschaft nicht realisiert werden können. Sozialismus ist „vollendeter Humanismus" (Marx 1844b,

536) und hat das „*entmenschtes* Wesen“ (524) beseitigt. Es erfordert die „Vernichtung der *entfremdeten* Bestimmung“ (583) der Gesellschaft und die „*positive* Aufhebung des *Privateigentums* als *menschliche[r] Selbstentfremdung*“ (536). Die Verpflichtung zur Praxis, d.h. zum Klassen- und Sozialkampf, ist der kategorische Imperativ des Sozialistischen Humanismus:

> „Radikal sein ist die Sache an der Wurzel fassen. [...] Die Kritik der Religion endet mit der Lehre, daß der *Mensch das höchste Wesen für den Menschen* sei, also mit dem *kategorischen Imperativ, alle Verhältnisse umzuwerfen*, in denen der Mensch ein erniedrigtes, ein geknechtetes, ein verlassenes, ein verächtliches Wesen ist, Verhältnisse, die man nicht besser schildern kann als durch den Ausruf eines Franzosen bei einer projektierten Hundesteuer: Arme Hunde! Man will euch wie Menschen behandeln!“ (Marx 1844a, 385).
>
> „Wo also die *positive* Möglichkeit der [...] Emanzipation?
>
> *Antwort*: In der Bildung einer Klasse mit *radikalen Ketten*, einer Klasse der bürgerlichen Gesellschaft, welche keine Klasse der bürgerlichen Gesellschaft ist, eines Standes, welcher die Auflösung aller Stände ist, einer Sphäre, welche einen universellen Charakter durch ihre universellen Leiden besitzt und kein *besondres* Recht in Anspruch nimmt, weil kein *besondres* Unrecht, sondern das *Unrecht schlechthin* an ihr verübt wird, [...] einer Sphäre endlich, welche sich nicht emanzipieren kann, ohne sich von allen übrigen Sphären der Gesellschaft und damit alle übrigen Sphären der Gesellschaft zu emanzipieren, welche mit einem Wort der *völlige Verlust* des Menschen ist, also nur durch die *völlige Wiedergewinnung des Menschen* sich selbst gewinnen kann. Diese Auflösung der Gesellschaft als ein besonderer Stand ist das *Proletariat*.“ (Marx 1844a, 390).

Erich Fromm

Fromm (1947/2016) unterscheidet zwischen humanistischer Ethik und autoritärer Ethik. Autoritär denkende Menschen sind von dem Grundsatz überzeugt, dass „eine Autorität [bestimmt], was für den Menschen gut ist, und stellt die Gesetze und Normen der Lebensführung auf; in einer humanistischen Ethik gibt sich der Mensch seine Norm selbst und unterwirft sich ihr aus eigenem Willen“ (Fromm 1947/2016, 208). Humanistische Ethik „basiert [...] auf dem Prinzip: ‚Gut‘ ist das, was für den Menschen gut ist, ‚böse‘ ist das, was ihm schadet. Das Wohl des Menschen ist das einzige Kriterium für ein ethisches Werturteil“ (210).

Fromm (1976/2004) charakterisiert eine humanistisch-sozialistische Gesellschaft als den Übergang von Gesellschaften des Habens zu Gesellschaften des Seins. Er stellt einige Bestandteile einer solchen Gesellschaft vor:

> „das Ziel [ist] nicht die Herrschaft über die Natur [...], sondern Herrschaft über die Technik und über irrationale gesellschaftliche Kräfte und Institutionen, die das Überleben der westlichen Gesellschaft, wenn nicht gar der Menschheit bedrohen. [...] die Ausrichtung der Produktion auf einen ‚gesunden und vernünftigen Konsum‘. [...] Gesunder und vernünftiger Konsum ist nur möglich, wenn wir das Recht der Aktionäre und Konzernleitungen, über ihre Produktion ausschließlich vom Standpunkt des Profits und Wachstums zu entscheiden, drastisch einschränken. [...] Um eine am Sein orientierte Gesellschaft aufzubauen, müssen alle ihre Mitglieder sowohl ihre ökonomischen als auch ihre politischen Funktionen aktiv wahrnehmen. Das heißt, daß wir uns von der Existenzweise des Habens nur befreien können, wenn es gelingt, die industrielle und politische Mitbe-

stimungsdemokratie (political and participatory democracy) voll zu verwirklichen. [...] Aktive und verantwortungsvolle Mitbestimmung ist nur möglich, wenn das bürokratische durch ein humanistisches Management ersetzt wird. [...] In der kommerziellen und politischen Werbung sind alle Methoden der Gehirnwäsche zu verbieten. [...] [wir] müssen [...] den Einsatz aller hypnoseähnlichen Formen von Propaganda sowohl für Waren wie für Politiker verbieten. [...] Die Kluft zwischen den reichen und den armen Nationen muß geschlossen werden. [...] Viele Übel der heutigen kapitalistischen und kommunistischen Gesellschaften wären durch die Garantie eines jährlichen Mindesteinkommens zu besiegen. [...] Die Frauen sind von der patriarchalischen Herrschaft zu befreien. [...] Ein Oberster Kulturrat ist ins Leben zu rufen, der die Aufgabe hat, die Regierung, die Politiker und die Bürger in allen Angelegenheiten, die Wissen und Kenntnis erfordern, zu beraten. [...] Ein wirksames System zur Verbreitung von objektiven Informationen ist zu etablieren. [...] Die wissenschaftliche Grundlagenforschung ist von der Frage der industriellen und militärischen Anwendung zu trennen. [...] atomare Abrüstung" (Fromm 1976/2004, 168, 169, 171, 173, 177, 179, 180, 181, 182, 185, 187).

Wang Ruoshui

Wang Ruoshui (1984a, 1984b) unterstreicht die Bedeutung des Begriffs der Entfremdung im marxistischen Humanismus und die Bedeutung der *Ökonomisch-philosophischen Manuskripte* von Marx. Der Mensch schafft etwas, das zu einer „dissidenten Kraft wird, die sich der Kontrolle des Menschen entzieht"[22] (Ruoshui 1984b, 30). Ausbeutung und Klassenbeziehungen konstituieren die wirtschaftliche Entfremdung, die die grundlegendste Form der Entfremdung ist (29). Ruoshui weist darauf hin, dass es für Marx auch politische Entfremdung (z.B. bürokratische Staatsmacht, die sich zum Herrn des Volkes macht und speziellen Interessen statt dem öffentlichen Interesse dient) und ideologische Entfremdung (z.B. Personenkult) gibt. Die drei Formen der Entfremdung werden durch die Abschaffung des Kapitalismus nicht automatisch aufgelöst, die Entfremdung kann fortbestehen (29). In „einer sozialistischen Gesellschaft besteht die Möglichkeit des Auftretens von Entfremdung nicht nur in der Ideologie und Politik, sondern sogar im wirtschaftlichen Bereich"[23] (34). Ruoshui (1984a) argumentiert, dass für Marx der Mensch der Ausgangspunkt ist, aber nicht als abstraktes Wesen, sondern als „reales und praktisches"[24] Wesen, das „unter bestimmten sozialen Beziehungen lebt"[25] (40). Ruoshui argumentiert, dass diese Fokussierung auf den Menschen den gesamten Ansatz von Marx geprägt hat, indem er kritisiert, wie der Mensch und seine Interessen in der kapitalistischen Gesellschaft und der bürgerlichen politischen Ökonomie dem Kapital und dem Privateigentum untergeordnet sind. Praktisch bedeutet dies, dass der Kapitalist nur an der Ausbeutung der menschlichen Arbeitskraft und nicht am Menschen als solchem interessiert ist. Im Sozialistischen Humanismus ist der Mensch „nicht das Mittel, sondern der Zweck"[26] (Ruoshui 1984a, 42). Die globalen Probleme sind das Ergebnis von Entfremdungsprozessen: „Ausbeutung ist Entfremdung, aber sie ist nur eine Form der Entfremdung; es gibt auch andere

---

[22] Aus dem Englischen ins Deutsche übersetzt.

[23] Aus dem Englischen ins Deutsche übersetzt.

[24] Aus dem Englischen ins Deutsche übersetzt.

[25] Aus dem Englischen ins Deutsche übersetzt.

[26] Aus dem Englischen ins Deutsche übersetzt.

Formen der Entfremdung. Keines der heutigen globalen Probleme – wie die Umweltverschmutzung, die Bevölkerungsexplosion, die Atomwaffen und die Nord-Süd-Konfrontation – sind Naturkatastrophen. Sie sind vielmehr von der Menschheit selbst geschaffene Übel, die das Ergebnis der Entfremdung des menschlichen Verhaltens sind“[27] (Ruoshui 1997, 88).

David Harvey

Wang Ruoshui betont die Bedeutung des Marx'schen Konzepts der Entfremdung für eine Gesellschaftskritik. David Harvey hat argumentiert, dass Entfremdung ein universelles Merkmal des heutigen Kapitalismus ist, das nicht nur die wirtschaftlichen Produktionsverhältnisse, sondern auch den Konsum, die Realisierung des Mehrwerts, die Verteilung und den Konsum von Waren, die Finanzen, die Frustration über die Politik, unbezahlbare öffentliche Dienstleistungen, nationalistische Ideologie, Rassismus, Polizeigewalt, Militarismus, Kriegsführung, Alkoholismus, Selbstmord, Depression, Bürokratie, Umweltverschmutzung, Gentrifizierung, Klimawandel usw. prägt. „Entfremdung ist überall. Sie existiert bei der Arbeit in der Produktion, zu Hause im Konsum, und sie dominiert einen Großteil der Politik und des täglichen Lebens“[28] (Harvey 2018, 429). Die große Gefahr der universellen Entfremdung besteht darin, dass sie faschistische Potenziale befördert. „Mit der Massenentfremdung könnte jemand wie Trump daherkommen und sich den Weg an die Macht bahnen. [...] Trump ist der Präsident der Entfremdung“[29] (Harvey 2018, 429).

Alle Probleme der allgemeinen Entfremdung beruhen auf dem Kapitalismus und sind mit ihm verbunden, können aber nicht auf ihn reduziert werden. Marx stand Ethik und Moral kritisch gegenüber, weil sie oft als Ideologie fungieren, die die Menschen von gesellschaftlichen Kämpfen abhält. Sein kategorischer Imperativ ist jedoch ein radikalhumanistisches Prinzip der Moral: Der Mensch soll handeln und sich in gesellschaftlichen Kämpfen engagieren, um die Entfremdung in der Gesellschaft zu überwinden. Die Ethik von Marx ist eine Ethik der gesellschaftlichen Auseinandersetzungen, die Philosophie der Praxis. Das Ziel der Praxis ist der demokratische Sozialismus. Die zuvor zitierte längere Passage von Erich Fromm umreißt die Konturen des demokratischen Sozialismus. Der demokratische Sozialismus ist keine Diktatur, sondern eine partizipatorische Demokratie, in der die Entfremdung aufgehoben ist und Menschen und Technologien zum Nutzen aller eingesetzt werden und die Menschen die politische Ökonomie kollektiv verwalten.

David Harvey (2015) vertritt eine radikal marxistisch-humanistische Perspektive. Im Gegensatz zu strukturalistischen und funktionalistischen Ansätzen, die in erster Linie betonen, dass Krisen Kollaps- und Zusammenbruchstendenzen des Kapitalismus sind, betont Harvey die Praxis, d. h. die Bedeutung von Klassenkämpfen und gesellschaftlichen Kämpfen für die Förderung der Gleichheit. Harvey schreibt, dass der „Klassenkampf für die Politik des radikalen Egalitarismus von zentraler Bedeutung“[30] ist (Harvey 2010, 234): „Die Akkumulation von Kapital wird niemals aufhören. [...] Um das zu tun, was getan werden muss, braucht es Hartnäckigkeit und Entschlossenheit, Geduld und Gerissenheit, zusammen mit leidenschaftlichem politischem Engagement,

[27] Aus dem Englischen ins Deutsche übersetzt.

[28] Aus dem Englischen ins Deutsche übersetzt.

[29] Aus dem Englischen ins Deutsche übersetzt.

[30] Aus dem Englischen ins Deutsche übersetzt.

das aus moralischer Empörung darüber entstanden ist, was das ausbeuterische Wachstum mit allen Facetten des Lebens – menschlich und anders – auf dem Planeten Erde macht. Politische Mobilisierungen, die für eine solche Aufgabe ausreichen, hat es in der Vergangenheit gegeben. Sie können und werden sicherlich wieder kommen"[31] (Harvey 2010, 260).

Harvey vertritt die Auffassung, dass für die Förderung des Humanismus „eine antineoliberale Bewegung" (Harvey 2015, 381) erforderlich ist, eine „reformorientierte Vorgehensweise", die „ökologisch orientiert" ist und ein „hohes Maß an sozialer Gerechtigkeit und demokratischer Regierungspraxis" (Harvey 2015, 381) aufweist. Solch eine

> „reformorientierte Vorgehensweise hat durchaus ihre Vorteile. Sie bemüht sich um eine friedliche und gewaltfreie gesellschaftliche Veränderung und erinnert an die Anfangsphasen der Proteste auf dem Tharir-, Syntagma- und Taksim-Platz [...] Bei dieser Strategie versucht man, die Menschen für spezielle Themen zu mobilisieren. [...] Stellen Sie sich vor, wie die Welt aussähe, wenn die Herrschaft des Tauschwertes und die entfremdeten Verhaltensweisen, die mit dem Streben nach Geldmacht einhergehen, gleichzeitig eingeschränkt würden und man obendrein noch das Recht von Privatpersonen, sich am gesellschaftlichen Vermögen zu bereichern, massiv beschnitte. Denken Sie an all die Entfremdungen in der heutigen Arbeitswelt, an den kompensatorischen Konsum, die unzähligen Ebenen wirtschaftlicher Ungleichheit oder unser gestörtes Verhältnis zur Natur und malen Sie sich aus, wie eine ungeheure Woge öffentlichen Unmuts die gegenwärtigen Exzesse des Kapitals hinwegschwemmt. Würden wir nicht in einer humaneren Welt mit weit weniger sozialer Ungleichheit, Korruption und Unterdrückung leben?" (Harvey 2015, 381-382).

Harvey plädiert für einen Radikalen Humanismus. „Die Überzeugung, dass wir durch unsere Gedanken und Handlungen die Welt, in der wir leben, und uns selbst zum Besseren verändern können, steht in humanistischer Tradition. [...] Er ist eine Weltanschauung, der es um die Mobilisierung der menschlichen Möglichkeiten, Fähigkeiten und Kräfte geht" (Harvey 2015, 405).

Harvey ist sich des kritischen und ideologischen Missbrauchs des Konzepts des Menschen, das sich durch die Verweigerung der Gleichheit von bestimmten Menschengruppen in Unmenschlichkeit verwandelt hat, bewusst: Es „verstieg sich zu dem Wahn, wir seien eine Art Übermenschen, deren Aufgabe es ist, sich das Universum untertan zu machen. Besonders gefährlich wird diese Form des Humanismus, wenn er bestimmten Bevölkerungsgruppen das Menschsein abspricht. Dieses Schicksal erlitten viele indigene Völker auf dem amerikanischen Kontinent bei ihrer Begegnung mit den Kolonisatoren. Als sogenannte ‚Wilde' hielt man sie für einen Teil der Natur und nicht der Menschheit" (Harvey 2015, 406).

Anders als manche Posthumanisten, Postmodernisten und Poststrukturalisten kommt Harvey jedoch nicht zu dem Schluss, dass man den Humanismus abschaffen sollte, sondern argumentiert vielmehr, dass solche Ansätze überhaupt keinen Humanismus darstellen und dass wir den Humanismus radikalisieren und für die Verwirklichung der Dialektik von Universalismus und Partikularität kämpfen müssen:

> „Keine soziale Ordnung kann daher der Frage der Universalität ausweichen. Die zeitgenössische 'radikale' Kritik am Universalismus ist leider fehl am Platz. Sie

[31] Aus dem Englischen ins Deutsche übersetzt.

sollte sich stattdessen auf die spezifischen Institutionen der Macht konzentrieren, die zwischen Partikularität und Universalität vermitteln, anstatt den Universalismus *an sich* anzugreifen"[32] (Harvey 2000, 242).

„Die Dialektik ist hier nützlich. Sie lehrt, dass die Universalität immer *in Beziehung zur* Partikularität steht: keine der beiden kann von der anderen getrennt werden, auch wenn sie unverwechselbare Momente innerhalb unserer begrifflichen Operationen und praktischen Engagements sind"[33] (Harvey 2000, 241).

Radikaler Humanismus beinhaltet den Kampf für eine menschliche, gerechte, soziale und faire Gesellschaft: „Die Privilegien und die Macht der oligarchischen Kapitalistenklasse schaffen fast überall auf der Welt ähnliche Verhältnisse. Politische Macht, die sich auf Überwachung, Kontrolle und militärische Gewalt stützt, wird missbraucht, um das Wohl ganzer für verzichtbar gehaltener Bevölkerungsgruppen massiv zu beeinträchtigen. Täglich erleben wir, wie solche Gruppen systematisch entmenschlicht werden. [...] Wie gesehen, weist das Kapital genügend Widersprüche auf, um diese Hoffnung zu nähren" (Harvey 2015, 419, 421).

Eine radikal-humanistische Gesellschaft umfasst neben anderen organisatorischen Merkmalen die folgenden:

- „Gemeineigentumsrechte [...] – vor allem in Hinblick auf menschliches Wissen und Land als den wichtigsten Gemeingütern, die wir haben. Die Schaffung, Verwaltung und der Schutz dieser Rechte sollten in den Händen von Volksversammlungen liegen" (Harvey 2015, 423);
- „Das Alltagsleben [hat] sich verlangsamt, damit wir Zeit haben für frei gewählte Tätigkeiten in einer sicheren und schonend behandelten Umwelt, in der keine dramatischen Episoden schöpferischer Zerstörung zu befürchten sind" (Harvey 2015, 423);
- „Neue Technologien und Organisationsformen [sollen] geschaffen werden, die gesellschaftliche Arbeit erleichtern, überflüssige Unterschiede in der technischen Arbeitsteilung beseitigen, Zeit für individuelle und kollektive Tätigkeiten freisetzen und den ökologischen Fußabdruck der Menschen verkleinern" (Harvey 2015, 423-424).
- „Jeder das gleiche Recht auf Bildung, Gesundheitsfürsorge, Wohnen, Nahrungssicherung und kostenlose Nutzung der Verkehrsmittel hat, weil das die materielle Basis eines erfüllten und selbstbestimmten Lebens ist" (Harvey 2015, 296).

2.7 Schlussfolgerungen

Dieses Kapitel fragte: Was ist Humanismus? Zur Beantwortung dieser Frage wurden Mindestdefinitionen des Humanismus festgelegt, die drei Dimensionen umfassen (Epistemologie, Ontologie, Axiologie). Der Humanismus ist ein philosophischer Ansatz, der die aktiven und transformativen Fähigkeiten des Menschen in der sozialen Welt hervorhebt.

In diesem Kapitel wurde für einen Radikalen Humanismus plädiert. Der Radikale/Sozialistische Humanismus ist eine materialistische Philosophie, die die produktiven,

---

[32] Aus dem Englischen ins Deutsche übersetzt.

[33] Aus dem Englischen ins Deutsche übersetzt.

sozialen und transformativen Fähigkeiten der Menschen betont, die sie befähigen, sich von Klassengesellschaft, Kapitalismus, Ausbeutung, Herrschaft und Ideologie zu befreien und gemeinsam eine bessere Welt zu schaffen.

Angesichts der globalen Probleme, mit denen die Gesellschaften und die Menschheit heute konfrontiert sind, müssen wir uns dringend moralische Fragen stellen: Was ist eine gute Gesellschaft? Was muss getan werden, damit wir eine gute Gesellschaft schaffen? Welches sind die wichtigsten Faktoren, die die Schaffung einer guten Gesellschaft verhindert haben? Was sollten wir tun, um eine gute Gesellschaft zu fördern? Der Radikale Humanismus ist ein philosophischer Ansatz, der uns hilft, über diese Fragen nachzudenken. Im Zeitalter der Unmenschlichkeit müssen wir den Humanismus erneuern.

3 Was ist (Radikaler) Digitaler Humanismus?

Zusammenfassung

Dieses Kapitel beschäftigt sich mit der Frage: Was ist (Radikaler) Digitaler Humanismus? Es wird dargelegt, dass der Digitale Humanismus eine Philosophie ist, die für die Analyse des digitalen Zeitalters geeignet ist und spezifische epistemologische, ontologische und axiologische Dimensionen aufweist. Außerdem wird eine spezifische Version des Digitalen Humanismus vorgestellt, nämlich der Radikale Digitale Humanismus. Es wird argumentiert, dass wir die Zusammenarbeit aller Humanismen fördern müssen, um den Aufstieg neuer Faschismen im digitalen Zeitalter zu verhindern. Das Kapitel befasst sich auch mit Einwänden gegen den Digitalen Humanismus und geht auf diese ein.

Schlüsselbegriffe: Digitaler Humanismus, Radikaler Digitaler Humanismus, Sozialistischer Digitaler Humanismus, Transdisziplinarität, Digitale Ethik, Digitale Philosophie, Transkulturalität, Transkulturalismus

3.1 Einleitung

Kapitel 2 fragte: Was ist (Radikaler) Humanismus? Es wurde darauf hingewiesen, dass wir einen Radikalen Humanismus brauchen, um die globalen Probleme zu lösen. Während der traditionelle liberale und individualistische Humanismus auf einer negativen Dialektik beruht, die globale Ungleichheiten sowie zerstörerische und faschistische Potenziale hervorruft, stellt der Radikale Humanismus eine Alternative dar, die darauf abzielt, eine Gesellschaft zu schaffen, von der alle profitieren.

Die heutige Gesellschaft sieht sich mit vielen Problemen konfrontiert, die durch digitale Technologien hervorgerufen werden. Zu diesen Problemen gehören beispielsweise die digitale Überwachung, die Macht und die Steuervermeidungsstrategien transnationaler digitaler Konzerne, die digitale Kriegsführung, der digitale Faschismus, der digitale Autoritarismus, Rassismus und Hetze im Internet, Elektroschrott und eine nicht nachhaltige digitale Wirtschaft, die Ausbeutung prekärer digitaler Arbeitskräfte, digitale Diktaturen, digitale Ungleichheiten und Klüfte, die Prekarisierung des menschlichen Lebens durch die digitale Automatisierung, Angriffe auf Qualitätsmedien und die Idee der Wahrheit und der Nachrichten selbst („*Post-Truth*-Gesellschaft", „Fake News"), etc. Zusammengefasst bedeutet dies, dass Unmenschlichkeit das zentrale Problem der gegenwärtigen digitalen Gesellschaften ist. Der Digitale Humanismus bietet einen philosophischen Ansatz, der es uns ermöglicht, Wissen zu schaffen, das die Bewältigung der globalen Probleme der digitalen Gesellschaft unterstützt.

Dieses Kapitel beschäftigt sich mit der Frage: Was ist Digitaler Humanismus? Es wird argumentiert, dass der Digitale Humanismus eine Philosophie ist, die für die Analyse des digitalen Zeitalters geeignet ist und spezifische epistemologische, ontologische und axiologische Dimensionen aufweist. Außerdem wird eine spezifische Version des

Digitalen Humanismus vorgestellt, nämlich der Radikale Digitale Humanismus. Es wird argumentiert, dass wir die Zusammenarbeit aller Humanismen fördern müssen, um den Aufstieg neuer Faschismen im digitalen Zeitalter zu verhindern. Abschnitt 3.2 fragt: Was ist Digitaler Humanismus? Abschnitt 3.3 fragt: Was ist ein Radikaler Digitaler Humanismus? Abschnitt 3.4 fragt: Welche Einwände gibt es gegen den Digitalen Humanismus? In Abschnitt 3.5 werden einige Schlussfolgerungen gezogen.

Der nächste Abschnitt befasst sich mit der Frage: Was ist Digitaler Humanismus?

3.2 Grundlagen des Digitalen Humanismus: Was ist Digitaler Humanismus?

Digitale Herrschaft und digitaler Kapitalismus bedrohen die Menschheit. Es werden digitale Arbeitskräfte ausgebeutet; die Privatsphäre wird verletzt und Big Data als Teil der Kapitalakkumulation der digitalen Giganten, der größten digitalen Konzerne der Welt, zur Ware gemacht; in den sozialen Medien wird digitaler Faschismus verbreitet; die KI-gestützte Automatisierung der Arbeit hat das Potenzial, das menschliche Elend zu vergrößern; es gibt digitale Überwachung durch Unternehmen und Politik; digitale Kriegsführung; die massive Produktion von Elektroschrott und die Energieversorgung digitaler Technologien durch fossile Energieträger und Atomenergie verschärfen die Umweltkrise; etc. Infolgedessen ist das Überleben der Menschheit und ihrer natürlichen und sozialen Umwelt gefährdet.

Der Humanismus ist eine Kraft, die heute dringend gebraucht wird, um den Gefahren zu begegnen, denen die Menschheit ausgesetzt ist. Bislang wurde der Begriff des „Digitalen Humanismus" nur wenig genutzt, um sich der digitalen Zerstörung, der digitalen Herrschaft, der digitalen Ausbeutung und dem digitalen Autoritarismus entgegenzustellen. Dieses Kapitel ist der Versuch, zur Popularisierung des Begriffs des Digitalen Humanismus im akademischen und öffentlichen Diskurs beizutragen.

Im August 2021 ergab eine Titelsuche nach „Digital Humanism" im Web of Science fünf Ergebnisse.[34] Drei davon (Mayer 2019, Plaul 2019, Widdau 2019) sind Rezensionen des Buches *Digitaler Humanismus. Eine Ethik für das Zeitalter der Künstlichen Intelligenz* (Nida-Rümelin und Weidenfeld 2018). Bei den beiden anderen Veröffentlichungen handelt es sich um Kommentare, wie man über den Digitalen Humanismus denken kann (Porter 2018, Rodríguez-Ortega 2018).

Der Beitrag von Rodríguez-Ortega (2018) ist die Einleitung zum Tagungsband einer Konferenz über Digitale Geisteswissenschaften. Darin werden die Digitalen Geisteswissenschaften als „ein neues Projekt des Digitalen Humanismus"[35] (1) interpretiert. Das Grundargument lautet, dass die Digitalen Geisteswissenschaften „kritisches Denken und Handeln"[36] (2) mit der Anwendung von Datenbanken, digitalisierten Sammlungen und Archiven, Algorithmen, neuronalen Netzen, Big-Data-Analytik und Software verbinden. Das Grundproblem der Big-Data-Analytik, der Digitalen Geistes-

---

[34] Datenquelle: Titelsuche nach „Digital Humanism" im Web of Science, https://www.webofscience.com, abgerufen am 5. August 2021. Eine gleichzeitige Suche in Google Scholar ergab einige weitere Ergebnisse, bestätigte aber die allgemeine Erkenntnis, dass bis August 2021 wenig unter dem Titel „digital humanism" veröffentlicht wurde.

[35] Aus dem Englischen ins Deutsche übersetzt.

[36] Aus dem Englischen ins Deutsche übersetzt.

wissenschaften und der Computergestützten Sozialwissenschaften ist der Technologiefetischismus dieser Ansätze, der oft nicht genug Zeit und Raum für die Entwicklung kritischer Theorien des Digitalen lässt, was zu einem neuen Positivismus führt – dem digitalen Positivismus (Fuchs 2017). Die Gefahr dieser Ansätze besteht darin, dass sie sich so sehr auf computergestützte und quantitative Methoden konzentrieren, dass der Humanismus auf Positivismus und Szientismus reduziert wird und die kritische Theorie und die Kritik an der Rolle der Quantifizierung in Kapitalismus und Verwaltung vergisst. Rodríguez-Ortega (2018, 3) argumentiert, dass die Digitalen Geisteswissenschaften auch die Zusammenarbeit von „Menschen und Nicht-Menschen (Algorithmen, neuronale Netze, Programmiersprachen, Codierungssysteme)“[37] bedeuten. Ein solches Verständnis verlässt den Humanismus und ist eine posthumanistische, auf der Akteur-Netzwerk-Theorie basierende Abwertung des Menschen, die ihn mit Maschinen vergleicht. Digitale Maschinen haben kein Bewusstsein, keine Moral und kein kritisches Denken. Die Gefahr der Digitalen Geisteswissenschaften und der Computergestützten Sozialwissenschaften besteht in der Zerstörung der Grundlagen des Humanismus. Ähnlich wie Rodríguez-Ortega versteht auch Porter den Digitalen Humanismus als Digitale Geisteswissenschaft. Er konzentriert sich auf die Auswirkungen auf die Psychologie und argumentiert, dass digitale Technologien „reichhaltiges Material für humanistische Interpretationen bieten und diese niemals ersetzen können“[38] (Porter 2018, 372).

Julian Nida-Rümelin ist Philosoph, Nathalie Weidenfield ist Filmwissenschaftlerin. In ihrem gemeinsam verfassten Buch zum Digitalen Humanismus (Rümelin und Weidenfeld 2018) verbinden die beiden Autor:innen ihre beiden Fachgebiete, sodass Grundlagen einer praktischen humanistischen Ethik der Künstlichen Intelligenz vorgestellt und anhand von Beispielen aus Science-Fiction-Filmen illustriert werden. Das Buch analysiert, wie Roboter und KI die Gesellschaft verändern sollen, welche Potenziale diese Technologien tatsächlich haben und welche nicht, und wie sie eingesetzt werden sollen und wie nicht. Roboterethik und KI-Ethik sind Teilgebiete der digitalen Ethik, was bedeutet, dass dieses Buch einen Aspekt des Digitalen Humanismus abdeckt. Das ethische Grundprinzip, auf dem das Buch basiert, ist das folgende: „Ein digitaler Humanismus transformiert den Menschen nicht in eine Maschine und interpretiert Maschinen nicht als Menschen. Er hält an der Besonderheit des Menschen und seiner Fähigkeiten fest und bedient sich der digitalen Technologien, um diese zu erweitern, nicht um diese zu beschränken. [...] Die menschliche Existenzform ist nicht Annex technischer Entwicklung, vielmehr ist es die große Herausforderung unserer Verantwortlichkeit, die Digitalisierung so zu gestalten, dass sie zur Humanisierung der Welt beiträgt“ (Rümelin und Weidenfeld 2018, 11).

Die Initiative für Digitalen Humanismus ist an der Technischen Universität Wien entstanden und wurde von Hannes Werthner, emeritierter Professor für E-Commerce und ehemaliger Dekan der Fakultät für Informatik, initiiert. Das Ergebnis dieser Initiative ist das *Wiener Manifest für Digitalen Humanismus*, in dem es heißt:

> „Es ist an der Zeit, humanistische Ideale mit einer kritischen Reflexion des technischen Fortschritts zu kombinieren. Wir verknüpfen dieses Manifest daher mit der intellektuellen Tradition des Humanismus, die am Weg zu einer aufgeklärten Moderne stets im Zentrum gestanden ist. [...] Wir müssen Technologien nach

[37] Aus dem Englischen ins Deutsche übersetzt.

[38] Aus dem Englischen ins Deutsche übersetzt.

menschlichen Werten und Bedürfnissen formen, anstatt nur zuzulassen, dass Technologien Menschen formen. Unsere Aufgabe besteht nicht nur darin, die Nachteile der Informations- und Kommunikationstechnologien einzudämmen, sondern vor allem auch darin, von Beginn an menschenzentrierte Innovationen zu fördern. Wir fordern einen Digitalen Humanismus, der das komplexe Zusammenspiel von Technologie und Menschheit beschreibt, analysiert und vor allem beeinflusst, für eine bessere Gesellschaft und ein besseres Leben unter voller Achtung universeller Menschenrechte" (The Digital Humanism Initiative 2019, 1-2).

Veröffentlichungen, ein Manifest, Veranstaltungen, öffentliche Debatten und vor allem die immer unmenschlicheren Entwicklungen in der digitalen Gesellschaft zeigen, dass es einen gewissen Wunsch und Bedarf nach einer Erneuerung des Humanismus im digitalen Zeitalter gibt. Der Digitale Humanismus ist ein philosophischer Ansatz, der die aktiven und transformativen Fähigkeiten des Menschen im digitalen Zeitalter hervorhebt. Ausgehend von der Charakterisierung des Humanismus als Philosophie im vorherigen Kapitel können wir nun die drei Dimensionen des Digitalen Humanismus charakterisieren:

- **Die Epistemologie des Digitalen Humanismus**

  Computertechnologien und Maschinen im Allgemeinen sind anders als Menschen. Sie haben keine Vernunft, kein Bewusstsein, keine Moral und kein kritisches Denken. Künstliche Intelligenz, Roboter, Big Data, rechnergestützte und digitale Methoden können und sollen die Bedeutung des Menschen in der Gesellschaft nicht ersetzen. Sie können nicht wie der Mensch den Zustand der Welt kritisch hinterfragen.

- **Die Ontologie des Digitalen Humanismus**

  Technologien im Allgemeinen und Computer im Besonderen sind keine menschlichen, sozialen und gesellschaftlichen Wesen. Menschen und ihre Aktivitäten, sozialen Beziehungen und Verbindungen machen die Gesellschaft aus. In den heutigen Gesellschaften formen digitale Technologien die Menschen und ihre sozialen Beziehungen und werden von ihnen geformt, aber solche Technologien sind keine autonomen Akteure und unterscheiden sich von den Menschen, weshalb digitale Maschinen nicht so analysiert werden sollten, als wären sie Menschen und Menschen nicht so, als wären sie Maschinen. In techno-sozialen Systemen interagieren Menschen und Maschinen auf der Grundlage menschlicher Praktiken, die dieses System schaffen.

- **Die Axiologie des Digitalen Humanismus**

  Da digitale Maschinen keine Menschen und Menschen keine Maschinen sind, ist es ein moralisches Gebot, Maschinen nicht als Menschen und Menschen nicht als Maschinen zu behandeln. Die Probleme der heutigen Gesellschaft haben zum Teil mit solchen Reduzierungen zu tun. Digitale Maschinen sind nicht die Ursache und nicht die Lösung für die Probleme der Gesellschaft. Die Gesellschaft und die digitale Gesellschaft sollten so organisiert werden, dass eine gute, humane Gesellschaft entstehen kann. Digitale Technologien sollten so gestaltet und eingesetzt werden, dass sie der Gesellschaft und den Menschen nicht schaden, sondern den Aufbau einer guten, humanen Gesellschaft unterstützen.

Der Philosoph Wolfgang Hofkirchner (2021) argumentiert, dass es in der Debatte über KI und Technologie im Allgemeinen konflationistische, diskonnektivistische und dialektische Positionen gibt. Konflationist:innen behaupten, dass es keine Unterschiede zwischen Technologien und Menschen gibt. Diskonnektivist:innen plädieren für einen Dualismus von Technologien und Menschen. Sie sagen, dass Technologien und Menschen zwei getrennte Bereiche der Existenz darstellen. Dialektische Positionen argumentieren, dass „techno-soziale Systeme Menschen und Maschinen integrieren“[39] (Hofkirchner 2021, 43). Hofkirchner weist darauf hin, dass sowohl Menschen als auch Maschinen physische und prozessuale Systeme sind, dass aber Menschen Handlungsfähigkeit besitzen, während Maschinen dies nicht tun. Menschen treffen Entscheidungen und sind „soziale Akteure“[40] (44), die die Gesellschaft aktiv verändern. Er plädiert für einen Alternativhumanismus, der „sowohl die Identität als auch den Unterschied zwischen den beiden Seiten“, Menschen und Maschinen, „durch Kombinationen bestätigt. Kombinationen bieten die richtige Grundlage für einen Humanismus, der den Herausforderungen der Digitalisierung gewachsen ist – Digitaler Humanismus“[41] (45-46).

Die meisten Digitalen Humanist:innen werden in der Lage sein, den vorgeschlagenen allgemeinen Aufgaben des Digitalen Humanismus zuzustimmen. Ich schlage einen Minimalkonsens der Digitalen Humanist:innen und eine grundlegende Mindestdefinition des Digitalen Humanismus vor. Der Digitale Humanismus ist noch ein relativ neuer Ansatz für die digitale Ethik, was bedeutet, dass in Zukunft eine Vielzahl von Ansätzen für den Digitalen Humanismus entstehen wird, die von verschiedenen Weltanschauungen, Philosophien und Kulturen beeinflusst sind. Ich schlage vor, dass die drei Dimensionen des Digitalen Humanismus der gemeinsame Ausgangspunkt für den Dialog zwischen und die Zusammenarbeit von verschiedenen Versionen des Digitalen Humanismus sein können. Am wichtigsten ist, dass sie alle die Kritik an der Inhumanität im digitalen Zeitalter teilen. Die transdisziplinäre und transkulturelle Zusammenarbeit im Digitalen Humanismus ist notwendig, um die Gefahren eines neuen Faschismus, die Eskalation der globalen Probleme und die Zerstörung der Gesellschaft und der Menschheit zu verhindern.

Der nächste Abschnitt beschäftigt sich mit der Frage: Was ist Radikaler Digitaler Humanismus?

3.3 Grundlagen des Radikalen Digitalen Humanismus

Ausgehend von den Arbeiten Radikaler Humanisten wie Karl Marx und Erich Fromm ist der Ansatz des vorliegenden Autors zum Digitalen Humanismus ein Radikaler Digitaler Humanismus. Er basiert auf den allgemeinen Prinzipien des Digitalen Humanismus, die konkretisiert und mit der kritischen Analyse von digitaler Ausbeutung und digitaler Herrschaft sowie der Einsicht kombiniert werden, dass der demokratische Sozialismus die Gesellschaftsform ist, die hilft, den Humanismus praktisch zu verwirklichen. Daraus folgt, dass wir einen demokratischen digitalen Sozialismus brauchen, um den Digitalen Humanismus praktisch zu verwirklichen.

Radikaler Digitaler Humanismus ist eine materialistische Philosophie, die die produktiven, sozialen und transformativen Fähigkeiten des Menschen betont, die ihn befähigen, sich von der digitalen Klassengesellschaft, dem digitalen Kapitalismus, der digitalen Ausbeutung, der digitalen Herrschaft und der digitalen Ideologie zu befreien und gemeinsam eine bessere Welt zu schaffen. Sie hat drei Dimensionen:

---

[39] Aus dem Englischen ins Deutsche übersetzt.

[40] Aus dem Englischen ins Deutsche übersetzt.

[41] Aus dem Englischen ins Deutsche übersetzt.

- **Die Epistemologie des Radikalen Digitalen Humanismus: Kritische Digitale Forschung und kritisches Denken**

  Digitale Maschinen können und sollen den Menschen nicht ersetzen. In einer Klassengesellschaft können solche Bestrebungen zur Schaffung von digitalem Faschismus und digitaler Barbarei führen. Da sich Computertechnologien und Maschinen im Allgemeinen von Menschen unterscheiden, können Big-Data-basierte, rechnergestützte und digitale Methoden leicht zu einem digitalen Positivismus führen, der das kritische Denken und die Sozial- und Geisteswissenschaften zerstört, indem er die instrumentelle Vernunft fördert. Wir brauchen Erkenntnistheorien, Denkweisen und Forschungsansätze, die es uns ermöglichen, kritisch über das Digitale zu denken, es kritisch zu analysieren und kritische Theorien des Digitalen, kritische digitale Methoden und eine kritische digitale Ethik zu entwickeln und anzuwenden. Dialektisches Denken ist für solche Ansätze von großer Bedeutung. Computer sind deterministische, undialektische Maschinen, die das kritische und dialektische Denken, zu dem Menschen fähig sind, nicht ersetzen und simulieren können.

- **Die Ontologie des Radikalen Digitalen Humanismus: Der Mensch als soziales, gesellschaftliches, produzierendes Wesen**

  Technologien im Allgemeinen und Computer im Besonderen sind keine menschlichen, sozialen und gesellschaftlichen Wesen. Menschen und ihre Aktivitäten, sozialen Beziehungen, gesellschaftlichen Verhältnisse und Verbindungen machen die Gesellschaft aus. In den heutigen Gesellschaften formen digitale Technologien die Menschen und ihre sozialen Beziehungen und werden von ihnen geformt, aber solche Technologien sind keine autonomen Akteure und unterscheiden sich von den Menschen, weshalb digitale Maschinen nicht so analysiert werden sollten, als wären sie Menschen und Menschen nicht so, als wären sie Maschinen. Die Tätigkeiten, die sozialen Beziehungen, die gesellschaftlichen Verhältnisse und die sozialen Produktionsprozesse der Menschen machen die Gesellschaft und die digitale Gesellschaft aus. Der technologische Determinismus ist eine Ideologie, die verkündet, dass Maschinen im Allgemeinen und digitale Maschinen im Besonderen vom Menschen unabhängig sind und die Gesellschaft verändern. Im Gegensatz dazu betont der Radikale Digitale Humanismus, dass es eine Dialektik von Gesellschaft und digitalen Technologien gibt, was bedeutet, dass Menschen und ihre sozialen Beziehungen digitale Technologien gestalten, entwerfen und nutzen, und dass diese eine komplexe Dynamik aufweisen, die zu unvorhersehbaren Folgen und Auswirkungen führen kann. Digitale Technologien haben oft nicht nur eine einzige Form der Nutzung und eine einzige Auswirkung, sondern mehrere, widersprüchliche und antagonistische Nutzungen und Auswirkungen, die in die Widersprüche und Antagonismen der Gesellschaft eingebettet sind. Radikaler Digitaler Humanismus analysiert kritisch Entfremdung, Ausbeutung und Herrschaft und deren Wechselwirkungen im Kontext von Digitalisierung und digitalen Technologien. Dazu gehören die kritische Analyse von Kapitalismus, Klasse, Patriarchat, Rassismus, Diktatur, Ideologie, Respektlosigkeit, die Analyse der er Wechselwirkungen dieser Phänomene sowie die Analyse von Praxis und gesellschaftlichen Kämpfen im Kontext des Digitalen.

- **Die Axiologie des Radikalen Digitalen Humanismus: Die Philosophie der digitalen Praxis**

  Die Ethik des Radikalen Digitalen Humanismus ist eine Praxisphilosophie, die sich kritisch mit digitaler Entfremdung, digitaler Ausbeutung, digitaler Herrschaft und digitaler Ideologie auseinandersetzt sowie mit den gesellschaftlichen Kämpfen, die

> sich diesen Prozessen entgegenstellen. Der Radikale Digitale Humanismus setzt sich kritisch mit der Reduzierung des Menschen und der Gesellschaft auf den Status von Maschinen auseinander und wendet sich dagegen. Er ist eine Kritik der instrumentellen Vernunft und der Verdinglichung im digitalen Zeitalter. Der Radikale Digitale Humanismus argumentiert, dass es nicht ausreicht, die digitale Welt kritisch zu analysieren, sondern dass es darum geht, sie zu verändern. Radikaler Digitaler Humanismus als Praxisphilosophie will daher kritisches Wissen schaffen, das Kämpfe für und Prozesse hin zu einer humanen digitalen Gesellschaft unterstützen kann, in der alle Menschen ein gutes Leben führen, sich entfalten und ihre Potenziale verwirklichen können, in der alle davon profitieren und in der digitale Technologien zur Förderung des Wohlstands für alle, zur Abschaffung, Minimierung und Reduzierung von Arbeit, zur partizipativen Demokratie und zu kulturellen Gemeingütern eingesetzt werden. Kurz gesagt: Radikaler Digitaler Humanismus ist die Schaffung von Wissen über das Digitale und digitale Technologien, die die das Ziel der Etablierung des demokratischen Sozialismus und des digitalen Sozialismus unterstützen (siehe Fuchs 2020b). Die Ethik des Radikalen Digitalen Humanismus ist eine Ethik der Klassenkämpfe und der gesellschaftlichen Kämpfe. In der Überzeugung, dass die Menschen eine Gesellschaft verdienen und brauchen, die allen zugutekommt, argumentiert er, dass es notwendig ist, dass die Menschen sich für einen digitalen Sozialismus einsetzen.

Der Radikale Digitale Humanismus ist ein materialistischer Ansatz für die Erforschung, die Reflexion und die Entwicklung digitaler Technologien und der digitalen Gesellschaft, der sich auf die Notwendigkeit der Menschen konzentriert, sich von der digitalen Klassengesellschaft, dem digitalen Kapitalismus, der digitalen Ausbeutung, der digitalen Herrschaft und der digitalen Ideologie zu befreien und gemeinsam eine gute digitale Gesellschaft zu schaffen. Der Radikale Digitale Humanismus steht in der Tradition sowohl des Humanismus als auch des Radikalen Humanismus. Er ist ein Radikaler Digitaler Humanismus im und für das digitale Zeitalter. Um zu verhindern, dass die Gesellschaft in die Katastrophe abrutscht oder vernichtet wird, sieht der Radikale Digitale Humanismus die Notwendigkeit, dass sich alle Humanist:innen der Welt zusammenschließen und eine Front gegen Faschismus und Unmenschlichkeit bilden, einschließlich des digitalen Faschismus und der digitalen Unmenschlichkeit. Der Radikale Digitale Humanismus ist ein offener Ansatz, der an Kooperation und dem Schließen von Allianzen interessiert ist, um die Menschheit und die Gesellschaft im digitalen Zeitalter vor der Barbarei zu retten.

Im nächsten Abschnitt werden einige Einwände gegen den Digitalen Humanismus diskutiert.

3.4 Einwände gegen den Digitalen Humanismus

Etliche Strukturalist:innen werden argumentieren, dass der Digitale Humanismus zu sehr auf das Individuum im digitalen Zeitalter fokussiert ist und nicht genug darauf achtet, wie digitale Strukturen Individuen formen, einschränken und beherrschen. Digitale Humanist:innen sollten den Strukturalist:innen antworten, dass der Mensch auch im digitalen Zeitalter ein soziales und gesellschaftliches Wesen ist, was bedeutet, dass es eine Dialektik von Subjekten und Objekten, Individuen und Gesellschaft, Praktiken und Strukturen, Gesellschaft und Technologie gibt, die durch das Digitale vermittelt wird.

Einige Poststrukturalist:innen werden argumentieren, dass der Digitale Humanismus ein weiterer Wahrheitsanspruch und eine große Erzählung und somit eine Form des Totalitarismus ist. Digitale Humanist:innen sollten solchen Poststrukturalist:innen entgegnen, dass die Annahme, dass es keine Wahrheit und keine Allgemeingültigkeit gibt, zur Entstehung einer digitalen Postwahrheitskultur, „Fake News", Relativismus, der Fragmentierung und Polarisierung der digitalen Gesellschaft beigetragen hat. Digitale Humanist:innen sollten feststellen, dass es wichtig ist, an den Ideen der Wahrheit, des Gemeinsamen, des Menschen, der Demokratie und der universellen Rechte im digitalen Zeitalter festzuhalten und sie zu erneuern.

Manche Posthumanist:innen werden argumentieren, dass der Digitale Humanismus die positiven Fähigkeiten des Menschen überschätzt, die Handlungsfähigkeit von Nicht-Menschen und die emanzipatorischen Potenziale von Cyborgs unterschätzt und die zerstörerischen Handlungen der Menschen ignoriert. Digitale Humanist:innen sollten solchen Posthumanist:innen entgegnen, dass der Mensch keine Maschine ist, dass es eine Dialektik von Mensch und Maschine in der Gesellschaft gibt, dass die Gleichsetzung von Mensch und Maschine die instrumentelle Vernunft vorantreibt, dass die instrumentelle Vernunft faschistische Potenziale hat und dass der Mensch nicht per se destruktiv ist, sondern in entfremdeten Gesellschaften zu einer Destruktivkraft wird, was bedeutet, dass wir nicht den Menschen abschaffen müssen, sondern die Entfremdung.

Einige Postkolonialist:innen werden argumentieren, dass der Humanismus den Rassismus, die weiße Vorherrschaft, den Eurozentrismus und den westlichen Zentrismus gefördert hat und dass der Digitale Humanismus mit der Gefahr konfrontiert ist, ein rassistisches, suprematistisches, eurozentrisches und westlich zentriertes Projekt zu sein. Digitale Humanist.innen sollten darauf antworten, dass auch sie Rassismus ablehnen, dass Partikularismen, die Rechte und Universalität auf bestimmte Gruppen beschränken wollen, überhaupt keine Humanismen sind, dass der Digitale Humanismus die gemeinsamen Aspekte und Rechte aller Menschen in der digitalen Gesellschaft betont, dass der Humanismus historisch in vielen verschiedenen Versionen in allen Teilen der Welt existiert hat und dass wir auf der umfangreichen Geschichte des Humanismus aufbauen und uns mit seiner Vielfalt an Versionen auseinandersetzen müssen und sollten. Der Digitale Humanismus sollte auf transkulturelle und transdisziplinäre Weise angegangen werden.

Manche Umweltschützer:innen und Kritiker:innen des Anthropozentrismus, die das Konzept des Anthropozäns und verwandte Ideen betonen, werden argumentieren, dass der Digitale Humanismus unterschätzt, wie der Mensch die Natur zerstört hat, und dass die Gefahr besteht, dass der Digitale Humanismus nicht nachhaltige Formen digitaler Technologien fördert, mit denen der Mensch die Natur als einen Feind behandelt, der erobert und zerstört wird. Digitale Humanist:innen sollten Kritiker:innen des Anthropozentrismus entgegnen, dass es nicht eine abstrakte Menschheit ist, die die Umweltkrise verursacht hat, sondern dass es nicht das Anthropozän, sondern das Kapitalozän ist, das zerstörerische Kräfte entfesselt hat, die die Natur zerstört und Mensch und Gesellschaft entfremdet haben. Der Digitale Humanismus beinhaltet eine digitale Umweltethik, die für eine nachhaltige Gestaltung der Beziehung zwischen Mensch und Natur im digitalen Zeitalter plädiert.

Einige Feminist:innen und Gleichstellungsaktivist:innen werden argumentieren, dass sich der Humanismus historisch zu einer Ideologie entwickelt hat, die die Menschlichkeit auf Männer beschränkt und Frauen, anderen Geschlechtern, *people of colour* usw. die Menschlichkeit verweigert hat, und dass der Digitale Humanismus daher mit der Gefahr konfrontiert ist, diese Ideologie im digitalen Zeitalter zu reproduzieren. Digitale Humanist:innen sollten darauf entgegnen, dass geschlechtsspezifische Unterdrückung, Rassismus und Klassismus nicht humanistisch sind, weil der Humanismus sich auf das konzentriert, was alle Menschen gemeinsam haben und die Menschheit nicht spalten will. Der Digitale Humanismus ist daran interessiert, Ungleichheiten zu überwinden, die mit Klasse, Geschlecht, Rassismus und den Überschneidungen von Unterdrückung zu tun haben.

Manche Sozialist:innen werden argumentieren, dass der Humanismus historisch zu einem besitzergreifenden Individualismus geführt hat, der der machthabenden Klasse zugutegekommen ist und die Ausbeutung und Enteignung der Arbeiterklasse gerechtfertigt hat. Sie werden sagen, dass deshalb die Gefahr besteht, dass der Digitale Humanismus ein liberales Projekt ist, das den kapitalistischen Interessen im digitalen Zeitalter dient und sie rechtfertigt. Die Digitalen Humanist:innen sollten solchen Sozialist:innen antworten, dass es eine reiche Vielfalt von Humanismen gegeben hat, einschließlich des Sozialistischen Humanismus. Sie sollten sagen, dass wir im heutigen digitalen Zeitalter eine Erneuerung des Sozialistischen Humanismus brauchen und dass die größte Gefahr, der die Menschheit heute gegenübersteht, ein neuer Faschismus ist. Eine vereinte Front von Humanist:innen auf der ganzen Welt, einschließlich sozialistischer, progressiver und liberaler Humanist:innen, ist notwendig, um Demokratie und Antifaschismus voranzubringen. Die heutigen Liberalen sollten daran erinnert werden, dass der Neoliberalismus nicht funktioniert und faschistisches Potenzial und faschistische Realitäten gefördert hat, weshalb der Liberalismus sich selbst erneuern und sich für die Förderung des sozialen Wohls und des Gemeinwohls einsetzen muss.

Einige Konservative werden argumentieren, dass der Digitale Humanismus den universalistischen Anspruch erhebt, dass alle Menschen gleich sind, aber dass die Menschen in Wirklichkeit ungleich sind und dass folglich Ungleichheiten im digitalen Zeitalter kein Problem sind, weil jede:r seine/ihre Position in der Gesellschaft durch Leistung und harte Arbeit verbessern kann. Digitale Humanist:innen sollten solchen Konservativen entgegnen, dass Ungleichheiten nicht von Natur aus existieren und in der digitalen Gesellschaft genauso wie in früheren Epochen gesellschaftlich produziert werden. Sie sollten Beispiele dafür geben, wie die Gewinner der digitalen Gesellschaft nicht durch harte Arbeit reich, mächtig und einflussreich geworden sind, sondern aufgrund von Vererbung, Klassenverhältnissen, politischer und ideologischer Zugehörigkeit und Zufall. Digitale Humanist:innen sollten in den Dialog mit digitalen Konservativen treten, um das Voranschreiten von Filterblasen, Echokammern und Polarisierung zu vermeiden.

Etliche Faschist:innen werden argumentieren, dass der Digitale Humanismus ein elitäres, großstädtisches Projekt ist, das die Menschen nicht anspricht, die Nation untergräbt und fremde Kulturen einbezieht, was zum Niedergang des Westens und zum Untergang des Abendlandes und der Zivilisation führen wird. Faschist:innen fordern die Organisation des Überlebens des Stärkeren und den totalen Krieg in der digitalen Gesellschaft. Digitale Humanist:innen sollten den Faschist:innen entgegnen, dass die Einteilung der Menschheit in Freunde und Feinde ein ideologisches Projekt ist, das den herrschenden Interessen dient und von den wahren Ursachen der Probleme der Gesellschaft im digitalen Zeitalter ablenkt. Sie sollten aufzeigen, wie genau die Ideologie und die Widersprüche des Faschismus im digitalen Zeitalter Nachteile für die alltäglichen Menschen sowie die Unterstützung und Verschleierung der herrschenden Interessen bedeuten. Die humanistische Alternative besteht darin, das Gemeinsame und Verbindende der Menschen zu betonen und aufzuzeigen, dass in einem globalen, digitalen und pandemischen Zeitalter globale Probleme nur durch internationale Zusammenarbeit gelöst werden können und durch nationalistische Projekte verschlimmert werden. Digitale Humanist:innen sollten darauf hinweisen, dass die Logik des Freund-Feind-Schemas in der Vergangenheit zu Kriegen geführt hat und dass Kriege jeden Tag Menschen töten und schädigen.

3.5 Schlussfolgerungen

Dieses Kapitel stellte die Frage: Was ist Digitaler Humanismus? Zur Beantwortung wurden Mindestdefinitionen des Humanismus und des Digitalen Humanismus aufgestellt, die drei Dimensionen (Epistemologie, Ontologie, Axiologie) umfassen. Der Humanismus ist ein philosophischer Ansatz, der die aktiven und transformativen Fähigkeiten des Menschen in der sozialen Welt hervorhebt. Der Digitale Humanismus ist ein philosophischer Ansatz, der die aktiven und transformativen Fähigkeiten des Menschen im digitalen Zeitalter hervorhebt.

In diesem Kapitel wurde für einen Radikalen Digitalen Humanismus plädiert. Der Radikale/Sozialistische Humanismus ist eine materialistische Philosophie, die die produktiven, sozialen und transformativen Fähigkeiten der Menschen betont, die sie befähigen, sich von Klassengesellschaft, Kapitalismus, Ausbeutung, Herrschaft und Ideologie zu befreien und gemeinsam eine bessere Welt zu schaffen. Der Radikale Digitale Humanismus ist ein materialistischer Ansatz für die Erforschung der digitalen Gesellschaft, die Reflexion über die Konsequenzen der Digitalisierung und die Entwicklung digitaler Technologien und der digitalen Gesellschaft, der sich auf die Notwendigkeit der Menschen konzentriert, sich von der digitalen Klassengesellschaft, dem digitalen Kapitalismus, der digitalen Ausbeutung, der digitalen Herrschaft und der digitalen Ideologie zu befreien und gemeinsam eine gute digitale Gesellschaft zu schaffen. Der Radikale Digitale Humanismus steht in der Tradition sowohl des Humanismus als auch des Radikalen Humanismus. Es ist ein Radikaler Digitaler Humanismus für das digitale Zeitalter.

Dieses Kapitel unterstrich die Notwendigkeit der Zusammenarbeit von zeitgenössischen Humanismen und Digitalen Humanismen, um den Faschismus zu bekämpfen und die Vernichtung der Gesellschaft und der Menschheit zu verhindern.

Das Digitale durchdringt heute nicht alle, aber viele Aspekte des Alltagslebens. Der Digitale Humanismus ist ein Beitrag zur digitalen Ethik. Angesichts der globalen Probleme, mit denen die Gesellschaften und die Menschheit heute konfrontiert sind, müssen wir dringend moralische Fragen stellen: Was ist eine gute Gesellschaft? Was ist eine gute digitale Gesellschaft? Was muss getan werden, damit wir eine gute digitale Gesellschaft schaffen? Was sind die wichtigsten Faktoren, die die Schaffung einer guten Gesellschaft verhindert haben? Was sollten wir tun, um eine gute digitale Gesellschaft zu fördern? Der Digitale Humanismus ist ein philosophischer Ansatz, der uns hilft, über diese Fragen nachzudenken. Im Zeitalter der Unmenschlichkeit müssen wir den Humanismus erneuern. Wir brauchen einen Radikalen Humanismus. Wir brauchen einen Radikalen Digitalen Humanismus.

4 Die Dekolonisation der akademischen Welt: Eine radikal-humanistische Perspektive

Zusammenfassung

Dieses Kapitel befasst sich mit den Forderungen und Prozessen der Dekolonisation der akademischen Welt und der Analyse der Medien, der Kommunikation und des Digitalen. Es fragt: Was bedeutet es, die akademische Welt und die Analyse der Medien, der Kommunikation und des Digitalen zu dekolonisieren? Wie kann die akademische Welt auf fortschrittliche Weise transformiert werden? Dieser Aufsatz nimmt eine radikal-humanistische und politisch-ökonomische Perspektive auf die Dekolonisation ein, was bedeutet, dass er sich dafür interessiert, wie Kapitalismus, Macht und materielle Aspekte der akademischen Welt wie Ressourcen, Geld, Infrastrukturen, Zeit, Raum, Arbeitsbedingungen und die gesellschaftlichen Produktionsverhältnisse die Möglichkeiten und Wirklichkeiten der Forschung und der Lehre gestalten.

Es wird betont, dass für die Debatte der Dekolonisation der Wissenschaft die Frage von Bedeutung ist, wie man (Neo-)Kolonialismus definiert. Das Kapitel setzt sich mit theoretischen Grundlagen und Definitionen des (Neo-)Kolonialismus auseinander. Es zeigt auf, wie materielle Kräfte und politische Ökonomie die Universität und die akademische Wissensproduktion prägen und negativ beeinflussen. Es wird eine Perspektive entwickelt, die konkrete Schritte nennt, die unternommen werden können und sollten, um die kapitalistische und kolonialisierte Universität zu überwinden und ein gemeinwohlorientiertes Universitäts- und Wissenschaftssystem zu schaffen.

Schlagwörter: Kolonialismus, Entkolonialisierung, Dekolonisation, Wissenschaft, Medienwissenschaft, Kommunikationswissenschaft, Politische Ökonomie der Kommunikation und der Medien

4.1 Einleitung

Seit mehr als zwei Jahrzehnten gibt es Forderungen und Versuche, den Stimmen und dem Wissen nicht-westlicher Wissenschaftler:innen mehr Gehör und Sichtbarkeit in der akademischen Welt zu verschaffen. In jüngerer Zeit wurden diese Versuche unter dem Etikett der „Dekolonisation" von Forschung und Lehre präsentiert. Es wurden Forderungen nach einer Dekolonisation des Geistes, der Universität, des Wissens und der Studienpläne laut (siehe zum Beispiel: Begum und Saini 2019; Bhambra, Gebrial und Nişancıoğlu 2018; Santos 2017, 2019; Grosfoguel, Hernández und Velásquez 2016; Le Grange 2016; Mbembe 2016, 2015; Ngũgĩ 1986).

Dieser Essay ist eine Reflexion über die Dekolonisation der akademischen Welt und der Analyse der Medien, der Kommunikation und des Digitalen. Er fragt: Was bedeutet es, die akademische Welt und das Studium der Medien, der Kommunikation und des Digitalen zu dekolonisieren? Wie kann die akademische Welt auf fortschrittliche Weise verändert werden?

Dieses Kapitel macht eine radikal-humanistische und politisch-ökonomische Analyse der Dekolonisation, d.h. es interessiert sich dafür, wie Kapitalismus, Macht und materielle Aspekte der Wissenschaft wie Ressourcen, Geld, Infrastrukturen, Zeit, Raum, Arbeitsbedingungen und soziale Produktionsverhältnisse die Möglichkeiten und Realitäten von Forschung und Lehre prägen (siehe Fuchs 2020c, Mosco 2009, Murdock und Golding 2005).

In Abschnitt 4.2 werden einige Aspekte der Versuche zur Dekolonisation der Analyse der Medien, der Kommunikation und des Digitalen erörtert. Wenn wir über die Dekolonisation der Wissenschaft sprechen, brauchen wir ein angemessenes Verständnis und eine Definition der Dekolonisation. Abschnitt 4.3 liefert ein politisch-ökonomisches Verständnis der (De-)Kolonisation. Es wird gefragt: Was ist der (Neo-)Kolonialismus? Auf der Grundlage des in Abschnitt 4.3 dargelegten Verständnisses des Neokolonialismus wird in Abschnitt 4.4 die Kolonisierung der Wissenschaft aus Sicht der Politischen Ökonomie erörtert. In Abschnitt 4.5 wird ein Fazit gezogen und erörtert, welche Veränderungen notwendig sind, um die akademische Welt im Allgemeinen und den Bereich der Medien- und Kommunikationswissenschaften im Besonderen schrittweise zu verändern.

4.2 Die Dekolonisation der Analyse der Medien, der Kommunikation und des Digitalen

Wie in anderen Wissenschaftszweigen werden auch in den Medien- und Kommunikationswissenschaften und der Digitalen Forschung Bezeichnungen wie „Entwestlichung“, „Internationalisierung“, „Globalisierung“, „Dekolonisation“, „Entkolonialisierung" und „(De-)Provinzialisierung“ verwendet, um auf die mangelnde Sichtbarkeit von Wissenschaftler:innen, Ansätzen, wissenschaftlichen Erkenntnissen, Texten, Theorien und Methoden aus Afrika und dem Globalen Süden hinzuweisen und für Veränderungen zu plädieren (siehe zum Beispiel: Chakravartty, Kuo, Grubbs und McIlwain 2018; Curran und Park 2000; Dutta 2020; Fuchs und Qiu 2018; Kraidy 2018; Kumar und Parameswaran 2018; Makoni und Masters 2021; Shome 2016; Sparks 2018; Thussu 2009; Waisbord und Mellado 2014; Wang 2011; Willems 2014; Willems und Mano 2016). Bisher hat die Entwestlichung vor allem bedeutet, dass westliche Universitäten den Globalen Süden als Bildungsmarkt entdeckt haben und dass im Bereich der Medienindustrie Medien- und Technologieunternehmen den Globalen Süden als Bereich der Konsumkultur entdeckt haben (siehe milton und Mano 2021, 258).

Angesichts der Tatsache, dass solche Forderungen in den letzten zwei Jahrzehnten keine wesentlichen Veränderungen bewirkt haben, plädieren Winston Mano und viola C. milton für eine Afrokologie der Medien- und Kommunikationswissenschaften (Mano und milton 2021, milton und Mano 2021), was bedeutet, dass „die Bedeutung afrikanischer Einsichten und Kenntnisse für das Denken über Medien und Kommunikation anerkannt wird“ (milton und Mano 2021, 258) und „Ansichten aus Afrika“ berücksichtigt werden, die „das Feld öffnen und neue Denkansätze für Themen bieten, die in den vorherrschenden akademischen Kreisen eher übersehen oder anders konzeptualisiert werden“ (milton and Mano 2021, 259). „Die Erforschung von Medien und Kommunikation im Globalen Süden wird durch den unkritischen Rückgriff auf Theorien und Methoden aus dem Globalen Norden eingeschränkt” (milton und Mano

2021, 256). Mano und milton nehmen die Arbeiten von Molefi Kete Asante (Asante und Ledbetter 2016), Dani Wadada Nabudere (2006, 2011, 2012) und Francis B. Nyamnjoh (2017, 2020) als Ausgangspunkte. In einem allgemeineren Sinne bedeutet die Dekolonisation der Wissenschaft, „eine Vielzahl von Werten, Perspektiven und Gesellschaften des Südens zu berücksichtigen, um die koexistierenden Epistemologien und Praktiken der verschiedenen Welten und Probleme zu verstehen, in denen wir leben und denen wir begegnen" (milton und Mano 2021, 260). Die Verallgemeinerung dieses Ansatzes einer Afrokologie der Medien- und Kommunikationswissenschaften bedeutet nach Boaventura de Sousa Santos (2018a, 2018b, 2017) Epistemologien des Südens in den Medien- und Kommunikationswissenschaften, also Wissen, das in den Erfahrungen gesellschaftlicher Gruppen verankert ist, „die systematisch Ungerechtigkeit, Unterdrückung und Zerstörung durch Kapitalismus, Kolonialismus und Patriarchat erlitten haben" (Santos 2017, 150).

Transdisziplinarität

In Anlehnung an Ivan Illich (1998) und Francis B. Nyamnjoh (2017, 2020) charakterisieren Mano und milton eine solche Afrokologie und Epistemologien des Südens als konvivial und transdisziplinär. Sie argumentieren, dass die Ansätze, das Wissen, die Texte, Theorien und Methoden von Wissenschaftlerinnen und Wissenschaftlern aus dem Globalen Süden im akademischen Diskurs viel stärker als gleichberechtigt anerkannt werden sollten, damit interkulturelle Gespräche, Dialoge und Kooperationen ermöglicht werden, die zu transdisziplinärer Forschung führen. „Die Afrokologie, die auf diese Weise eingesetzt wird, untersucht, wie das Feld der Medien- und Kommunikationswissenschaften eine relationale theoretische und methodologische Episteme einbeziehen kann. Eine solche erkenntnistheoretische Wende würde die Frage der Praxis, d. h. des Zuhörens und Lernens von anderen, in jeder Entwicklung hin zu einer sinnvollen Auseinandersetzung mit den Realitäten in Afrika deutlich machen" (Mano und milton 2021, 37).

Die Überschreitung von Grenzen in der Forschung ist eine wichtige und vielversprechende Idee. Im Kapitalismus ist die Transdisziplinarität jedoch anfällig für ideologischen Missbrauch. Konservative Kräfte stellen etablierte akademische Bereiche und Disziplinen oft als Elfenbeintürme des Wissens dar, die vom „wirklichen Leben" losgelöst sind, um zu argumentieren, dass die Forschung etwas „Nützliches" tun sollte, das kapitalistischen Unternehmen und/oder Regierungen zugutekommt. Transdisziplinarität wird dann oft als Etikett verwendet, um eine Agenda voranzutreiben, die die Unabhängigkeit der Forschung untergräbt und sie in instrumentelle Vernunft und instrumentelle Wissensproduktion verwandeln will. Die Schlagworte der Inter-, Cross- und Transdisziplinarität werden darüber hinaus häufig verwendet, um die Kolonalisierung der Forschung und der akademischen Welt durch bestimmte Ansätze zu fördern, insbesondere durch die Wirtschafts- und Managementwissenschaften, die Naturwissenschaften und die Informatik. Solche Auffassungen von Transdisziplinarität bedrohen die Autonomie und die Rolle von Kritik, kritischer Reflexion und kritischer Wissensproduktion in den Sozial- und Geisteswissenschaften und fördern neue Formen des Positivismus. Wir brauchen daher eine kritische Transdisziplinarität.

Echte Transdisziplinarität wird von progressiven Interessen geleitet und geht über die Disziplinen hinaus, indem sie große Fragen über die Welt und die Gesellschaft auf kritische Weise stellt und analysiert, um akademisches Wissen zu schaffen, das dazu beiträgt, eine gute Gesellschaft voranzubringen, wozu es erforderlich ist, verschiedene Ansätze, Akteure und Fachgebiete zusammenzubringen. Die Medien- und Kommunikationswissenschaften sind als solche inter- und transdisziplinär, da Kommunikation und Medien in allen Bereichen der Gesellschaft existieren. Daher erfordert die Analyse von Kommunikation, dass Kommunikationswissenschaftler:innen nicht nur Fähigkeiten in bestimmten Ansätzen und Theorien der Medien- und Kommunikationsforschung erwerben, sondern auch in anderen akademischen Bereichen. Die Politische Ökonomie der Kommunikation und der Medien ist ein inhärent transdisziplinärer Ansatz, der die Grenzen zwischen Sozial- und Geisteswissenschaften, empirischer Forschung und Theorie, Forschung und Praxis, Politikwissenschaft, Ökonomie und Moralphilosophie / Ethik überschreitet und diese Aspekte zusammenbringt. Ein:e gute:r transdisziplinäre:r Forscher:in versteht und nutzt die Politische Ökonomie.

Pluriversität als Einheit in der Pluralität

Mano und milton schlagen vor, „afrikanisch geprägte Ansätze, die als solche erkennbar sind", „den Dialog zwischen Partikularität und Universalität in einem pluriversalen Kontext" und „Raum für afrikanisch geprägte Theorien und Ansätze zu schaffen, ohne dass diese ihre Radikalität verlieren" (Mano und milton 2021, 21). Sie argumentieren, dass afrikanische Ansätze in den Medien- und Kommunikationswissenschaften „unabhängig arbeiten können" (22) und einen Wert an sich haben als „unabhängige und bedeutungsvolle Kategorien zu ihren eigenen Bedingungen, die einen epistemischen Wandel auf der Grundlage afrikanischer Lebenserfahrungen bewirken" (23).

Pluriversale Ansätze plädieren nicht automatisch für Isolation, Dualismus und Differenz ohne Einheit, sondern für Interaktion und Auseinandersetzung mit bestehendem Wissen und Ansätzen. Wir „setzen die Afrokologie als ein dekoloniales heuristisches Werkzeug ein, das das afrikanische Erbe wie *Ubuntu, Ujaama, Humanismus, Maat, Sankofa* taktisch mobilisiert, um erkenntnistheoretische Rahmen als Teil einer strategischen Hinwendung zu der zentralen Frage, was es bedeutet, heute Afrikaner:in und Mensch zu sein, aufzudecken" (Mano und milton 2021, 24). Mano und milton plädieren dafür, „die Vielfalt und die vielfältigen Erfahrungen, Dialektiken und Geografien" Afrikas in „einer Weltgemeinschaft" (26) zu bekräftigen, in der afrikanisches Wissen nicht „eine unterdrückte Kategorie oder ein Anhängsel" (28) ist.

Mano und milton (2021) nehmen Dani Wadada Nabuderes (2006) Verständnis der Afrokologie als Ausgangspunkt:

> Die Afrokologie ist „nicht notwendigerweise afrikazentrisch oder afrozentrisch. Sie ist eine universelle wissenschaftliche Erkenntnistheorie, die über den Eurozentrismus oder andere Ethnozentrismen hinausgeht. Sie erkennt alle Erkenntnisquellen innerhalb ihres historischen, kulturellen oder sozialen Kontexts als gültig an und versucht, sie in einen Dialog einzubinden, der zu besserem Wissen für alle führen kann. [...] Die Afrokologie muss von der These ausgehen, dass es sich um eine echte Philosophie der Erkenntnis und der Weisheit handelt, die auf afrikanischen Kosmogonien basiert, weil sie insofern Afro- ist, als sie von den Ideen inspiriert ist, die ursprünglich von der Wiege der Menschheit in Afrika stammen. *Es ist keine Afrikologie, weil sie afrikanisch ist,* sodern sie ist *Afro-*, weil sie von der Quelle des universellen Wissenssystems in Afrika ausgeht. Das Produkt ist also nicht relativistisch zu Afrika, sondern universalistisch und hat seine Basis in Afrika. Sie ist -(ko)logie, weil sie auf dem Logos basiert – das Wort, das mit der Entstehung des Universums zu tun hat. Aus dem Wort entstand das Bewusstsein und aus dem Bewusstsein entstand die Menschheit, die aus dem Wort die Sprache und

die Schrift hervorbrachte. Die Afrokologie bezieht ihre Wissenschaftlichkeit und Einzigartigkeit aus der Tatsache, dass sie auf einer allumfassenden Philosophie der Menschheit basiert, die ihren Ursprung in Ägypten hat und durch die gelebten Erfahrungen der gesamten Menschheit aktualisiert wurde, die noch immer auf ihre tief verwurzelte Weisheit zurückgreift“ (Nabudere 2006, 9, 20).

Mano und milton (2021) argumentieren, dass Nabuderes Ansatz sich „auf eine singuläre Quelle der Wissensproduktion (d. h. ‚Tradition‘ und ‚afrikanisches Wissen‘) konzentriert, die die Vielfalt negiert“, „Afrikas ‚glorreiche‘ Vergangenheit“ idealisiert, eine „unkritische und romantisierte Umarmung der afrikanischen Vergangenheit“ fördert und sich zu sehr auf „die kollektive Urheberschaft afrikanischen Wissens auf Kosten der individuellen Kreativität“ konzentriert (Mano und milton 2021, 31). Die beiden Autor:innen bedienen sich des Begriffs des Pluriversums.

Mit der Kategorie des Pluriversums bezeichnet Arturo Escobar (2018, xvi) „*eine Welt, in die viele Welten passen*“. Boaventura de Sousa Santos (2018b, 216) plädiert für einen „radikalen oder ontologischen Pluralismus (ein Multiversum oder Pluriversum anstelle des Universums) und eine Vielzahl von Standpunkten, die Vorstellung, dass Wahrheit und Realität von verschiedenen Standpunkten aus unterschiedlich wahrgenommen werden und dass kein einzelner Standpunkt die vollständige Wahrheit ist". „Die Arbeit der Epistemologien des Südens besteht darin, die relative Vernünftigkeit und Angemessenheit der verschiedenen Arten von Wissen im Lichte der gesellschaftlichen Kämpfe zu bewerten, an denen die jeweilige epistemische Gemeinschaft beteiligt ist" (Santos 2018b, 39). Aufbauend auf Escobar argumentiert Amaya Querejazu: „Das Pluriversum als ontologischen Ausgangspunkt zu nehmen, bedeutet nicht nur, Unterschiede zu tolerieren, sondern tatsächlich zu verstehen, dass die Realität nicht nur aus vielen Welten besteht, sondern aus vielen Arten von Welten, vielen Ontologien, vielen Arten, in der Welt zu sein, vielen Arten, die Realität zu erkennen, und diese vielen Welten zu erproben [...] Das Pluriversum, das von anderen Weltanschauungen – hauptsächlich indigenen relationalen Weltanschauungen – ausgeht, impliziert die Existenz vieler Welten, die irgendwie miteinander verbunden sind" (Querejazu 2016, 13).

Mano und milton verorten den Begriff des Pluriversums im Kontext der Medien- und Kommunikationswissenschaften. „Wichtig ist, dass die ‚Entprovinzialisierung‘ [indigener Episteme] das dekoloniale Ziel der ‚Entuniversalisierung‘ des Wissens unterstreicht" (Mano und milton 2021, 23). „Die Afrokologie lehnt Universalität zugunsten von ‚Pluriversität‘ ab" (Mano und milton 2021, 25). „Wir sind nicht auf der Suche nach Universalität, sondern entscheiden uns für Pluriversität" (Mano und milton 2021, 32). Das Pluriversum „schließt moderne westliche Ontologien ein, die sich mit der anderen Welt anderer Kosmovisionen ergänzen und mit ihnen verbunden sind, oder besser gesagt, teilweise verbunden sind“ (Querejazu 2016, 13).

Basierend auf dem Konzept des Pluriversums und den Arbeiten von Nyamnjoh (2017, 2020) plädieren Mano und milton für eine konviviale Wissenschaft, die das westliche Wissen nicht wegwirft, sondern mit seinen Vertretern in ein Gespräch und einen Dialog unter Gleichen eintritt, der „relationale Epistemologien“ (Mano und milton 2021, 33) schafft, eine „insulare Partikularität“ (34) vermeidet und eine „*kritische* Partikularität“ (34) erzeugt.

Der Kulturimperialismus ist eine Einheit ohne Vielfalt, die die repressive Kultur aus einem Teil der Welt privilegiert und anderen Teilen der Welt aufzwingt. Die Umkehrung der Dominanz, so dass eine neue Einheit ohne Vielfalt entsteht, oder die Kämpfe um die Trennung, d. h. Vielfalt ohne Einheit, fetischisieren entweder eine singulär definierte Universalität (Einheit ohne Vielfalt) oder unabhängige Singularitäten (Vielfalt ohne Einheit). Sie führen zu kultureller Dominanz auf der einen und kultureller Fragmentierung auf der anderen Seite. Einheit ohne Vielfalt schafft und erhält eine Öffentlichkeit, die bestimmte Teile der Welt ausschließt und damit unvollständig ist. Vielfalt ohne Einheit schafft lokale, fragmentierte Mikro-Öffentlichkeiten, in denen Menschen und Kulturen nur als unterschiedlich angesehen werden und sich nicht um Kommunikation und Solidarität bemühen. Solche fragmentierten Öffentlichkeiten erschweren das Teilen und die Wahrnehmung der Menschen, dass sie etwas gemeinsam haben und etwas gemeinsam tun. Postmoderne Ansätze betonen Vielfalt, Pluralität und Differenzen ohne Einheit.

Die Einheit in der Vielfalt und in der Pluralität steht im Gegensatz zur Vielfalt ohne Einheit und zur Einheit ohne Vielfalt. Es ist eine Dialektik des Gemeinsamen und der Unterschiede, eine Dialektik von Einheit und Vielfalt. Einheit in der Vielfalt bedeutet Ansätze, die sich darauf konzentrieren, die gemeinsamen Aspekte von verschiedenen Menschen und Ansätzen zu identifizieren und sie zusammenzubringen. Sie konzentrieren sich auf das, was die Menschen gemeinsam haben und was sie neben all ihren Unterschieden eint. Solche Ansätze suchen nach dem Universellen im Besonderen, sie wollen nicht de-universalisieren, sondern das Ungesehene, Unbekannte und Unsichtbare zum Teil des Universellen machen. Wir sind alle Menschen, die nach Glück und einem guten sozialen Leben streben, weshalb eine völlige Unabhängigkeit des einen Wissens und der einen Existenz von allen anderen nicht möglich, nicht wünschenswert und nicht sinnvoll ist. Man braucht eine Form von Universalität, sonst ist Kommunikation nicht möglich. Isolation, Fragmentierung, Separatismus und Feindseligkeit sind dann die Folge. In der Wissenschaft müssen wir erkennen und anerkennen, dass es unterschiedliche Ausgangspunkte und Einstiegspunkte in die Schaffung von Wissen gibt, die spezifische Erfahrungen, Situationen, Weltanschauungen und Umstände widerspiegeln und die, wenn sie in einen Dialog treten, die Gemeinsamkeiten der Menschen aufzeigen können und warum und dass sie zusammen die Menschheit bilden. Die Dekolonisation des Wissens sollte ein „Einbruch" sein, der die Geschichte des Wissens „zum erstenmal zur Universalgeschichte" (Sartre 1981, 12) macht, also ein Streben nach Einheit in der Vielfalt des Wissens. Ich möchte daher Pluriversität als ein Ringen um Universalität mit verschiedenen Einstiegs- und Ausgangspunkten verstehen, die unterschiedliche Perspektiven, Erfahrungen und Wissen zusammenbringen, teilen, vereinen und etwas Gemeinsames produzieren.

Konvivialität

Folglich plädieren milton und Mano (2021) für die Afrokologie als transdisziplinäre Heuristik und Instrumentarium, das die Zusammenarbeit von Wissenschaftler:innen aus verschiedenen akademischen Bereichen, die Kooperation von Akademiker:innen und Nicht-Akademiker:innen, die Verbindung von Forschung und Praxis, das Stellen von Fragen, das Durchführen von Forschung und das Schaffen von Wissen unterstützt, das „Antworten auf Probleme liefert, die zuvor außerhalb des Feldes lagen" und dabei hilft, soziale Gerechtigkeit, Ermächtigung und Freiheit voranzutreiben (milton und Mano 2021, 265). Es geht um die Etablierung einer „Methodologie der Unterdrückten", „die Entwicklung einer Ethik der relationalen Verantwortlichkeit, die respektvolle Repräsentation, Reziprozität und Rechte der Erforschten fördert" und „die Relexikalisierung des Feldes, einschließlich beispielsweise der Neuinterpretation der Arbeit wichtiger euro-amerikanischer Theoretiker:innen im Verhältnis zu den Erkenntnissen jener afrikanischen Erfahrungen, die auf internationaler Solidarität und Widerstand gegen Rassismus, Geschlechter- und Klassenvorurteile bestehen“ (milton und Mano 2021, 272). Transdisziplinarität „bringt eine neue Kultur hervor, die auf der Konvergenz zwischen den Disziplinen beruht und neue Kenntnisse, Methoden und Ansätze hervorbringt“ (milton und Mano 2021, 263).

Die Förderung von Wissen im, aus dem und über den Globalen Süden ist nicht genug. Die Reproduktion der neoliberalen Logik der westlichen Business School und der Art von Wissen, die sie im Globalen Süden produziert, d.h. die Schaffung von Business Schools im Globalen Süden, die darauf abzielen, den Kapitalismus im Globalen Süden voranzubringen, trägt nicht zur menschlichen Emanzipation bei. Bei der Dekolonisation des Wissens geht es daher um die Förderung eines kritischen Wissens über die Welt, das Wissen im, aus und über den Globalen Süden einschließen muss. Die Dekolonisierung der Wissenschaft erfordert eine materielle Infrastruktur für Forschung und Hochschulbildung.

Das Wort „konvivial“ geht etymologisch zurück auf den lateinischen Begriff *convivium*, der ein Fest bedeutet, und das lateinische Wort *convivialis* (Hoad 1996, 96), das „zu einem Fest gehörend“ bedeutet (Online Etymology Dictionary 2021). Konvivialität bedeutet und beinhaltet Freundlichkeit, Lebendigkeit und Zusammengehörigkeit. Eine positive Veränderung von Wissenschaft und Gesellschaft kann nicht von Einzelnen erreicht werden, sondern erfordert, dass Wissenschaftler:innen zusammenkommen und gemeinsam die herrschenden Strukturen verändern.

Nach Francis B. Nyamnjoh (2002) beinhaltet Konvivialität eine „gute Gesellschaft, in der Feindschaft und Trübsal keinen Platz haben“ (111), „den Geist des Miteinanders, der gegenseitigen Durchdringung und der Intersubjektivität“ (111-112). „Konvivialität betont somit die Befähigung von Individuen und Gruppen gleichermaßen und nicht die Marginalisierung des einen durch oder für den anderen" (112). Nyamnjoh (2017, 262) argumentiert, dass Konvivialität die Einsicht beinhaltet, dass wir und die Welt unvollständig sind und dass wir, indem wir anderen die Hand reichen, von ihnen lernen und „Perspektiven für gegenseitige Vorteile“ schaffen (265). „Konvivialität bietet Räume und Gelegenheiten für wechselseitig erbauliche Gespräche über verschiedene Trennungen, Hierarchien und Ungleichheiten hinweg. [...] In diesem Sinne kann man sich eine unendliche Anzahl von Konvivialitätsräumen vorstellen und fördern – politische, kulturelle, religiöse, wirtschaftliche, geschlechtsspezifische, klassenbezogene, generationenbezogene, geografische, usw. – die alle den Schwerpunkt auf Verbindungen, Dialog, Zusammenarbeit, gegenseitige Abhängigkeit und Mitgefühl legen. Es geht darum, Brücken zu bauen und Menschen, Räume und Orte miteinander zu verbinden, Ideen gegenseitig zu befruchten und die Vorstellungskraft und innovative Wege zur Suche und Konsolidierung des guten Lebens für alle und jeden zu inspirieren“ (266). Konviviale Wissenschaft ist „eine kritische Wissenschaft der Anerkennung und Versöhnung“ (267), die „die tiefe Kraft der kollektiven Vorstellungskraft und die Bedeutung von Verbindungen und nuancierten Komplexitäten anerkennt“ (268).

Nyamnjoh stellt sich eine progressive Transformation der Wissenschaft vor, eine konkrete Utopie einer besseren Universität und einer besseren Wissenschaft in einer guten Gesellschaft. Aus seinen Ausführungen wird deutlich, dass es bei der Konvivialität um drei Ks geht: die Kenntnis des Anderen, die Kommunikation und die Kooperation mit anderen Menschen (siehe auch Hofkirchner 2009). Die Realität von Wissenschaft und Gesellschaft sieht oft anders aus. Diese Lebenswelten sind geprägt von Wettbewerb, Akkumulation, Instrumentalisierung, Kommodifizierung und Entfremdung.

Konvivialität ist ein Ideal, für das wir kämpfen müssen. Konviviale Wissenschaft existiert heute teilweise, aber auch die akademische Welt ist mit den Kräften des Wettbewerbs, der Akkumulation, der Instrumentalisierung, der Kommerzialisierung und der Entfremdung konfrontiert und in hohem Maße davon geprägt. Konvivialität erfordert materielle Grundlagen, die den Menschen den Zugang zu Zeit, Raum und Ressourcen ermöglichen, die Voraussetzungen für die Ausübung von Konvivialität sind.

Ivan Illichs (1998) Buch *Selbstbegrenzung: eine politische Kritik der Technik* führte den Begriff der Konvivialität in den akademischen und politischen Diskurs ein. „*Eine Gesellschaft, in der sich Individuen und nicht Manager moderner Technologien bedienen, werde ich ‚konvivial' nennen.* [...] *habe ich mich für den terminus technicus ‚konvivial' zur Bezeichnung einer Gesellschaft entschieden, in der Werkzeuge vernünftigen Wachstumsbeschränkungen unterliegen*" (Illich 1998, 13). Der Begriff der Konvivialität hat in der Philosophie und Ethik der Technik eine Rolle gespielt. Er basiert auf der Einsicht, dass nicht alles, was technologisch möglich ist, auch moralisch wünschenswert ist. In Klassengesellschaften dienen viele Technologien nicht dem Gemeinwohl, sondern nur den Partikularinteressen einiger, sind zerstörerische Technologien, die den Menschen, der Gesellschaft und der Natur schaden oder Ausbeutung und Herrschaft fördern. Illich plädiert dafür, die Verwirklichung technologischer Möglichkeiten verantwortungsbewusst auf jene Optionen zu beschränken, die allen zugutekommen.

Aber Konvivialität geht über die Technologie hinaus. Illich hat ein weites Verständnis von Werkzeugen. Er begreift Werkzeuge nicht nur als Maschinen, sondern als „produktive Institutionen", die auch Güter wie Bildung, Gesundheit, Wissen oder Entscheidungen produzieren (Illich 1998, 41). In einer konvivialen Gesellschaft und in konvivialen Sozialsystemen kommen die Menschen frei zusammen, geleitet von Freundlichkeit und Freude, um zusammenzuarbeiten, damit Produkte entstehen, die Gemeingüter sind und dem Gemeinwohl dienen. Eine konviviale Gesellschaft bedeutet einen „autonomen und schöpferischen zwischenmenschlichen Umgang und den Umgang von Menschen mit ihrer Umwelt" (28), wodurch alle Vorteile haben, weswegen Illich auch von der „konvivialen Produktionsweise" (31) und von „konvivialen Gemeinwesen" (34) spricht. In der konvivialen akademischen Welt kommen Wissenschaftler:innen zusammen, um kritisches Wissen zu schaffen, das zur Förderung des Gemeinwohls beiträgt und allen zugutekommt.

Illich war ein Kritiker sowohl der kapitalistischen als auch der stalinistischen Gesellschaften. Beide Arten von Gesellschaftssystemen führen zur „Spezialisierung von Funktionen, zur Werteinstitutionalisierung und zur Machtzentralisierung" und lassen die „Menschen zu Helfershelfern von Bürokratien oder Maschinen werden" (12). Illich betrachtete die stalinistischen Gesellschaften nicht als Formen des Sozialismus. Er plädierte für einen „partizipatorischen Sozialismus" (158), also für eine sozialistische Demokratie und einen demokratischen Sozialismus. „Der Sozialismus wird nicht einzuführen sein, wenn sich die bestehenden Institutionen nicht wandeln und die industriellen nicht gegen konviviale Werkzeuge eingetauscht werden. Ebenso wird ein gesellschaftlicher Wandel ein frommer Wunsch bleiben, solange sich die Ideale einer sozialistischen Gerechtigkeit nicht durchsetzen" (29). Konviviale Technologien und Strukturen sind Teil der Schaffung eines demokratischen Sozialismus.

Konvivialität ist nicht einfach eine Denkweise, eine Einstellung, eine Weltanschauung, ein moralischer Grundsatz oder ein individuelles Verhalten. Sie ist viel mehr als das. Sie ist eine Art soziales System, eine Art, die Gesellschaft zu gestalten und zu formen. Zur Konvivialität gehört „die triadische Beziehung zwischen den Menschen, ihren Werkzeugen und einer neuen Kollektivität" (13). Bei der Verwirklichung einer konvivialen Wissenschaft geht es darum, die sozialen Beziehungen, die gesellschaftlichen Verhältnisse, die Machtstrukturen und die politische Ökonomie so zu verändern, dass Menschen zusammenkommen, und soziale Beziehungen, gesellschaftliche Verhlältnisse, Wissen und Instrumente schaffen können, die das Gemeinwohl fördern.

Die Forderungen nach einer Dekolonisierung und Entwestlichung der Wissenschaft und der Medien- und Kommunikationswissenschaften sind Forderungen nach Transdisziplinarität, Pluriversität und Konvivialität. Ich habe argumentiert, dass diese Begriffe gewisse Grenzen haben und daher als kritische Transdisziplinarität, als Kampf um Einheit in der Vielfalt und als Veränderung der sozialen Beziehungen, der gesellschaftlichen Verhältnisse, der Machtstrukturen und der politischen Ökonomie verstanden werden sollten. Dies bedeutet, dass die Dekolonisation ein materieller Prozess ist. In diesem Zusammenhang stellt sich die Frage, was (Neo-)Kolonialismus eigentlich bedeutet. Der nächste Abschnitt befasst sich mit dieser Frage.

4.3 Was ist der (Neo-)Kolonialismus?

Wenn man von „Dekolonisation" spricht, muss man die Begriffe Kolonialismus und Neokolonialismus verstehen und definieren. Die marxistische Theorie hat die Begriffe der Kolonie und des Kolonialismus ausgearbeitet. Wir werden daher einige relevante Ansätze diskutieren, die Marx als Ausgangspunkt nehmen, um ein Verständnis des Kolonialismus und des zeitgenössischen Neokolonialismus zu vermitteln.

Der klassische Kolonialismus

Der klassische Kolonialismus bestand in der gewaltsamen Aneignung von Land, Arbeitskraft, Natur, Rohstoffen und Frauen sowie in der Schaffung internationaler Märkte. Er führte zu einer Aufteilung von Macht und Arbeit zwischen Imperien und Kolonien. Kolonialismus ist die gewaltsame Suche nach und Aneignung von kostenlosen und billigen Produktionsmitteln und kostenlosen und billigen Arbeitskräften. Der Kolonialismus bedient sich des Militärs, der staatlichen Verwaltung und des Managements, um den Reichtum des kolonisierten Landes zu entdecken, ihn abzubauen und in die Mutterländer zu schicken. Daher ist „der Wohlstand der imperialistischen Länder auch unser Wohlstand. [...] Europa ist, buchstäblich, eine Schöpfung der Dritten Welt. Die Reichtümer, die es würgen, sind diejenigen, die von den unterentwickelten Völkern geplündert wurden" (Fanon 1981, 99). Militarismus und Krieg spielen eine Schlüsselrolle im klassischen Kolonialismus:

> „Die schwächsten Staaten sind natürlich die Kolonien, also administrative Einheiten, die als nicht-souverän definiert sind und unter der Jurisdiktion eines anderen, normalerweise entfernt davon liegenden Staates stehen. Der Ursprung moderner Kolonien liegt in der ökonomischen Expansion des Welt-Systems. Im Zuge dieser Expansion versuchten starke Staaten des Zentrums, neue Regionen in die Prozesse des modernen Welt-Systems einzubinden. [...] Die Kolonialmächte rechtfertigten ihre Amtsanmaßung und die Vergabe von Aufgaben an Personen des Metropolstaates mit einer kombinierten Argumentation: Rassistische Argumente über die kulturelle Unterlegenheit und Unzulänglichkeit der lokalen Bevölkerung und selbstrechtfertigende Argumente über die „zivilisierende" Rolle, die die Kolonialverwaltung erfülle. [...] Natürlich bestand das Ziel der kolonialisierenden Macht nicht nur darin, die Kontrolle über die Produktionsprozesse in der Kolonie

sicherzustellen, sondern auch anderen relativ starken Staaten im Welt-System keinen oder höchstens minimalen Zugang zu den Ressourcen oder Märkten der Kolonie zu ermöglichen" (Wallerstein 2019, 63, 64).

„Der Militarismus übt in der Geschichte des Kapitals eine ganz bestimmte Funktion aus. Er begleitet die Schritte der Akkumulation in allen ihren geschichtlichen Phasen. In der Periode der sogenannten ‚primitiven Akkumulation', d. h. in den Anfängen des europäischen Kapitals, spielt der Militarismus die entscheidende Rolle bei der Eroberung der Neuen Welt und der Gewürzländer Indiens, später bei der Eroberung der modernen Kolonien, Zerstörung der sozialen Verbände der primitiven Gesellschaften und Aneignung ihrer Produktionsmittel, bei der Erzwingung des Warenhandels in Ländern, deren soziale Struktur der Warenwirtschaft hinderlich ist, bei der gewaltsamen Proletarisierung der Eingeborenen und der Erzwingung der Lohnarbeit in den Kolonien, bei der Bildung und Ausdehnung von Interessensphären des europäischen Kapitals in außereuropäischen Gebieten, bei der Erzwingung von Eisenbahnkonzessionen in rückständigen Ländern und bei der Vollstreckung der Forderungsrechte des europäischen Kapitals aus internationalen Anleihen, endlich als Mittel des Konkurrenzkampfes der kapitalistischen Länder untereinander um Gebiete nichtkapitalistischer Kultur" (Luxemburg 1923, 367-368).

Kolonialismus und Rassismus

Der Kolonialismus ist auf der ideologischen Ebene eng mit dem Rassismus verbunden, der die Behauptung aufstellt und verbreitet, dass bestimmte Gruppen biologisch und kulturell minderwertig sind, um ihre Ausbeutung und Beherrschung zu rechtfertigen. Rassismus ist eine Produktionsweise und eine Ideologie, die zur Rechtfertigung und Durchsetzung der Klassengesellschaft dient. Der Rassismus entmenschlicht Menschen ideologisch, indem er sie zu Untermenschen und minderwertigen Menschen erklärt und sie ideologisch auf den Status von Dingen reduziert (Verdinglichung).

Rassismus und Kolonialismus „verlangen und verleugnen" gleichzeitig „den Status eines Menschen [...] Dieses Geschwätz von Freiheit, Gleichheit, Brüderlichkeit, Liebe, Ehre, Vaterland, was weiß ich. Das hinderte uns nicht daran, gleichzeitig rassistische Reden zu halten: dreckiger Neger, dreckiger Jude, dreckiger Araber" (Sartre 1981, 18, 23). Der klassische Kolonialismus ist ein „rassistischer Humanismus" (Sartre 1981, 23), der den Humanismus untergräbt, indem er ein partikularistisches Menschenbild propagiert, das bestimmten Gruppen das Menschsein abspricht. „Der Rassismus ist bereits da, getragen von der kolonialistischen Praxis, in jedem Augenblick durch den kolonialen Apparat erzeugt und durch Produktionsverhältnisse unterhalten, die zwei Arten von Individuen unterscheiden" (Sartre 1988, 34). Der Rassismus ist nicht nur eine antihumanistische Ideologie, sondern auch eine antihumanistische Praxis der rassistisch motivierten Ausbeutung und Beherrschung, die bestimmte Menschen der Gewalt, der (Über-)Ausbeutung ihrer Arbeitskraft, dem Ausschluss und der Kontrolle auf der Grundlage und zur Durchsetzung der rassistischen Ideologie unterwirft (siehe Balibar und Wallerstein 1990).

Der Kolonialismus, einschließlich der Eroberung fremder Territorien und der Sklaverei, war eine Voraussetzung für den Übergang vom Feudalismus zum Kapitalismus. „Im Jahr 1492 waren die Merkmale des vorindustriellen Kapitalismus in Europa, wie auch in einigen anderen Gebieten, bereits vorhanden. Aber diese Produktionsweise beherrschte nur kleine Teile der europäischen Landschaft, und sie verfügte nicht über die nötige Durchschlagskraft. Daher konnte sie nicht so schnell Kapital akkumulieren, die Produktion steigern, die Zahl der Lohnarbeiter erhöhen usw. Der Kolonialismus beseitigte diese Zwänge. Er versorgte den Kapitalismus in dieser Region mit den Ressourcen, die er brauchte, um seinen Umfang zu vergrößern und seine politische Macht zu stärken" (Blaut 1989, 290).

Die Sklaverei war Teil der kolonialen Mechanismen, die den Aufstieg des Kapitalismus ermöglichten. Der Aufstieg des Kapitalismus erforderte die „kolonialen Sklavenregime der modernen Europäer", in denen unter anderem „mehr als 11,5 Millionen Afrikaner:innen in die Sklavenregime Amerikas transportiert [wurden]" (Patterson 1982, 118). „Die überwiegende Mehrheit der Afrikaner:innen, die in die Neue Welt gebracht wurden, waren keine Gefangenen, die in Kriege hineingezogen wurden, weder von ihnen selbst noch von jemand anderem. Wie Equiano und andere afrikanische Ex-Sklaven, die ihre Autobiographien schrieben, so oft betonten, wurden die Sklav:innen von europäisch unterstützten Dieben aus ihrer Heimat geraubt" (Patterson 1982, 122).

Die Kolonien und fortgesetzte ursprüngliche Akkumulation

Für die klassischen Denker:innen des Imperialismus bedeutete Imperialismus die Verbindung von Finanzkapital, die Monopolisierung des Kapitals, Kapitalexport und militärischer Auseinandersetzungen um Einfluss- und Akkumulationssphären und Territorien.

Für Rosa Luxemburg ist der Imperialismus eine Weiterentwicklung des Kolonialismus. Er ist eine Form des Kapitalismus, die sich der fortgesetzten ursprünglichen Akkumulation, d.h. der Subsumtion nicht-kapitalistischer Lebensbereiche unter den Kapitalismus mit verschiedenen Mitteln bedient.

> „Wenn der Kapitalismus also von nichtkapitalistischen Formationen lebt, so lebt er, genauer gesprochen, von dem Ruin dieser Formationen, und wenn er des nichtkapitalistischen Milieus zur Akkumulation unbedingt bedarf, so braucht er es als Nährboden, auf dessen Kosten, durch dessen Aufsaugung die Akkumulation sich vollzieht. Historisch aufgefaßt, ist die Kapitalakkumulation ein Prozeß des Stoffwechsels, der sich zwischen der kapitalistischen und den vorkapitalistischen Produktionsweisen vollzieht. Ohne sie kann die Akkumulation des Kapitals nicht vor sich gehen, die Akkumulation besteht aber, von dieser Seite genommen, im Zernagen und im Assimilieren jener. Die Kapitalakkumulation kann demnach so wenig ohne die nichtkapitalistischen, Formationen existieren, wie jene neben ihr zu existieren vermögen. Nur im ständigen fortschreitenden Zerbröckeln jener sind die Daseinsbedingungen der Kapitalakkumulation gegeben" (Luxemburg 1923, 334-335).
>
> Rosa Luxemburg „kam zu dem Schluss, dass das Marx'sche Akkumulationsmodell auf der Annahme gründete, dass der Kapitalismus ein geschlossenes System sei, in dem nur Lohnarbeiter und Kapitalisten existierten. Rosa Luxemburg zeigte, dass ein solches System historisch nie existiert hat, dass der Kapitalismus immer das brauchte, was sie ‚nicht-kapitalistische Milieus, Gesellschaften und Schichten' für die Ausdehnung der Märkte nannte. Diese nicht-kapitalistischen Milieus und ihre Schichten waren ursprünglich die Bauern und Handwerker mit ihrer ‚Naturalwirtschaft', später die Kolonien. Kolonialismus ist deshalb für Rosa Luxemburg [...] Voraussetzung für die *Genese* des Kapitalismus, sondern seine *ständige* notwendige Vorbedingung. Mit anderen Worten, ohne Kolonien käme die Kapitalakkumulation oder die erweiterte Reproduktion des Kapitals zum Stillstand" (Mies 2015, 77).

Maria Mies (2015, 48) verwendet Luxemburgs Kategorie der fortgesetzten ursprünglichen Akkumulation, um zu argumentieren, dass zum Kapitalismus die Schaffung von „inneren und äußeren Kolonien des Kapitals" gehören, wozu „die Hausfrauen in den industrialisierten Ländern und die Kolonien in Afrika, Asien und Südamerika" zählen. Sie erweiterte Luxemburgs Ansatz, indem sie argumentierte, dass es eine eindeutige Verbindung von Kapitalismus, Patriarchat und Kolonialismus gibt, so dass das Kapital nicht nur die Lohnarbeiter:innen ausbeutet, sondern auch die Arbeiter:innen in den Kolonien und die Frauen als Hausarbeiterinnen, deren unbezahlte Reproduktionsarbeit die Arbeitskraft reproduziert. Im neoliberalen Kapitalismus würden immer mehr Menschen zu prekären Arbeitskräften, die mit Bedingungen konfrontiert sind, mit denen Hausarbeiterinnen im Kapitalismus schon immer konfrontiert waren, nämlich mit „unbegrenzte[r] Ausbeutung" und einem „Überausbeutungsprozess" (Mies 2015, 206). Maria Mies charakterisiert den Neoliberalismus als eine Form des Neokolonialismus, bei dem viele Menschen zu prekären, hausarbeitsähnlichen Arbeitskräften gemacht werden. Sie bezeichnet diesen Prozess als „Hausfrauisierung".

Ähnlich wie Maria Mies argumentiert David Harvey, dass der globale, neoliberale Kapitalismus eine Form der fortgesetzten ursprünglichen Akkumulation ist, die er als Akkumulation durch Enteignung bezeichnet.

> „Was die Akkumulation durch Enteignung tut, ist eine Reihe von Vermögenswerten (darunter auch die Arbeitskraft) zu sehr niedrigen (und in manchen Fällen ganz ohne) Kosten freizusetzen" (Harvey 2005b, 147).

> „Die Akkumulation durch Enteignung erhielt nach 1973 eine immer herausragendere Bedeutung, teilweise als Kompensation für die in der erweiterten Reproduktion entstehenden chronischen Probleme der Überakkumulation. Hauptvehikel dieser Entwicklung war die Finanzialisierung und die effektive Abstimmung eines internationalen Finanzsystems – größtenteils auf Geheiß der USA –, das bestimmten Gebieten oder auch ganzen Ländern von Zeit zu Zeit alles von leichten bis hin zu brutalen Entwertungsrunden und der Akkumulation durch Enteignung auferlegen konnte. [...] Das Aufkommen der neoliberalen Theorie und der mit ihr verbundenen Politik der Privatisierung symbolisierte einen großen Teil dieser Verlagerung" (Harvey 2005b, 154-155).

> „Das Hauptvehikel der Akkumulation durch Enteignung ist daher die erzwungene Öffnung der Märkte überall auf der Welt durch den institutionellen Druck von IWF und WTO, unterstützt durch die Macht der USA (und in geringerem Maße Europas), den Ländern, die sich weigern, ihren Schutz abzubauen, den Zugang zu ihren eigenen riesigen Märkten zu verweigern" (Harvey 2005b, 178).

Die wichtigsten Prozesse der Akkumulation durch Enteignung sind Privatisierung, Kommodifizierung, Finanzialisierung, Schuldenkrisen und staatlich organisierte Umverteilung von den unteren Klassen zur herrschenden Klasse (Harvey 2005a, 160-164). Die Folge ist die Kommodifizierung von (fast) allem, einschließlich der Bildung, Hochschulbildung, der Forschung, des Wissens, der Kultur, der Medien, der Kommunikation und der Technologie. Zur Akkumulation durch Enteignung gehört auch die klassische Methode der Kriegsführung, um sich Zugang zu Produktionsmitteln wie Land, Rohstoffen wie Öl und Arbeitskraft zu verschaffen, sowie die Transnationalisierung des Kapitals, so dass die Arbeit weltweit flexibel agiert und dorthin geht, wo sie billige Arbeitskräfte findet, die sie ausbeuten kann.

Der Neokolonialismus

Während der klassische Kolonialismus und Imperialismus häufig mit Gewalt in Form von Krieg arbeitete, bedient sich der Neokolonialismus häufig wirtschaftlicher, gewaltfreier politischer und ideologischer Mittel: „Denn die Methoden der Neokolonialisten sind subtil und vielfältig. Sie operieren nicht nur auf wirtschaftlichem Gebiet, sondern auch auf politischem, religiösem, ideologischem und kulturellem Gebiet" (Nkrumah 1965, 239). „Der Neokolonialismus ist eine moderne Form des Kolonialismus. Eigentlich sind Kolonialismus und Neokolonialismus ein und dasselbe; sie unterscheiden sich nur in ihrer Form und in der Art, wie sie sich zeigen. Der Neokolonialismus ist mehr getarnt, mehr ‚modernisiert'" (FRELIMO 1965/1982, 4).

Die Schaffung transnationaler Konzerne, die die Arbeitskräfte im Globalen Süden ausbeuten, um ihre Profite zu maximieren, ist ein wichtiger Aspekt des Neokolonialismus:

> „Die Monopole fördern ‚Runaway Industries' in Ländern der Dritten Welt, um von billigen Arbeitskräften und steuerlichen Anreizen in diesen Ländern zu profitieren. [...] Der transnationale Konzern sichert sich diese Kontrolle über die Rohstoffunternehmen und Produktions-Joint-Ventures sowie die Märkte in der neokolonialen Welt durch seine Kontrolle über das technologische Know-how, die Managementfähigkeiten und die Marketingverbindungen in der ganzen Welt" (Nabudere 1977, 250).

> „Das Wesen des Neokolonialismus besteht darin, dass der Staat, der ihm unterworfen ist, theoretisch unabhängig ist und alle äußeren Merkmale einer internationalen Souveränität besitzt. In Wirklichkeit wird sein Wirtschaftssystem und damit auch seine politische Politik von außen gelenkt. [...] Das Ergebnis des Neokolonialismus ist, dass ausländisches Kapital für die Ausbeutung und nicht für die Entwicklung der weniger entwickelten Teile der Welt eingesetzt wird. Investitionen im Neokolonialismus vergrößern die Kluft zwischen den reichen und den armen Ländern der Welt, anstatt sie zu verringern" (Nkrumah 1965, ix, x).

> „Die koloniale Phase der Arbeitsteilung zwischen Zentrum und Peripherie entspricht logischerweise der ersten imperialistischen Phase. Die kolonialen und halbkolonialen abhängigen Zonen wurden auf die Rolle von Rohstofflieferanten für die Industriemonopole der konkurrierenden Metropolen und von Absatzmärkten für die nicht konkurrenzfähigen Industrien, die die rückschrittlichen Bündnisse in den Metropolen aufrechterhielten, zurückgedrängt. [...] Die neokoloniale Phase entspricht der Rekonstruktion des Weltmarktes und der Expansion der multinationalen Unternehmen" (Amin 1980, 234-235).

Edward Said (2009, 401) spricht daher vom „‚transnationalen' Neokolonialismus", was bedeutet, dass die Dekolonisierung von einer Rekolonisierung in der Form des „multinationalen Kapitalismus und der [...] transnationalen Konzerne" begleitet wurde (Jameson 1990, 47).

Nkrumah argumentiert, dass die kapitalistische Kontrolle der Presse und der Medien eine der Methoden des Neokolonialismus ist: „Während Hollywood sich um die Fiktion kümmert, kümmert sich die riesige Monopolpresse [...] um das, was sie als ‚Nachrichten' bezeichnet" (Nkrumah 1965, 246). Der Aufstieg des neoliberalen globalen Kapitalismus hat die Monopolisierung des kapitalistischen Medien- und Technologiesektors vorangetrieben. So werden das Internet und die digitale Technologie heute von einigen wenigen Plattformkapitalisten wie Apple, Amazon, Google/Alphabet, Microsoft, Alibaba, Softbank, Facebook, Intel, IBM, Taiwan Semiconductor, Oracle,

Cisco, Dell und Hon Hai Precision beherrscht, die zu den 100 größten transnationalen Konzernen der Welt gehören[42] (siehe Tabelle 4.1). Im Jahr 2020 hatten diese 14 Unternehmen zusammen einen Umsatz von 1,8 Billionen US-Dollar. Im Jahr 2020 hatten die 33 ärmsten Länder der Welt zusammen ein Bruttoinlandsprodukt von 1,0 Billionen US-Dollar[43]. Der Umsatz der 14 größten Digitalkonzerne der Welt war im Jahr 2020 größer als die Wirtschaftskraft der 33 ärmsten Länder des globalen Südens zusammengenommen, was die enorme wirtschaftliche Macht des Monopolkapitals zeigt.

Rang	Unternehmen	Land	Umsätze 2020, in Milliarden US$
6	Apple	USA	294
10	Amazon	USA	381,6
13	Google / Alphabet	USA	182,4
15	Microsoft	USA	153,3
23	Alibaba Group	China	93,8
27	Softbank	Japan	61,8
33	Facebook	USA	86
36	Intel	USA	77,9
59	IBM	USA	73,6
66	Taiwan Semiconductor	Taiwan	48,1
71	Oracle	USA	39,7
75	Cisco Systems	USA	48,0
92	Dell Technologies	USA	94,3
94	Hon Hai Precision	Taiwan	182,0
			gesamt: 1.816,5

Tabelle 4.1: Die größten transnationalen digitalen Unternehmen der Welt, Datenquelle: Forbes 2000 List of the World's Biggest Public Companies für das Jahr 2021, https://www.forbes.com/lists/global2000/#1c92bc605ac0, abgerufen am 15. Juli 2021

Vom klassischen Kolonialismus zum Neokolonialismus

Der klassische Kolonialismus ist die Suche nach und die Praxis der Ausbeutung billiger und kostenloser Arbeitskräfte und der Aneignung billiger und kostenloser Ressourcen und Produktionsmittel aus Gebieten, die mit Hilfe rassistischer Ideologie und staatlicher Macht gewaltsam erobert und unterworfen werden, wozu auch die Sklaverei als gewaltsame Aneignung von Menschen und die gewaltsame Ausbeutung ihrer Arbeitskraft gehört.

Der zeitgenössische Kapitalismus ist insofern neokolonial, als er sich einer Vielzahl von Möglichkeiten bedient, um Kolonien zu schaffen und aus den Ressourcen und der Ausbeutung der Arbeitskräfte in diesen Kolonien Wert zu schöpfen. Der Neokolonialismus bedeutet weltweite Prozesse der fortgesetzten ursprünglichen Akkumulation,

[42] Datenquelle: Forbes 2000 List of the World's Biggest Public Companies für das Jahr 2021, https://www.forbes.com/lists/global2000/#1c92bc605ac0, abgerufen am 15. Juli 2021.

[43] Datenquellen: United Nations 2020 (Human Development Index), World Development Indicators (BIP in laufenden US$ für das Jahr 2020 oder das letzte verfügbare Jahr)

die zum Teil mit Gewalt funktionieren, z.B. durch Kriege, um den Zugang transnationaler Konzerne zu Land, Öl und anderen Ressourcen zu garantieren. Zum Teil werden aber auch gewaltfreie Mittel eingesetzt, wie zum Beispiel der Export und die Aktivitäten des transnationalen Kapitals, das globale Monopolkapital, die globale Kommodifizierung, die Privatisierung, die Finanzialisierung, die Schuldenkrisen, die staatlich organisierte Umverteilung zugunsten des Kapitals und der Reichen, die Kultur, die Ideologie, die Kommunikation und die Medien. Neokolonialismus bedeutet, dass wir über den globalen Kapitalismus reden müssen. Wenn wir über die Dekolonisation der Wissenschaft sprechen, müssen wir daher auch über die politische Ökonomie und den akademischen Kapitalismus sprechen. Der folgende Abschnitt trägt zu dieser Aufgabe bei.

4.4 Die (Ent-)Kolonialisierung der Wissenschaft: Eine radikalhumanistische und politisch-ökonomische Perspektive

Die neoliberale Kolonialisierung der Universität und der Wissenschaft

Der Neoliberalismus hat auch zur globalen Verbreitung der kapitalistischen Ideologie geführt, auch an den Universitäten weltweit, was zur Dominanz der Logik der Business School geführt hat, die oft der einflussreichste und am besten ausgestattete Teil einer Universität ist und die neoliberale Ideologie verbreitet, d. h. die Idee, dass die Gesellschaft als spontane Marktordnung organisiert und verwaltet werden sollte, die aus den Marktaktivitäten kapitalistischer Unternehmen besteht. Die Logik der Business School hat das akademische System und die Gesellschaft kolonialisiert, was zur Privatisierung von Universitäten, zur Kommerzialisierung von Hochschulprogrammen, zum Einfluss profitorientierter Unternehmen auf Forschung und Hochschulbildung, zur Metrifizierung von Forschung und Lehre, zur Führung von Universitäten durch CEOs als Unternehmen, die Studierende als „Kund:innen" und Akademiker:innen als Kostenfaktoren betrachten, die wie am Fließband „gesteuert" werden müssen, usw. geführt hat.

Die Universitäten wurden dadurch immer mehr instrumentalisiert als direkte Erzeuger von Wissen und Fähigkeiten, die dem Kapitalismus und der instrumentellen Vernunft zugutekommen und diese nicht in Frage stellen. Der Neokolonialismus hat die Teilrealität der Universitäten als Sphären der Schaffung von kritischem Wissen, das sich mit der Komplexität der Probleme der Welt und kritischem Denken auseinandersetzt, untergraben. Die „Entwestlichung" der Wissenschaft, einschließlich der Medien- und Kommunikationswissenschaften, hat im Kontext des Neokolonialismus eine instrumentelle Form angenommen, in der westliche Universitäten gebührenzahlende Studierende aus aller Welt in einem Hochschulmarkt ausbilden, der unter neoliberalen Bedingungen funktioniert.

Die Entwestlichung der Medien- und Kommunikationswissenschaft in den letzten zwei Jahrzehnten hat auch dazu geführt, dass mehr akademisches Wissen produziert, veröffentlicht und genutzt wird, das sich auf Medien und Kommunikation in der nicht-westlichen Welt und im globalen Süden konzentriert. Diese Entwicklung als solche ist zu begrüßen.

Viele wissenschaftliche Arbeiten konzentrieren sich heute auf die Analyse und Darstellung eines einzigen Kommunikationsphänomens in einem einzigen Land. Es gibt nicht genügend Studien, die eine international vergleichende und transnationale Perspektive einnehmen. Der Grund dafür ist nicht nur einfach ein methodologischer

Nationalismus, der Wissenschaftler:innen und Doktorand:innen dazu bringt, sich nur für das Land zu interessieren, in dem sie geboren wurden. Die Durchführung international vergleichender und transnationaler Forschung ist zeit- und ressourcenintensiv. Sie erfordert die Zusammenarbeit von Forscher:innen und Forschungsteams in mehreren Ländern. Die Forschungsförderung ist überwiegend nationalistisch und regionalistisch geprägt. Sie konzentriert sich weitgehend auf die Finanzierung von Forscher:innen und die Ermöglichung von Forschungszeit auf der Ebene des Nationalstaates und regionaler Blöcke von Nationalstaaten. Es gibt nur sehr wenig internationale und globale Forschungsförderung die es Forscher:innen und Forschungsteams in mehreren Ländern der Welt ermöglicht, beträchtliche Beträge zu erhalten, die es ihnen erlauben, über einen längeren Zeitraum hinweg viel Zeit für transnationale und international vergleichende Forschung aufzuwenden. Der transnationalen und internationalen Forschung fehlt es an den materiellen Voraussetzungen für eine angemessene Finanzierung, an Infrastrukturen und an Ressourcen. Viele Forschungsförderungsinstitutionen und Regierungen verfolgen nationalistische forschungspolitische Agenden, die sich auf die Entwicklung der Forschungsleistung nationaler Universitäten, ihre Platzierung in internationalen Forschungsratings und auf Forschung zum Nutzen der nationalen Wirtschaft und Gesellschaft auf nationalstaatlicher Ebene konzentrieren.

Es gibt globale Probleme wie Pandemien, Klimawandel, Armut, internationale Kriege und Konflikte, Umweltverschmutzung, Unterernährung und Hunger, globale Ungleichheiten, mangelnde Bildung, mangelnde Sicherheit und Wohlstand sowie Gewalt, deren Lösung eine transnationale Forschungszusammenarbeit erfordert. Obwohl transnationale Forschungsfinanzierung dringend benötigt wird, ist die Realität, dass nationalistische Forschungsfinanzierungspolitiken vorherrschen. Die Bewältigung globaler Probleme erfordert eine internationale, inter- und transdisziplinäre Zusammenarbeit in der Forschung. Es gibt bereits solche Zusammenarbeit, aber es fehlt an transnationalen Finanzierungsprogrammen.

Neokolonialismus bedeutet nicht nur imperialistische Formen der Kultur. Die politische Ökonomie spielt eine große Rolle. Es reicht daher nicht aus, dass kritisches Wissen von Wissenschaftlern aus dem Globalen Süden produziert und anerkannt wird. Die Dekolonisation muss die ungleiche politische Ökonomie in Frage stellen, die der Wissensproduktion im globalen Kapitalismus zugrunde liegt.

Das kapitalistische wissenschaftliche Verlagswesen

Viele akademische Verlage sind kapitalistische Organisationen, die mit dem Verkauf von Büchern, Bearbeitungsgebühren für Artikel (Article Processing Charges: APC), Zugang zu Datenbanken und elektronischem Lernen sowie Forschungsressourcen Profite erzielen. Reiche Universitäten wie Oxford, Cambridge, Harvard, Yale, Stanford, MIT usw. bieten ihren Wissenschaftler:innen und Studierenden Zugang zu riesigen Wissensbeständen, während die armen Universitäten der Welt Schwierigkeiten haben, diesen Zugang zu gewähren, was eine Folge der kapitalistischen Organisation der akademischen Wissensproduktion und -verteilung ist. Unter den fünfzig reichsten Universitäten der Welt befinden sich 41 US-Universitäten und keine afrikanische oder lateinamerikanische Universität[44].

---

[44] Datenquelle: https://www.nonprofitcollegesonline.com/wealthiest-universities-in-the-world/, abgerufen am 14. Juli 2021.

Die größten und renommiertesten akademischen Verlage der Welt haben ihren Sitz im Westen. Ungleichheiten beim Zugang zu Wissen sind das Ergebnis der ungleichen globalen Verteilung des Wohlstands in kapitalistischen Gesellschaften. Der Zugang zum Wissen der Welt ist ein wichtiger Aspekt der Produktion neuen Wissens.

Ungleichheiten bei wissenschaftlichen Rankings und Metriken

In einer vom Neoliberalismus geprägten Welt ist die akademische Welt mehr und mehr von der Quantifizierung und Metrifizierung von Wissen und Ansehen geprägt. Die Logik der kapitalistischen Akkumulation hat die Wissenschaft mehr und mehr in verschiedenen Formen geprägt, was den instrumentellen und verdinglichten Charakter des akademischen Systems gefördert hat.

> Universitäten „sind heute große Systeme autoritativer Kontrolle, Standardisierung, Abstufung, Buchführung, Klassifizierung, Kredite und Strafen. Wir müssen die Systeme des Zugangs und der Verwaltung insofern dekolonisieren, als sie die Hochschulbildung in ein marktfähiges Produkt verwandelt haben, das nach Standardeinheiten bewertet, gekauft und verkauft wird, das durch unpersönliche, mechanische Tests gemessen, gezählt und auf die Äquivalenz von Grundnahrungsmitteln reduziert wird und daher leicht einer statistischen Konsistenz mit numerischen Standards und Einheiten unterworfen werden kann. Wir müssen das dekolonisieren, weil es Studierende und Lehrende von einem freien Streben nach Wissen abhält. Es ersetzt dieses Ziel des freien Strebens nach Wissen durch ein anderes, nämlich das Streben nach Credits. Es ersetzt die wissenschaftliche Kapazität und die Lust am Studium und an der Forschung durch verkaufsähnliche Tüchtigkeit. [...] Hinzu kommt die Manie der Evaluierung. Das System der Geschäftsprinzipien und der statistischen Buchführung hat zu einer obsessiven Sorge um die regelmäßige und quantitative Bewertung jeder Facette des universitären Betriebs geführt“ (Mbembe 2016, 30-31).

Es überrascht nicht, dass in den Top-100 von Hochschulrankings wie dem QS World University Ranking 2023 30 nordamerikanische Universitäten (USA und Kanada), 35 europäische Universitäten (einschließlich des Vereinigten Königreichs) und keine Universität aus einem Land mit mittlerer oder niedriger menschlicher Entwicklung (basierend auf dem UN Human Development Index) vertreten sind[45].

Im QS World University Ranking 2023 war die bestplatzierte Universität aus einem Land mit einem mittleren oder geringen Human Development Index (HDI) auf Rang 155. Das Indian Institute of Science (#155), das Indian Institute of Technology Bombay (#172) und das Indian Institute of Technology Delhi (#174) sind die einzigen Universitäten aus Ländern mit mittlerem oder niedrigem HDI-Entwicklungsstand, die im QS World University Ranking 2023 unter den Top-200 platziert sind[46].

Die globale Ungleichheit prägt auch die Ranglisten von Zeitschriften wie das Web of Science (siehe Tabelle 4.2). Unter den 25 meistzitierten Organisationen im Web of Science befinden sich 18 US-Einrichtungen und keine Universitäten in Ländern mit mittlerem oder geringem Human Development Index (HDI). Unter den 200 meistzitierten Organisationen befindet sich nur eine Einrichtung, die in einem Land mit mittlerer

---

[45] Datenquellen: https://www.topuniversities.com/university-rankings/world-university-rankings/2023, abgerufen am 2. Januar 2023 & United Nations (2022).

[46] Datenquelle: https://www.topuniversities.com/university-rankings/world-university-rankings/2023, abgerufen am 3. Januar 2023.

oder geringer HDI-Entwicklung ansässig ist, das Indian Institute of Technology System (Rang 176)[47].

Rang	Organisation	Land	Anzahl der Zitierungen
1	University of California System	USA	57,302,843
2	Harvard	USA	34,659,926
3	CNRS	Frankreich	25,630,904
4	University of London	USA	21,190,225
5	National Institutes of Health	USA	20,398,303
6	University of Texas	USA	19,613,964
7	United States Department of Energy	USA	17,933,111
8	Chinese Academy of Sciences	China	15,748,097
9	Pennsylvania Commonwealth System of Higher Education	USA	14,798,371
10	Stanford University	USA	14,235,746
11	Max-Planck-Gesellschaft	Deutschland	14,056,600
12	Johns Hopkins University	USA	12,721,453
13	University of Washington	USA	12,418,892
14	University of Washington Seattle	USA	12,313,084
15	University of Toronto	Kanada	12,292,248
16	MIT	USA	12,224,840
17	University of California Los Angeles	USA	12,187,167
18	University of California Berkeley	USA	11,904,456
19	University of Michigan System	USA	11,588,868
20	University of Michigan	USA	11,583,419
21	University of Oxford	Großbritannien	11,166,129
22	University College London	Großbritannien	10,764,204
23	University of Pennsylvania	USA	10,648,978
24	Helmholtz-Gemeinschaft	Deutschland	10,614,381
25	University of North Carolina	USA	10,611,092

Tabelle 4.2: Am häufigsten im Web of Science zitierte Forschungseinrichtungen, 1980-14. Juli 2021, Datenquelle: https://incites.clarivate.com, abgerufen am 14. Juli 2021.

Es besteht ein Zusammenhang zwischen Armut, Unterentwicklung und den Positionen in wissenschaftlichen Rankings.

---

[47] Datenquelle: https://incites.clarivate.com, abgerufen am 14. Juli 2021.

Ungleiche Reputation und Chancen

Die Metrifizierung der Wissenschaft hat Folgen für das Leben der Akademiker:innen. Diejenigen, die an renommierten, reichen Universitäten studieren und arbeiten, haben ausgezeichnete Chancen, hoch bezahlte, angesehene Stellen in der Industrie, im öffentlichen Dienst und in der Wissenschaft zu finden; hohe, angesehene Forschungsstipendien zu erhalten; in den renommiertesten Zeitschriften und bei angesehenen Verlagen zu veröffentlichen; als wichtige und einflussreiche Stimme im akademischen Bereich, in der Öffentlichkeit, in der Wirtschaft, in der Politik und in der Gesellschaft anerkannt und gehört zu werden.

Das Wohlstandsgefälle in der akademischen Welt

Reiche Universitäten verfügen über die materiellen Mittel, die es ihnen ermöglichen, ihren Mitarbeitenden hohe Gehälter zu zahlen, ein hohes Maß an universitätsfinanzierter Forschungszeit zur Verfügung zu stellen und hochqualifizierte Forscher:innen zu attrahieren. Sie können in den Aufbau hochqualifizierter und wirkungsvoller Forschungsteams investieren. Sie können Wissenschaftler:innen mit einer großen Anzahl von Verwaltungsmitarbeitenden und wissenschaftlichen Assistent:innen unterstützen. Sie können ein hohes Maß an individueller finanzieller Unterstützung für Reisen zu und die Teilnahme an akademischen Konferenzen, Netzwerkveranstaltungen, politischen Veranstaltungen und Veranstaltungen der Industrie bereitstellen. Sie können hohe Investitionen für Feldforschung, Technologien, Labors, Bibliotheken und andere akademische Ressourcen bereitstellen. Sie können regelmäßige Forschungssemester anbieten, die die organisatorische und individuelle Forschungsleistung steigern, usw. Im Gegensatz dazu verfügen arme Universitäten nicht über die finanziellen Mittel, um mit den hohen Investitionen und der materiellen Unterstützung reicher Universitäten zu konkurrieren. Solche materiellen Ungleichheiten führen zu Ungleichheiten in Bezug auf Forschungsleistung, Ansehen, Sichtbarkeit und Einfluss in der akademischen Welt.

Klasse und Hochschulbildung

In kapitalistischen Gesellschaften sind die Hochschulbildung und die akademische Welt klassenstrukturiert. Kinder aus reichen oder gut situierten Familien haben in der Regel viel bessere Chancen, Voraussetzungen und finanzielle Möglichkeiten, eine Universität im Allgemeinen und renommierte Universitäten im Besonderen zu besuchen. Die meisten Spitzenuniversitäten der Welt haben hohe Studiengebühren. Studiengebühren als Kommerzialisierung der Hochschulbildung sind ein Aspekt der neokolonialen Akademisierung. Reiche Familien können es sich leisten, diese hohen Gebühren als Investition in die Zukunft ihrer Kinder zu zahlen. Kinder aus armen Familien und Familien, die sich diese Gebühren nicht leisten können, müssen entweder Studiendarlehen aufnehmen, was ein Leben in Schulden bedeutet, oder sich um eine begrenzte Anzahl von Stipendien bewerben. Darüber hinaus besuchen Kinder aus reichen Familien oft private Eliteschulen, weil ihre Eltern sich die Schulgebühren leisten können, was diesen Schüler.innen bei der Bewerbung an der Universität Vorteile verschafft.

Eliteuniversitäten sind sich selbst erhaltende Systeme, in denen Akademiker:innen, die überwiegend aus privilegierten Verhältnissen stammen, künftige Eliten hervorbringen, die Führungs- und Einflusspositionen im Hochschulsystem, im Management und in den Vorständen transnationaler Unternehmen, in Regierungen, im öffentlichen Dienst, in den freien Berufen und in Organisationen des öffentlichen Lebens wie

Nachrichtenmedien, Lobbygruppen, Organisationen der Zivilgesellschaft und Think Tanks einnehmen. Angehörige von Arbeiterfamilien, d. h. von Familien, die nicht reich sind und deren Mitglieder gegen Lohn arbeiten, Freiberufler:innen sind, als mithelfende Familienangehörige ihren Lebensunterhalt verdienen oder zum Subproletariat gehören, das arbeitslos ist und in absoluter Armut lebt, sind von dem sich selbst erhaltenden System der akademischen Elite weitgehend ausgeschlossen.

Wohlstand und Armut beeinflussen das Erreichen höherer Bildungsabschlüsse. Die Tabellen 4.3 und 4.4 zeigen Daten zum Hochschulabschluss junger Menschen, die in den fünf Jahren vor der Datenerhebung die Sekundarstufe abgeschlossen haben. Die Zahl der Hochschulabsolvent:innen ist in den reichen Ländern hoch und in den am wenigsten entwickelten Ländern, insbesondere in den Ländern südlich der Sahara, sehr niedrig (siehe Tabelle 4.3).

Land	Anteil
Welt	38,8%
Länder mit hohem Einkommen	75,7%
Am wenigsten entwickelte Länder	11,2%
Afrika südlich der Sahara	9,2%
Europa	73,3%
Nordamerika	86,6%
Niger (niedrigster Human Development Index [HDI] im Jahr 2020, HDI-Rang 189)	4,2%
Zentralafrikanische Republik (HDI-Rang 188)	
Chad (HDI-Rang 187)	3,3%
Burundi (HDI-Rang 185)	4,1%
Norwegen (höchste Entwicklung, HDI-Rang 1)	83,0%
Irland (HDI-Rang 2)	77,3%
Schweiz (HDI-Rang 3)	61,4%
Großbritannien (HDI-Rang 13)	61,4%
USA (HDI-Rang 17)	88,3%

Tabelle 4.3: Bruttobesuchsquote für den tertiären Bildungsbereich, Jahr 2019 (oder letztes verfügbares Jahr), die Grundgesamtheit, auf die sich die Daten beziehen, ist die fünfjährige Altersgruppe unmittelbar nach dem Abschluss der Sekundarstufe II; Datenquelle: UNESCO Institute for Statistics, abgerufen am 15. Juli 2021

Die Wahrscheinlichkeit, dass junge Menschen aus den ärmsten Familien eine Universität besuchen, ist wesentlich geringer als bei den reichsten Familien (siehe Tabelle 4.4). Diese Kluft besteht sowohl in reichen als auch in armen Ländern. Es gibt Anzeichen dafür, dass in armen Ländern die Kluft zwischen jungen Menschen aus reichen und armen Familien, die eine Universität besuchen, deutlich größer ist als in höher entwickelten Ländern (siehe Tabelle 4.4).

Country	ärmstes Quintil (Q)	2. Q	3. Q	4. Q	reichstes Quintil	Multiplikations-faktor zwischen dem ärmsten und dem reichsten Quintil
Chad (HDI-Rang 187, niedriger Entwicklungsstand)	0,2%	N/A	N/A	N/A	8,8%	44,0
Mali (HDI-Rang 184, niedrig)	0,4%	0,7%	0,5%	4,0%	14,4%	36,0
Malawi (HDI-Rang niedrig)	0,2%	0,1%	0,4%	0,4%	10,0%	50,0
Senegal (HDI-Rang 168, niedrig)	0,7%	2,3%	4,4%	5,5%	18,7%	26,7
Nigeria (HDI-Rang 161, niedrig)	0,8%	3,1%	6,2%	13,9%	37,2%	46,5
Rwanda (HDI-Rang 160, niedrig)	0,1%	N/A	0,6%	1,6%	12,5%	125,0
Georgien (HDI-Rang 61, sehr hohe Entwicklung)	7,9%	23,5%	39,7%	57,8%	77,4%	9,8
Serbien (HDI-Rang 64, sehr hoch)	35,3%	45,2%	73,8%	63,3%	89,7%	2,5
Albanien (HDI-Rang 69, hoher Entwicklungsstand)	15,7%	29,7%	35,9%	52,1%	69,9%	4,5

Tabelle 4.4: Bruttobesuchsquote für tertiäre Bildung, nach Wohlstandsquintilen, Jahr 2019 (oder letztes verfügbares Jahr), die Grundgesamtheit, auf die sich die Daten beziehen, ist die fünfjährige Altersgruppe unmittelbar nach der Sekundarstufe II; Datenquelle: UNESCO Institute for Statistics, abgerufen am 15. Juli 2021

Der Abschluss eines Hochschulstudiums ist im Allgemeinen bei denjenigen, die aus reichen Familien stammen, höher als bei denen, die aus armen Familien stammen (s. Tabelle 4.5). In den ärmsten Ländern der Welt ist diese Diskrepanz extrem: Nur Personen aus den reichsten Familien haben die Möglichkeit, einen Hochschulabschluss zu erwerben, während Angehörige von Familien, die anderen Einkommensgruppen angehören, weitgehend von der Hochschulbildung ausgeschlossen sind (s. Tabelle 4.5).

Reichtum und Einkommen sind nicht dasselbe wie der Klassenstatus in einem Marxschen Verständnis von Klasse. Sie entsprechen eher einer Weber'schen Definition von Klasse, die sich auf Unterschiede in den Lebenschancen konzentriert. In der Marxschen Klassenanalyse bestimmen die Stellung im Produktionsprozess und die (Nicht-)Kontrolle über die Produktionsmittel und das Kapital den Klassenstatus. Offizielle sozioökonomische Statistiken basieren in der Regel auf einem Weberschen Verständnis von Klasse. Diese Statistiken bieten eine Annäherung an die Daten für die Marxsche Analyse. Die Familie eines Vorstandsvorsitzenden eines großen Unternehmens, der über ein hohes Einkommen verfügt und dem Teile des Unternehmens gehören, gehört mit großer Wahrscheinlichkeit zum reichsten Vermögensquintil. Im Marxschen Sinne ist der CEO Teil der Kapitalistenklasse. Im Gegensatz dazu gehört die Familie eines lohnabhängigen Toilettenreinigers mit hoher Wahrscheinlichkeit zu einem der untersten

Vermögensquintile. Die Toilettenreinigerin ist in der Marxschen Theorie Teil der Arbeiterklasse. Die vorliegenden Daten zeigen, dass Klasse, Reichtum und Armut wichtige Faktoren sind, die den Zugang zur Hochschulbildung und Hochschulabschlüsse beeinflussen.

Land	ärmstes Quintil (Q)	2. Q	3. Q	4. Q	reichstes Quintil (Q)
Länder mit niedrigem Einkommen	6%	5%	5%	6%	17%
Kanada (Human Development Index-Rang 16)	21%	24%	33%	44%	45%
Australien (HDI-Rang 8)	37%	44%	42%	54%	63%
Südkorea (HDI-Rang 23)	55%	57%	63%	68%	83%
Israel (HDI-Rang 19)	22%	39%	42%	43%	59%
Serbien (HDI-Rang 64)	18%	24%	27%	51%	61%
USA (HDI-Rang 17)	22%	30%	44%	60%	71%
China (HDI-Rang 85)	15%	14%	16%	20%	35%
Uganda (HDI-Rang 159)	0%	0%	0%	0%	2%
Rwanda (HDI-Rang 160)	0%	0%	1%	8%	11%
Malawi (HDI-Rang 174)	0%	0%	N/A	N/A	6%
Sierra Leone (HDI-Rang 182)	0%	0%	0%	1%	4%
Mali (HDI-Rang 184)	0%	1%	1%	1%	8%
Burundi (HDI-Rang 185)	0%	0%	0%	0%	4%
Chad (HDI-Rang 187)	0%	0%	0%	0%	3%
Niger (HDI-Rang 189)	0%	0%	0%	0%	2%

Tabelle 4.5: Prozentualer Anteil der 25- bis 29-Jährigen, die eine mindestens vierjährige Hochschulausbildung abgeschlossen haben, letzte verfügbare Daten, Datenquelle: https://www.education-inequalities.org/, abgerufen am 16. Juli 2021

Tabelle 4.6 zeigt die Ergebnisse einer Analyse der Klassenungleichheit bei der Zulassung von Studenten an britischen Universitäten. Sie wurde vom Higher Education Policy Institute veröffentlicht. Der Verfasser des Grundsatzpapiers berechnete für jede Universität einen Gini-Koeffizienten auf der Grundlage der lokalen Gebiete, in denen die zugelassenen Studenten leben, und einer Klassifizierung der Beteiligungsquoten an der Hochschulbildung in diesen Gebieten. Gebiete mit einer hohen Teilnahmequote sind in der Regel Bezirke, in denen wohlhabende Familien leben. Anhand dieser Daten lassen sich die gleichsten und die ungleichsten britischen Universitäten ermitteln (Tabelle 4.6). Die ungleichsten Universitäten nehmen tendenziell viele Studierende aus wohlhabenden Gegenden mit einer hohen Beteiligung an der Hochschulbildung auf und nur wenige Studierende aus ärmeren Gegenden mit einer niedrigen Beteiligung. Sieben der zehn Universitäten mit der größten Ungleichheit sind Universitäten der Russell Group, einer Gruppe von prestigeträchtigen und sehr reichen britischen Universitäten.

Im Jahr 2023 gehörten die zehn reichsten britischen Universitäten, gemessen an ihrem Stiftungsvermögen, alle zur Russell Group[48]. Russell-Group-Universitäten sind Universitäten, die Mitglieder der künftigen Oberschicht hervorbringen und dazu beitragen, die Kultur dieser Klasse zu reproduzieren, indem sie Mitglieder aus einfachen Familien fernhalten. Oxford und Cambridge sind die beiden reichsten und prestigeträchtigsten britischen Universitäten. Im Jahr 2015 gingen 82 Prozent der Angebote in Oxford und 81 Prozent der Angebote in Cambridge an Studierende aus Familien der Oberschicht (Weale, Adams und Bengtsson 2017). „Zwischen 2010 und 2015 wurden durchschnittlich 43 % der Angebote von Oxford und 37 % von Cambridge an privat unterrichtete Schüler vergeben, während nur 7 % der Kinder insgesamt in Privatschulen unterrichtet werden" (Weale, Adams und Bengtsson 2017). Im Jahr 2020 liegt der Anteil der Angebote für Studenten in Oxford und Cambridge, die eine Privatschule besucht haben, bei 25,8 Prozent (Masters 2021), was bedeutet, dass sich der Klassenunterschied etwas verringert hat, aber immer noch besteht.

Rang (höchste Gleichheit)	Universität	Rang (höchste Ungleichheit)	Universität	
1	U of Hull	1	U of Cambridge	Russell Group
2	U of Derby	2	U of St Andrews	
3	Edge Hill U	3	U of Bristol	Russell Group
4	U of Chester	4	U of Oxford	Russell Group
5	Plymouth College of Art	5	U of Aberdeen	
6	York St John U	6	U of Edinburgh	Russell Group
7	Leeds Beckett U	7	UCL	Russell Group
8	U of Worcester	8	U of Durham	Russell Group
9	Anglia Ruskin U	9	Robert Gordon U	
10	Cardiff Metropolitan U	10	LSE	Russell Group

Tabelle 4.6: Sozioökonomische (Un-)Gleichheit bei der Zulassung von Bachelorstudierenden im Vereinigten Königreich, Datenquelle: Martin (2018)

Management-Hierarchien

Die Kapitalisierung, Privatisierung und Kommerzialisierung der Universitäten haben zu einer Schwächung der Demokratie in vielen Universitäten geführt. Leitende Angestellte werden oft nicht von den akademischen Mitarbeitenden und Studierenden gewählt, sondern von kleinen Kreisen anderer leitender Angestellter ernannt. Sie agieren oft wie Vorstandsvorsitzende (CEOs), die die Universitäten wie kapitalistische Unternehmen

[48] https://en.wikipedia.org/wiki/List_of_universities_in_the_United_Kingdom_by_endowment, abgerufen am 2. Januar 2023. https://en.wikipedia.org/wiki/Russell_Group, abgerufen am 2. Januar 2023.

und bürokratische Organisationen führen, wodurch die Entscheidungen an der Spitze von den Interessen der akademischen Beschäftigten abgekoppelt werden.

Die kapitalistische Universität als Neokolonialismus

Der Neokolonialismus hat im akademischen Bereich zum Aufstieg der kapitalistischen Universität geführt und eine Vielzahl von Ungleichheiten mit sich gebracht. Das kapitalistische Verlagssystem kommt vor allem den Wissenschaftler:innen reicher Universitäten zugute. Die Metrifizierung des akademischen Lebens verdinglicht die Universitäten, indem sie sich auf Quantität und Akkumulation statt auf akademische Qualitäten konzentriert, und erhält globale akademische Ungleichheiten aufrecht, einschließlich ungleicher Reputation, Arbeits- und Beförderungsmöglichkeiten. Reiche Universitäten dominieren die akademische Welt und spielen eine Schlüsselrolle bei den Ungleichheiten, die das akademische Feld auf globaler Ebene prägen. Diejenigen, die aus armen Familien und Arbeiterfamilien stammen, sind von den reichen Eliteuniversitäten weitgehend ausgeschlossen. Der Neokolonialismus hat den Zugang zu den Universitäten in Form von Studiengebühren zur Ware gemacht, was den Ausschluss der Armen und der Arbeiterklasse aufrechterhalten hat. Unter neokolonialen Bedingungen werden Universitäten oft wie Unternehmen geführt und übernehmen die Rolle, instrumentelles Wissen und Abschlüsse zu schaffen, die direkt kapitalistischen Interessen zugutekommen und die Unabhängigkeit der Universitäten und ihre Fähigkeit, kritische Analyse und kritische Reflexion zu fördern, untergraben.

Es stellt sich die Frage, ob Alternativen zum akademischen Kapitalismus und dem neokolonialen Charakter der Universitäten möglich sind. Der abschließende Abschnitt geht auf diese Frage ein.

4.5 Schlussfolgerung: Vom Universitätskapitalismus hin zur gemeinwohlorientierten Universität

Der Neokolonialismus bedeutet im neoliberalen Kapitalismus Akkumulation durch Enteignung, die Kommodifizierung von (fast) allem und die Transnationalisierung des Kapitals in der Form von globalen Aktivitäten transnationaler Konzerne.

Der Neokolonialismus hat zu dem geführt, was Boaventura de Sousa Santos (2018b, 356) als „Universitätskapitalismus" bezeichnet, die Universität als „kapitalistisches Unternehmen" und eine Organisation, die „nach kapitalistischen Kriterien" arbeitet. Die Universität und insbesondere die Eliteuniversitäten hatten schon immer die Aufgabe, zur Reproduktion der herrschenden Klasse und ihrer Wirtschaft, Kultur und Politik in der kapitalistischen Gesellschaft beizutragen. Die Bereiche der Hochschulbildung und der Forschung haben zunehmend ihre relative Unabhängigkeit verloren und sind der Logik des Kapitals und der Ware untergeordnet worden. Die kapitalistische Kolonisierung der Wissenschaft hat Formen angenommen wie die Schaffung und Ausweitung gewinnorientierter akademischer Publikationsmodelle, die Metrifizierung akademischer Reputation und akademischen Wissens, eine höchst ungleiche Verteilung des Reichtums, der Ressourcen, des Ansehens und des Einflusses der Universitäten, die Kommodifizierung der Hochschulbildung in Form von Studiengebühren, der direkte und indirekte Einfluss von Unternehmen und der kapitalistischen Logik auf die Universitäten, Agenden, die die Zusammenarbeit von Universitäten mit kapitalistischen Unternehmen und die Schaffung von akademischem Wissen als Instrument kapitalistischer Unternehmen verstärken, die undemokratische Verwaltung von Universitäten als Unternehmen, Klassenungleichheiten beim Zugang zu Universitäten und beim Abschluss von Studierenden und Wissenschaftlern in der Hochschulbildung. Eine der wichtigsten Dimensionen der Dekolonisation der Universität besteht darin, die Logik des Kapitalismus zurückzudrängen und die Klassenungleichheiten in der Wissenschaft und andere Ungleichheiten, die mit den Klassenungleichheiten in der Wissenschaft interagieren, zu überwinden.

Die wahre Dekolonisation der Wissenschaft muss die Schwächung der kapitalistischen Logik in diesem Bereich der Gesellschaft beinhalten. Die Dekolonisation der Wissenschaft beinhaltet die Vergemeinschaftung, Demokratisierung und Selbstverwaltung der Wissenschaft. Die Dekolonisation ist keine moralische Frage und keine Frage des individuellen Verhaltens, sondern in erster Linie eine Frage der politischen Ökonomie und der Macht.

Vergemeinschaftung, Demokratisierung und Selbstverwaltung als Dekolonisation des akademischen Feldes bedeutet die Schaffung von gemeinnützigen akademischen Verlagen; die Abschaffung von akademischen Rankings, Metriken und Reputationshierarchien; die Etablierung neuer transparenter, inklusiver, offener und demokratischer Formen der wissenschaftlichen Arbeit; öffentlich finanzierte Universitäten, die weltweit das Menschenrecht auf Bildung verwirklichen, das das Recht eines jeden einschließt, sich den Besuch einer Universität zu leisten und einen gleichberechtigten Zugang zur Hochschulbildung zu ermöglichen, und die eine angemessene Besteuerung von Kapital und Vermögen erfordern, um die Finanzierung der Hochschulbildung weltweit zu unterstützen; die Überwindung des Gefälles in Bezug auf Reichtum, Ansehen, Einfluss und Ressourcen zwischen reichen und armen Universitäten; die Umwandlung der neoliberalen Universität in selbstverwaltete Universitäten, die demokratisch von akademischen Arbeiter:innen und Studierenden verwaltet werden und keine CEOs und Vorstände haben; die Schaffung eines klassenlosen Hochschul-, Forschungs- und akademischen Systems, in dem der Klassenstatus nicht über die Chancen von Menschen entscheidet, in die Wissenschaft einzutreten und dort erfolgreich zu sein bzw. ausgeschlossen zu werden und dort zu scheitern.

Der globale Kapitalismus prägt die Situation von Studierenden, Wissenschaftler:innen und der akademischen Wissensproduktion im Globalen Süden in vielfältiger Weise. Die Globalisierung von Kapitalismus und Gesellschaft hat auch zu einer Globalisierung der Hochschulbildung geführt. Immer mehr Kinder aus gut situierten Familien im Globalen Süden besuchen heute westliche Universitäten und nehmen berufliche und akademische Stellen im Westen an. Die Globalisierung hat nicht dazu geführt, dass Kinder aus armen Familien in der ganzen Welt allgemeinen Zugang zu höherer Bildung und den daraus resultierenden Karrieren erhalten. Die Dekolonisation der akademischen Welt erfordert eine globale Infragestellung der Kluft zwischen Arm und Reich, Kapital und Arbeit, Mächtigen und Ohnmächtigen, der herrschenden Klasse und den untergeordneten Klassen. Sie erfordert die Dekommodifizierung der Hochschulbildung und die Förderung der Logik der Hochschulbildung, der Wissenschaft, des Wissens und der Forschung als öffentliche Güter und Gemeingüter in Gesellschaften weltweit.

Boaventura de Sousa Santos (2017, 2019) argumentiert, dass die Dekolonisation der Universität eng mit der Dekommodifizierung entlang der folgenden Dimensionen verflochten ist: „Zugang zur Universität (für Studierende) und Zugang zu einer Universitätskarriere (für Lehrende); Forschungs- und Lehrinhalte; Wissensdisziplinen, Curricula und Lehrpläne; Lehr-/Lernmethoden; institutionelle Struktur und universitäre Governance; und Beziehungen zwischen der Universität und der Gesellschaft insgesamt“ (Santos 2019, 221). Wir können diese Unterscheidung zusammenfassen, indem wir sagen, dass der die Beziehungen der Wissenschaft zur Gesellschaft, der Zugang zur Universität und zum akademischen Wissen, die Produktion von akademischen Inhalten und Wissen, Forschungsmethoden und die Organisation und Verwaltung der Universitäten Schlüsseldimensionen der akademischen Welt und der Universität sind.

Entlang dieser Dimensionen werden wir nun einige Empfehlungen und Vorschläge für Hochschulreformen präsentieren, die materielle Grundlagen für die Dekolonisation der Universität und der akademischen Welt schaffen. Dabei handelt es sich um allgemeine Vorschläge, die über ein bestimmtes Fachgebiet hinausgehen, aber als solche auch für die progressive und emanzipatorische Transformation der Medien- und Kommunikationswissenschaft von großer Bedeutung sind. Diese Vorschläge sind ein Ausgangspunkt und erheben keinen Anspruch auf Vollständigkeit.

Die Beziehungen der Wissenschaft zur Gesellschaft

Transnationale Konzerne, Kapital und Milliardäre sollten angemessen besteuert werden, und eine globale Umverteilung dieses Reichtums würde eine angemessene öffentliche Finanzierung und öffentliche Organisation von Universitäten in der ganzen Welt unterstützen. Wir brauchen eine öffentliche Universität anstelle einer kapitalistischen Universität.

Ein Teil des Stiftungsvermögens der reichsten Universitäten der Welt sollte vergesellschaftet und global umverteilt werden, um arme Universitäten und Menschen aus benachteiligten Verhältnissen zu unterstützen.

Die Gesellschaft sollte die Rolle der Universitäten in der Gesellschaft überdenken und neu positionieren, weg von der kapitalitischen Universität, die der kapitalistischen Gesellschaft dient, hin zur gemeinwohlorientierten Universität, die als öffentlicher Dienst kritisches Wissen, kritisches Denken, kritisches Lesen, kritisches Schreiben, kritisches Präsentieren, kritische Debatte, kritisches Machen, kritische Kreativität und kritische Zusammenarbeit fördert. Kritik ist die Essenz einer fortschrittlichen Universität. Kritik ist das Gegenteil von Instrumentalität. Wissen ist instrumentell, wenn es ein Instrument des Kapitalismus, der Regierungen oder undemokratischer Kräfte ist. Kritisches Wissen fordert den Instrumentalismus heraus und steht im Interesse einer guten Gesellschaft, die allen zugutekommt.

Der Zugang zur Universität und zum akademischen Wissen

Es sollte einen kostenlosen Zugang zur Hochschulbildung für alle geben, und Kinder aus armen und Arbeiterfamilien sollten stärker unterstützt werden, und zwar in der Form von Stipendien und Fördermaßnahmen, die den Anteil von Studierenden und Lehrkräften aus niedrigeren sozioökonomischen Schichten und armen Familien erhöhen.

Es sollte eine öffentliche Finanzierung, Unterstützung und Förderung von gemeinnützigen Open-Access-Zeitschriften (Diamond Open Access) und gemeinnützigen Open-Access-Buchverlagen sowie Open-Access-Mandate für diese Art von Open-Access-Veröffentlichungen geben. Diamond Open Access ist der beste Weg, um den globalen Zugang zu akademischem Wissen für alle zu fördern (Fuchs und Sandoval 2013), wodurch insbesondere arme Universitäten und ihre Wissenschaftler:innen und Studierenden Vorteile haben. Profitorientierte Open-Access-Modelle, die hohe Bearbeitungsgebühren für Artikel (Article Processing Charges: APCs) verlangen, um Profite zu erzielen, sind genau wie Modelle, bei denen reiche Bibliotheken hohe Abonnementgebühren zahlen, neokoloniale Mechanismen, die die Armen vom Zugang ausschließen.

Die Metrifizierung und die „Evaluitis" des akademischen Systems sollten abgeschafft und durch qualitative Systeme der Wissenssuche und Metadaten ersetzt werden, die die Begegnung und Debatte zwischen Menschen und die Auseinandersetzung mit ihren Ideen fördern. Wir brauchen eine öffentliche Finanzierung, Unterstützung und Einrichtung von Repositorien und Datenbanken, die das in nicht gewinnorientierten (diamantenen) Open-Access-Publikationen veröffentlichte Wissen erfassen und indexieren und nicht quantifizieren. Web of Science und ähnliche Evaluierungssysteme, die für den Universitätskapitalismus charakteristisch sind, sollten durch solche neuen Diamant-Datenbanken und Diamant-Repositorien ersetzt werden.

Solange es Evaluierungssysteme wie Web of Science gibt, sollte vorgeschrieben werden, dass nicht-profitorientierte (diamantene) Open-Access-Zeitschriften einbezogen werden müssen.

Die Produktion von akademischen Inhalten und Wissen

Die Universitäten brauchen angemessene Infrastrukturen und Produktionsmittel. Die allgemeine Umverteilung des Reichtums durch Besteuerung des Kapitals und der Reichen sollte den armen Universitäten zugutekommen, damit sie eine angemessene Zahl von Mitarbeitenden einstellen, die Gehälter erhöhen und eine angemessene Infrastruktur (Technologie, Qualität der Gebäude, Räume und Bibliotheken usw.) schaffen können.

Der Nationalismus in der Forschungsfinanzierung sollte abgeschwächt werden, d. h. es sollten mehr nationale und internationale Forschungsfonds eingerichtet werden, die die internationale Forschungszusammenarbeit unterstützen, damit Partner aus verschiedenen Ländern, auch aus dem Globalen Süden, Finanzmittel erhalten können, die es ihnen ermöglichen, erhebliche Mengen an Forschungszeit zu organisieren, die eine angemessene Analyse von Schlüsselproblemen, die Durchführung lokaler und transnationaler Forschung und internationaler Forschungskooperation ermöglichen.

Englisch ist zur akademischen Lingua franca geworden, was zweifellos mit der Dominanz der USA im Weltsystem seit dem Zweiten Weltkrieg zu tun hat und denjenigen, deren Muttersprache Englisch ist, Vorteile in der globalen Wissenschaft verschafft. Würden die Wissenschaftler:innen der Welt nur noch in ihrer Muttersprache publizieren, wären isolierte und fragmentierte nationale und regionale akademische Systeme der Wissensproduktion die Folge. Nicht auf Englisch zu veröffentlichen ist auch keine Lösung. Was wir brauchen, ist das wissenschaftliche Publizieren in mehreren Sprachen und eine angemessene öffentliche Finanzierung von wissenschaftlichen Übersetzungen. Nicht gewinnorientierte akademische Verlage sollten spezielle öffentliche Mittel für die Erstellung und Veröffentlichung von Übersetzungen erhalten. Nicht-westliche Wissenschaftler:innen weltweit sichtbar zu machen, ist nicht einfach eine Frage der Moral, sondern auch eine der Sprache, der Übersetzung, der Verfügbarkeit, der Zugänglichkeit und der Finanzierung dieser Prozesse.

Auf der Ebene der akademischen Inhalte sollte die Produktion und Nutzung von kritischem Wissen in der Forschung und im Unterricht gefördert werden, das dazu beiträgt, das Gemeinwohl und eine gute Gesellschaft für alle zu fördern, wozu auch Wissen gehört, das Ausbeutung und Herrschaft, Kapitalismus, Rassismus, Nationalismus, Klassismus, geschlechtsspezifische Unterdrückung usw. kritisch analysiert.

Forschungsmethoden

Es sollten alle Methoden gefördert werden, die dazu beitragen, Ausbeutung und Herrschaft zu erhellen und besser zu verstehen, und die Wissen schaffen, das das Potenzial hat, die Förderung des Gemeinwohls und einer guten Gesellschaft, die allen zugutekommt, zu unterstützen. Methodologie sollte nicht die Anwendung von Methoden um der Methoden willen sein, sondern die Anwendung derjenigen Methoden, die für die Beantwortung von Fragen erforderlich sind, die für die Kritik der Unterdrückung und die Förderung einer guten Gesellschaft entscheidend sind. Theorie ist an sich eine Methode und hilft uns, die Welt zu begreifen und normative, moralische und politische Fragen zu diskutieren und uns mit den großen Fragen der Gesellschaft und der Welt auseinanderzusetzen. Empirische Forschung sollte theoriegeleitet sein.

Der Positivismus löst die empirische Forschung von der Theorie ab oder reduziert die Theorie auf ein Instrument der Empirie. Der Positivismus führt empirische Analysen durch, um zu zeigen, wie die Welt aussieht, ohne den kritischen Imperativ, Wissen und Interpretationen der Welt zu schaffen, die zur Veränderung der Welt beitragen. Die Forschung sollte antipositivistisch sein und Theorie, empirische Forschung und Philosophie / Ethik miteinander verbinden. Sie sollte die Erfahrungen der Ausgebeuteten und Unterdrückten einbeziehen und sich auf deren Kämpfe beziehen. Diese Gruppen sind keine „Stakeholder", ein Begriff, der seinen Ursprung in kapitalistischen Unternehmen hat, sondern Klassen und Subjekte.

In den Sozial- und Geisteswissenschaften, einschließlich der Medien- und Kommunikationswissenschaften und der Internetforschung, haben sich digitale Methoden als eine neue Art von Positivismus etabliert, ein digitaler Positivismus, der Big-Data-Analytik („Computational Social Science", „Digital Humanities") zur rein quantitativen Beschreibung der Welt nutzt (Fuchs 2017). Wir brauchen kritische Theorien in Kombination mit kritischen Methoden, um die Welt kritisch zu verstehen und zu verändern, einschließlich der Digitalisierung und ihrer Rolle in der Gesellschaft. Forschung sollte die Interessen der Menschen fördern und die Unterdrückten und ihre Interessen in den Forschungsprozess einbeziehen. Transdisziplinarität sollte in der Form von kritischer Forschung unterstützt und gefördert werden, die alle gesellschaftlichen Dimensionen von Phänomenen untersucht und die Philosophie als metawissenschaftlichen Ansatz nutzt, der es uns ermöglicht, Antworten auf die großen Fragen der Welt zu stellen und zu finden.

Die Organisation und Verwaltung der Universitäten

Die kapitalistische Universität sollte in eine demokratische, selbstverwaltete, transparente Universität umgewandelt werden, die von akademischen Arbeitenden und Studierenden und nicht von neoliberalen Manager:innen und CEOs geleitet wird. Die prekäre akademische Gelegenheitsarbeit sollte beendet und die Rechte der akademischen Arbeiter:innen gestärkt werden. Die Lehre an den Universitäten sollte so organisiert werden, dass die Fähigkeit der Studierenden zu kritischem Denken und Handeln gefördert wird. Eine solche Lehre ist eine Pädagogik des Empowerments und der kritischen Pädagogik (siehe Giroux 2020).

Der Neokolonialismus hat neue Formen der globalen Ausbeutung, des Ausschlusses und der Beherrschung geschaffen, bei denen das transnationale Kapital, die Logik der Kommodifizierung und die instrumentelle Vernunft eine Schlüsselrolle spielen. Der Universitätskapitalismus und die kapitalistische, instrumentelle Universität sind das Ergebnis des Neokolonialismus. Die Dekolonisation der Universität bedeutet, den Universitätskapitalismus in gemeinwohlorientierte Universitäten umzuwandeln, die das öffentliche Wohl und eine gute Gesellschaft fördern. Es bedeutet, den Neokolonialismus in Frage zu stellen.

5 Roboter und Künstliche Intelligenz (KI) im digitalen Kapitalismus

Zusammenfassung

Dieses Kapitel fragt: Wie können wir die Auswirkungen von Robotern und Künstlicher Intelligenz auf das Alltagsleben auf der Grundlage des Radikalen Humanismus verstehen und theoretisieren? Wie können Henri Lefebvres Ideen genutzt werden, um den ideologischen Charakter zeitgenössischer Darstellungen der Auswirkungen von Robotern und KI auf die Gesellschaft aufzudecken? Der Aufsatz befasst sich mit eher unbekannten Werken des radikalen Humanisten Henri Lefebvre zur Soziologie und Philosophie der Technologie wie *Vers le cybernanthrope* (*Auf dem Weg zum Kybernanthropen*). Es werden die Grundlagen eines Lefebvre'schen, dialektischen, radikal-humanistischen Ansatzes für die Soziologie und Philosophie der Technik vorgestellt.

Dieser Essay führt in Lefebvres Begriff des Kybernanthropen/Cyborgs[49] ein und setzt ihn in Beziehung zu Robotern und KI in der heutigen Gesellschaft. Ausgehend von Lefebvres Kritik an Cyborgs werden in diesem Kapitel Grundlagen der Ideologiekritik an Robotern und KI im digitalen Kapitalismus entwickelt. Es diskutiert Beispiele für technikdeterministisches und sozialkonstruktivistisches Denken im Kontext von Robotik, KI und Cyborgs und plädiert für einen alternativen, Lefebvre'schen, dialektischen Ansatz. Dieser Aufsatz verortet den Humanismus im Kontext von Informatik, KI und Robotik.

Das Kapitel entwickelt eine von Henri Lefebvre inspirierte Anwendung des Radikalen Humanismus, indem es sich mit Analysen von KI und Robotern im Posthumanismus, Transhumanismus, technikdeterministischen Ansätzen, Ansätzen zur sozialen Konstruktion von Technologie, Techno-Optimismus, Techno-Pessimismus, Akzelerationismus, der Massenarbeitslosigkeitshypothese und Spike Jonzes Film *Her* beschäftigt.

Dieses Kapitel zeigt, dass die wichtigste Lehre, die wir aus der radikal-humanistischen Techniksoziologie und Henri Lefebvres Werken über Technik ziehen können, darin besteht, dass der Radikale Humanismus dazu beiträgt, Technologien für die Vielen und nicht für die Wenigen zu entwickeln. Diese Erkenntnis ist auch im Zeitalter des digitalen Kapitalismus, der intelligenten Roboter und der künstlichen Intelligenz von großer Bedeutung.

Schlüsselbegriffe: Roboter, Robotik, Künstliche Intelligenz, digitaler Kapitalismus, Henri Lefebvre, Kybernanthrop/Cyborg, Radikaler Humanismus

---

[49] Anmerkung zur Übersetzung: Lefebvre verwendet im französischen Original den Begriff Cybernanthrope. Im deutschen Sprachgebrauch hat sich der Begriff Cyborg für die Bezeichnung eines Mensch-Maschine-Hybriden eingebürgert, weshalb ebendieser im Weiteren für eine bessere Verständlichkeit verwendet wird. Der alternative Begriff des „Kybernanthrop" erscheint uns für die Verwendung im Deutschen zu schwerfällig.

5.1 Einleitung

Roboter und Künstliche Intelligenz (KI) sind Teil des Alltags vieler Menschen geworden. Sie mähen Rasen und saugen Böden. Roboter arbeiten als virtuelle Assistenten und intelligente Lautsprecher (Amazon Alexa, Amazon Echo, Siri, Google Assistant etc.), die Informationen bereitstellen, Videos und Musik abspielen, Hörbücher vorlesen, Waren online bestellen oder als Kundendienstmitarbeiter fungieren. Roboter steuern einige Fahrzeuge wie beispielsweise Züge und dienen als Assistenzsysteme in Autos, die Fahrfehler korrigieren, um Unfälle zu vermeiden, Autos einzuparken, Fahrinformationen anzuzeigen oder die Geschwindigkeit des Autos zu kontrollieren (Tempomat). Chirurg:innen werden von Robotersystemen unterstützt. Im Internet veröffentlichen und durchsuchen Bots Informationen, sammeln Daten über Nutzer: innen, stellen Kund:innen:informationen bereit oder erstellen und verbreiten Informationen und Aufmerksamkeit, einschließlich Fake News. Notfall-Roboter helfen bei der Bekämpfung von Bränden, der Suche nach Opfern nach Erdbeben und sonstigen Katastrophen unter der Erde, in der Luft, unter Wasser oder in schwierigem Terrain, etc. Drohnen sind Flug-Roboter, die die Umwelt überwachen, Menschen und die Umwelt beobachten oder Bomben aus der Luft abschießen. Ein Smart Home ist ein KI-basiertes Robotersystem, das die Energie-, Wärme- und Wasserversorgung sowie den Betrieb von Haushaltsgeräten wie Kühlschrank, Herd, Fernseher, Stereoanlage und anderen Unterhaltungsgeräten regelt.

Roboter sind nicht mehr nur in der Industrie und in der Wissenschaft (wie zum Beispiel in der Weltraumforschung) im Einsatz. Sie sind in der gesamten Kultur und Gesellschaft angekommen. Wir können daher fragen: Wie können wir die Auswirkungen von Robotern und Künstlicher Intelligenz auf das Alltagsleben auf der Grundlage des Radikalen Humanismus verstehen und theoretisieren? Wie können Henri Lefebvres Ideen genutzt werden, um den ideologischen Charakter der zeitgenössischen Berichte über die Auswirkungen von Robotern und KI auf die Gesellschaft zu verstehen?

In diesem Text nutzen wir die Werke des französischen kritischen Theoretikers Henri Lefebvre, um Antworten auf diese Frage zu geben. Lefebvre ist bekannt für seine dreibändige *Kritik des Alltagslebens* sowie für seine Soziologie des Raums in *La production de l'espace* (*Die Produktion des Raumes*). Es ist kaum bekannt, dass er auch ein Buch über Robotik und Kybernetik geschrieben hat. Das liegt daran, dass *Vers le cybernanthrope* (*Auf dem Weg zum Kybernanthropen*, 1971) bisher noch nicht ins Englische übersetzt wurde. Mit 115 Zitaten im Jahr 2023 ist das Buch relativ wenig gelesen und zitiert worden[50]. Zur gleichen Zeit wurde die englische Version von *La production de l'espace* (*The Production of Space*) 58.057 Mal zitiert[51]. Dass ein Buch wenig gelesen wird, heißt nicht, dass es unbedeutend ist. Im Fall von Lefebvres Buch über die Cyborgs gibt es dafür eine Reihe von Gründen, darunter das Fehlen einer englischen Übersetzung. In diesem Kapitel interpretiere ich Lefebvres Schriften über Kybernetik und Robotik im Lichte aktueller Debatten und Entwicklungen.

Lefebvre war ein Radikaler Humanist. Erich Fromm definiert den Radikalen Humanismus als „eine globale Philosophie, die das Einssein der menschlichen Rasse, die Fähigkeit des Menschen, die eigenen Kräfte zu entwickeln, zur inneren Harmonie und

---

[50] Datenquelle: http://scholar.google.com, abgerufen am 17. Januar 2023.

[51] Aus dem Englischen ins Deutsche übersetzt.

zur Errichtung einer friedlichen Welt zu gelangen, in den Vordergrund stellt" (Fromm 1966/2008, 17).

Abschnitt 5.2 führt in Lefebvres Begriff des Cyborgs ein und setzt ihn in Beziehung zu Robotern und KI in der heutigen Gesellschaft. Auf der Grundlage von Lefebvres Kritik an Cyborgs werden in Abschnitt 5.3 die Grundlagen der Ideologiekritik an Robotern und KI im digitalen Kapitalismus entwickelt. Der Abschnitt diskutiert Beispiele für technologisch-deterministisches und sozialkonstruktivistisches Denken im Kontext von Robotik, KI und Cyborgs. Er plädiert für einen Lefebvre'schen, dialektischen, radikal-humanistischen Ansatz. Auf der Grundlage von Lefebvre verortet Abschnitt 5.4 den Radikalen Humanismus im Kontext von Computertechnik, KI und Robotik.

5.2 Der Cyborg

Das französische Wort für „Kybernetik" ist »cybernétique«. Der Begriff »anthrope«, der sich aus den französischen Wörtern »anthropologie« (Anthropologie) und »anthropique« (anthropogen) zusammensetzt, bezieht sich auf den Menschen. Der von Lefebvre geschaffene Begriff „cybernanthrope" verweist daher auf die Verbindung von Computern und Menschen sowie die Veränderung des Menschen durch Computer und Roboter. Der Cyborg ist ein „seltsame[s] Paar" (Lefebvre 1975, 181) aus Computer und Mensch. „Beide Größen – der Automat und der Mensch – träfen sich also in ein und derselben Kategorie: im *Kybernanthropen*" (Lefebvre 1975, 199).

Der/Die Leser:in wird bei Lefebvres Ausführungen an den Begriff des Cyborgs erinnert, der aus der Science-Fiction-Literatur und den -Filmen stammt. Der Begriff wurde 1960 von Manfred E. Clynes und Nathan S. Kline (1960/2007) eingeführt, um technologische Verbesserungen des menschlichen Körpers zu beschreiben, die es dem Menschen ermöglichen, im Weltraum zu überleben. Cyborgs sind „selbstregulierende Mensch-Maschinen-Systeme", die „bewusst exogene Komponenten ein[schließen], die die selbst-regulierenden Steuerfunktionen des Organismus erweitern, um ihn so an neue Umgebungen anzupassen" (Clynes und Kline 1960/2007, 469).

Das am häufigsten zitierte akademische Werk über Cyborgs ist Donna Haraways (1995, 33-72) *Ein Manifest für Cyborgs*, das erstmals 1985 veröffentlicht wurde. Für Haraway sind Cyborgs „kybernetische Organismen, Hybride aus Maschine und Organismus, ebenso Geschöpfe der gesellschaftlichen Wirklichkeit wie der Fiktion" (Haraway 1995, 33). Lefebvres Verständnis des Cyborgs (im französischen Original: cybernanthrope) ist nicht gleichbedeutend mit den Cyborgs aus Science-Fiction Filmen und postmodernen Cyborg-Theorien wie jener von Donna Haraway, wo Cyborgs hybride Wesen sind, mehr Mensch als Maschine. Bei Lefebvre sind Cyborgs eine Ideologie, die Ideologie der Technokratie und die Ideologien, die mit der Existenz von Cyborgs, Computern und Robotern in der Gesellschaft assoziiert werden. Lefebvres Cyborg ist „eine technologische und rationale Haltung. [...] Es ist faszinierend, dies mit Haraways Cyborg zu vergleichen. [...] Lefebvre zeigt auf, was man zu verlieren droht, wenn man sich selbst und damit auch die anderen als Maschinen behandelt"[52] (Shields 1999, 74, 101, 102). „Für Lefebvre war der Cyborg die Inkarnation des Antihumanisten, ein verschmähter Mensch inmitten einer Maschine, ein klimatisierter Beamter, besessen von Informationssystemen, wissenschaftlicher Rationalität, Klassi-

[52] Aus dem Englischen ins Deutsche übersetzt.

fizierung und Kontrolle“[53] (Merrifield 2006, 89). Wenn wir in diesem Kapitel von Cyborgs sprechen, so ist also im Sinn von Lefebvre die Rede von einer Ideologie.

Der Cyborg hat zur Schaffung von Robotern geführt (Lefebvre 1971b, 193). Laut Lefebvre wird der Roboter oft ideologisch als perfekt und perfekt handelnd angesehen. „Der Cyborg beklagt die menschliche Schwäche und seine Schwächen. Er kennt seine Schwachstellen. Das Menschliche, die menschliche Qualität, verleugnet er. Er disqualifiziert den Humanismus, sowohl im Denken als auch im Handeln. Er jagt die Illusionen der Subjektivität: Schöpfung, Glück, Leidenschaft, die so leer sind wie das Vergessen“[54] (1971b, 194). Die Cyborg-Ideologie postuliert die Vollkommenheit von Robotern und Computern und daran, dass diese Maschinen eine bessere Gesellschaft hervorbringen werden. Sie will laut Lefebvre die Spontaneität, Vorstellungskraft, Fantasie und Poesie zerstören (1971b, 194). Laut Lefebvre handelt es sich bei dem Cyborg und der Robotik um präzise Definitionen und Messungen, „quantifizierbare Qualitäten. Was dem Cyborg zusagt, lässt sich funktional und strukturell definieren. Der Cyborg wehrt sich gegen unbekannte, zu reichhaltige, zu überraschende Geschmäcker“[55] (1971b, 198). Der Cyborg erschafft ein Superspektakel, das „totale Spektakel", das „eine Show liefert und eine Show verkauft“[56] (1971b, 201-202). Der Cyborg als die Subjektivität und Verkörperung der Ideologie der Automatisierung durchdringt die Gesellschaft: „Wir wissen nur, dass es überall dort Cyborgs gibt, wo es Modelle, Muster, Stereotypen, Prototypen, Genotypen, Zustände, Rollen, Mimesis, Funktionen, Strukturen gibt, das heißt, überall“[57] (1971b, 204).

Während Haraways Cyborg eine eher neutrales Konzepte ist, das Mensch-Maschine-Hybride beschreibt und sowohl als Herrschaftsform (die Informatik der Herrschaft) als auch als Emanzipationsform agieren kann, hat Lefebvres Cyborg einen ideologischen Charakter. Während der Cyborg bei Haraway posthumanistisch ist, ist der Cyborg bei Lefebvre antihumanistisch. Während Haraway eine Poststrukturalistin ist, ist Lefebvre ein marxistischer Humanist. Während Haraway den Humanismus als inhärent dualistisch und repressiv betrachtet, unterscheidet Lefebvre zwischen dem Wesen des Menschen und der Realität des Liberalen Humanismus als Ideologie. Lefebvre sieht den Radikalen, Marxistischen und Sozialistischen Humanismus als das Projekt, das Mensch und Gesellschaft gegen die totalitäre politische Ökonomie verteidigt.

Der Roboter ist eine Maschine und daher nicht menschlich. Der Cyborg ist ein Roboter, der seinen Befürwortern zufolge menschliche Eigenschaften verkörpert und

---

[53] Aus dem Englischen ins Deutsche übersetzt.

[54] Aus dem Französischen übersetzt: »Le cybernanthrope déplore la faiblesse humaine et ses faiblesses. Il connaît ses imperfections. L'humain, la qualité humaine, il les désavoue. Il disqualifie l'humanisme, en pensée et en action. Les illusions de la subjectivité, il les pourchasse : la création, le bonheur, la passion, aussi vides que l'oubli.«

[55] Aus dem Französischen übersetzt: »des qualités quantifiables. Ce qui convient au cybernanthrope se définit fonctionnellement et structuralement. Le cybernanthrop se défie des saveurs inconnues, trop riches, trop surprenantes.«

[56] Aus dem Französischen übersetzt: »le Spectacle total«, »qui se donne en spectacle et vend du spectacle«.

[57] Aus dem Französischen übersetzt: »Nous savons seulement qu'il y a cybernanthropes partout où il y a modèles, ›patterns‹, stéréotypes, prototypes, génotypes, statuts, rôles, mimésis, fonctions, structures, c'est-à-dire partout.«

dupliziert. Er ist nicht menschlich, sondern reicht über den Menschen hinaus. Er ist transhuman und posthuman. Wir haben bereits Definitionen des Cyborgs gesehen. Aber was ist ein Roboter?

In Anlehnung an die Definition der Internationalen Organisation für Normung (ISO) definiert Saha (2014, 2) einen Roboter als „einen *umprogrammierbaren, multifunktionalen* Manipulator, der dazu dient, Material, Teile, Werkzeuge oder spezielle Geräte durch variable, programmierte Bewegungen zu bewegen, um eine Vielzahl von Aufgaben zu erfüllen“[58]. Winfield (2012, Tabelle 1) argumentiert, dass alle Roboter Aspekte der Wahrnehmung, der Signalgebung, der Bewegung, der Veränderung ihrer Außenwelt, der Energie und eines Körpers aufweisen. Für ihn verfügen Roboter über „1. ein künstliches Gerät, das seine Umgebung *wahrnehmen* und *zielgerichtet* auf oder in dieser Umgebung *agieren* kann; 2. eine *verkörperte* Künstliche Intelligenz; oder 3. eine Maschine, die *selbstständig* nützliche Arbeit verrichten kann“[59] (Winfield 2012, 8).

Roboter sind Computer, die auf Softwareprogrammen, programmiertem Code und Algorithmen basieren und ihre Umgebung wahrnehmen sowie handeln, interagieren und Veränderungen in dieser Umgebung bewirken.

Künstliche Intelligenzsysteme sind Technologien, die die menschliche Intelligenz simulieren. Sie lernen, nehmen die Umgebung durch Sensoren wahr und haben programmierte Problemlösungsstrategien. KI-Systeme sind „Maschinen, die sich so verhalten, als ob sie intelligent wären“ [60] (Ertel 2017, 1). „Künstliche Intelligenz (KI) zielt darauf ab, Computer dazu zu bringen, die Dinge zu tun, die der Verstand tun kann“[61] (Boden 2018, 1). Nicht alle Roboter sind KI-Systeme und nicht alle KI-Systeme sind Roboter. Aber es gibt eine Überschneidung der beiden Technologien: KI-Roboter sind „mechanische Kreaturen, die autonom funktionieren können. ‚Intelligent‘ impliziert, dass der Roboter Dinge nicht auf geistlose, sich wiederholende Weise tut; es ist das Gegenteil der Konnotation aus der Fabrikautomation. [...] ‚Autonom funktionieren‘ bedeutet, dass der Roboter in der Lage ist, unter allen vernünftigen Bedingungen selbstständig zu arbeiten, ohne auf einen menschlichen Bediener zurückgreifen zu müssen. Autonomie bedeutet, dass ein Roboter sich an Veränderungen in seiner Umgebung (das Licht wird ausgeschaltet) oder an sich selbst (ein Teil geht kaputt) anpassen und weiterhin sein Ziel erreichen kann“[62] (Murphy 2000, 3-4).

Es wurde versucht, Roboter zu klassifizieren. Die meisten derartigen sind nicht theoretisch fundiert und definieren kein Unterscheidungskriterium, was sie willkürlich, unvollständig, unsystematisch oder überlappend macht. Saha (2014, 4) unterscheidet zwischen Industrierobotern und Nicht-Industrierobotern bzw. Robotern für spezielle Zwecke. Er identifiziert die folgenden Anwendungsbereiche von Robotern: Medizinroboter, Bergbauroboter, Weltraumroboter, Unterwasserroboter, Verteidigungsroboter, Sicherheitsroboter, Haushaltsroboter und Unterhaltungsroboter (Saha 2014, 8-12). All on Robots (2021) und IntroBooks (2020, Kapitel 4) identifizieren verschiedene Arten von Robotern auf der Grundlage von Anwendungsbereichen: Industrieroboter, Haushaltsroboter, medizinische Roboter, Serviceroboter, Militärroboter, Unterhal-

---

[58] Aus dem Englischen ins Deutsche übersetzt.

[59] Aus dem Englischen ins Deutsche übersetzt.

[60] Aus dem Englischen ins Deutsche übersetzt.

[61] Aus dem Englischen ins Deutsche übersetzt.

[62] Aus dem Englischen ins Deutsche übersetzt.

tungsroboter, Weltraumroboter, Hobby- und Wettbewerbsroboter. Thomas (2019) nennt die folgenden gesellschaftlichen Bereiche, in denen KI und Robotik die größten Auswirkungen haben: Transport, Fertigung, Gesundheitswesen, Bildung, Medien und Kundenservice. Trovato et al. (2019) argumentieren, dass Menschen über Wahrnehmung, Absichten und Emotionen verfügen, Tiere nur über Wahrnehmung und Roboter über keines dieser drei Merkmale. Roboter sind Körper ohne Seele. Die Autoren unterscheiden zwischen anthropomorphen Robotern (Robotern, die dem Menschen nachempfunden sind), zoomorphen Robotern (Robotern, die Tieren nachempfunden sind), idiomorphen Robotern (Robotern, die entsprechend der Funktionen, die sie erfüllen, geformt sind), physimorphen Robotern (Robotern, die etwas Natürlichem nachempfunden sind) und theomorphen Robotern (Robotern, die dem Göttlichen und Übernatürlichen nachempfunden sind). Diese Taxonomie der Roboter leitet sich aus der Einteilung der Welt in Menschen, Tiere, Natur, Objekte und das Göttliche ab.

Eine systematischere Typologie von Robotern kann erstellt werden, indem man sich auf die Bereiche der Gesellschaft konzentriert, in denen sie agieren. Dazu benötigt man ein Modell der Gesellschaft. Die Gesellschaft ist eine raum-zeitlich relativ konsistente Gesamtheit menschlicher Praktiken, die soziale Beziehungen und Strukturen hervorbringen und reproduzieren. Diese Strukturen ermöglichen und beschränken e weitere Praktiken, die in den wirtschaftlichen, politischen und kulturellen Bereichen der Gesellschaft organisiert sind (Fuchs 2008, 2020a). Das ökonomische System der Produktion ist insofern grundlegend, als die Produktion ein wirtschaftlicher Prozess ist (Fuchs 2020a). Es ist das System, in dem Menschen Güter und Dienstleistungen produzieren, um ihre Bedürfnisse zu befriedigen. Aber das Ökonomische wird in anderen Bereichen der Gesellschaft, nämlich dem politischen und dem kulturellen Bereich, bewahrt, umgewandelt und in diese eingebettet. Die Politik ist der Bereich der Gesellschaft, in dem Menschen kollektiv verbindliche Entscheidungen für alle Mitglieder der Gesellschaft treffen und durchsetzen. Die Kultur ist der Bereich der Gesellschaft, in dem die Menschen Bedeutungen und Definitionen der Welt hervorbringen und ihre Körper und ihren Geist reproduzieren.

Roboter können sowohl im wirtschaftlichen, politischen oder kulturellen Bereich der Gesellschaft als auch in mehreren verschiedenen Sektoren und sozialen Systemen gleichzeitig agieren. Um eine Typologie zu erstellen, benötigen wir neben den Bereichen, in denen Roboter eingesetzt werden, eine zweite Dimension der Unterscheidung. Das gewählte Kriterium bezieht sich auf eine der am meisten diskutierten Fragen zu Robotern, nämlich die Frage, ob Roboter den Menschen ersetzen können, werden und sollen.

John Searle (1990) unterscheidet zwischen starker KI und schwacher KI. Starke KI geht davon aus, dass Computer den menschlichen Geist duplizieren können, dass Computer zum Denken gebracht werden können und dass Programme konstitutiv für das Denken sind. „Starke KI behauptet, dass Denken lediglich die Manipulation von formalen Symbolen ist, und genau das tut der Computer, er manipuliert formale Symbole. Ihre Ansicht wird oft mit den Worten zusammengefasst: ‚Der Geist ist für das Gehirn das, was das Programm für die Hardware ist'"[63] (Searle 1990, 26). Im Gegensatz dazu argumentieren Ansätze der schwachen KI, dass Computer das menschliche Denken lediglich simulieren können und nicht mit dem Menschen gleichzusetzen sind:

> „Die bloße Manipulation der Symbole allein reicht nicht aus, um Kognition, Wahrnehmung, Verständnis, Denken und dergleichen zu garantieren. Und da Computer

[63] Aus dem Englischen ins Deutsche übersetzt.

als solche symbolmanipulierende Geräte sind, reicht das bloße Ausführen des Computerprogramms nicht aus, um Kognition zu garantieren. [...] Was die Simulation betrifft, so ist es kein Problem, meinen Computer so zu programmieren, dass er ausdruckt: ‚Ich liebe dich, Suzy'; ‚Ha ha'; oder ‚Ich leide unter den Ängsten der postindustriellen Gesellschaft im Spätkapitalismus'. Der wichtige Punkt ist, dass Simulation nicht dasselbe ist wie Duplikation, und diese Tatsache ist für das Denken über Arithmetik genauso wichtig wie für das Empfinden von Angst" [64] (Searle 1990, 26, 31).

	Ökonomie	**Politik**	**Kultur**
Ersetzung menschlicher Tätigkeiten	*Roboter, die menschliche Arbeitskräfte ersetzen:* z. B. selbstfahrende Autos, Staubsaugerroboter, Rasenmähroboter, selbstfahrende Autos, Werbe- und Marketingroboter, Warenautomaten, Selbstbedienungskassen, Verpackungs- und Lieferroboter, Fabrikroboter, persönliche digitale Assistenten, Landwirtschaftsroboter, Kundendienstroboter, Serviceroboter	*Entscheidungsfindung, Verwaltung und Gewalt durch Roboter:* z. B. Überwachungsdrohnen, Militärdrohnen, Robotersoldaten, Videoüberwachung mit Gesichtserkennung, automatisierte Passkontrollen, Roboterrichter, automatisierte Entscheidungsfindung, virtuelle/KI-Politiker, Roboterpolizei, Roboterbürger, Roboter-Gefängniswärter, politische Bots im Internet	*Robotischer Geist* z. B. Roboter-Sex-partner, Roboter-Psychotherapie [Robotherapie], Schach- und Spielroboter, (physische und emotionale) Pflegeroboter, automatisierter/robotergestützter Journalismus, virtuelle Prominente/Musiker/Influencer/Schauspieler/Künstler, Roboter-Kunst, Roboter-Lehrer, automatisierte Übersetzung, emotionale Roboter, Roboter-Wissenschaftler (z.B. Robonauten), automatisierte Wissenschaft, Fake-News-Bots, Deepfake-Video und -Audio
Ausweitung und Unterstützung menschlicher Tätigkeiten	*Roboter, die menschliche Arbeit unterstützen:* z. B. robotergestützte Chirurgie, robotergestützte Diagnose, Autopilot in Fahrzeugen, Einparkhilfen, medizinische und industrielle Exoskelette/Roboteranzüge, Roboterprothesen zur Unterstützung menschlicher Bewegung	*Roboterunterstützte Entscheidungsfindung, Verwaltung und Gewalt:* Klassifizierung, Bearbeitung und Überprüfung von Dokumenten in der öffentlichen Verwaltung; Unterstützung der Kriminalitätsbekämpfung, Unterstützung bei der Verarbeitung von Genehmigungsanträgen, militärische Exoskelette/ Roboteranzüge	*Roboterunterstützte geistige Aktivitäten:* z. B. Pflegeroboter, KI-gestützter Journalismus, robotergestützter Unterricht, prognostische Analytik, KI-gestützte Analyse

Tabelle 5.1: Eine Typologie der Roboter

[64] Aus dem Englischen ins Deutsche übersetzt.

Wenn wir Searles Unterscheidung verallgemeinern, können wir die starke Robotik als die Behauptung definieren, dass der Mensch den Menschen vollständig duplizieren kann und daher seine Handlungen und Gedanken ersetzen kann. Die schwache Robotik argumentiert, dass Roboter keine Menschen sind und daher menschliche Handlungen nie vollständig ersetzen können und nicht denken und fühlen können. Somit gibt es Grenzen für die menschlichen Tätigkeiten, die Roboter ersetzen können. Komplexe Formen der menschlichen Arbeit, die affektive Arbeit, Empathie und Moral beinhalten, können nicht durch Roboter ersetzt werden. Wenn ein solcher Ersatz versucht wird, besteht ein hohes Risiko, dass er sich negativ auf die Gesellschaft auswirkt.

Tabelle 5.1 zeigt eine Typologie von Robotern, die die drei Bereiche der Gesellschaft als eine Dimension und die Unterscheidung zwischen starker und schwacher Robotik (Substitution vs. Simulation) als die andere verwendet. Außerdem werden einige Beispiele für jede Art von Roboter aufgeführt. In der Typologie werden sechs Arten von Robotern identifiziert.

Nachdem wir uns mit der Frage auseinandergesetzt haben, was Roboter und KI sind, werden wir im nächsten Abschnitt einen Lefebvre'schen Ansatz zur Analyse der Ideologie im Kontext von Robotern und KI präsentieren.

5.3 Roboter, KI und Ideologie im digitalen Kapitalismus

In diesem Abschnitt werden zunächst drei Ansätze zur Untersuchung von Technik und Gesellschaft vorgestellt (3.1). Anschließend wird eine Ideologiekritik an zwei dieser Ansätze, nämlich dem technologischen Determinismus (3.2) und der sozialen Konstruktion von Technologie (3.3), im Kontext von Robotern und KI entwickelt, die auf dem dritten Ansatz, der Dialektik, beruht.

5.3.1 Drei Ansätze zur Analyse von Technologie, Robotern und KI

Für Lefebvre ist die Welt dialektisch. Sie ist voll von Widersprüchen. Der Versuch, die Welt berechenbar zu machen und so zu handeln, als ob sie perfekt berechenbar wäre, wie es Computer und Roboter tun, ist eine Reduzierung der Welt und der Dialektik auf den Dualismus, die Logik der strikten Trennung.

Informatik und Robotik sind undialektisch. Computer verarbeiten die Wirklichkeit in Begriffen von entweder/oder; wenn, dann; Nullen und Einsen. Für Computer gibt es kein Dazwischen und keine transzendente Realität. Lefebvre argumentiert in diesem Zusammenhang:

> „Der Cyborg lässt sich an seiner Art erkennen, das, was er berührt, zu *reduzieren* und zunächst einmal Widersprüche zu *reduzieren.* Dabei legt er die größte Hartnäckigkeit an den Tag. Das ist seine Methode des Denkens und Handelns. Er glaubt absolut nicht an die Fruchtbarkeit von Konflikten. Er lehnt die ‚dritten Begriffe' (das Werk, die Freude, das Drama, die revolutionäre Schöpfung), die aus den Widersprüchen entstehen könnten, beharrlich ab. Er hat wenig, wenn nicht gar kein Vertrauen in die Überwindung. Er lehnt jede andere Möglichkeit als die seiner eigenen Bestätigung und Festigung ab: sein Gleichgewicht"[65] (Lefebvre 1971b, 205).

---

[65] Aus dem Französischen übersetzt: « Le cybernanthrope se décèle à sa manière de *réduire* ce qu'il touche et d'abord de *réduire* les contradictions. Il y met la plus grande ténacité. C'est sa méthode de pensée et d'action. Il ne croît absolument pas en la fécondité des

Lefebvre schreibt, dass in der aktuellen Gesellschaft die syntaktische Dimension der Sprache privilegiert ist, was sich in folgenden Punkten zeigt: „Technizität, Maschinen, Kybernetik, Informationstheorie. Mit der dazugehörigen Ideologie: Technikkult, Operationalismus, effektive (praktische) Reduktion des Menschen auf die technisch am besten bearbeitbare Dimension“[66] (Lefebvre 1966, 282).

Lefebvre argumentiert, dass die Cyborgs sich global und planetarisch aufstellen wollen. Die Cyborgs können durch das Irreduzierbare herausgefordert werden (Lefebvre 1971b, 209). Ironie, Humor, Komik, Satire, Leidenschaft, Unordnung, Begierde gehören zu den geistigen Waffen der Anti-Cyborgs (Lefebvre 1971b, 211-213).

Die für die Cyborgs charakteristische technokratische Ideologie ist für Lefebvre eine Form des Strukturalismus. Er war ein wichtiger Kritiker des Strukturalismus und seiner Vertreter:innen (siehe Lefebvre 1971a). Der Strukturalismus ist eine Ideologie, die strukturelle Linguistik, Informations- und Kommunikationstheorie und Wahrnehmungstheorie miteinander verbindet. Sie „schreitet nicht nach der *poiesis* in Fortsetzung der *physis* voran, sondern nach der *mimesis*“ (Lefebvre 1975, 190). Der Strukturalismus ist ein Reduktionismus, der die „konkrete Komplexität der Praxis, des Menschen und der Welt [ausklammert]. Die Dialektik. Das Tragische. Die Emotion und die Leidenschaft. Mit Sicherheit das Individuelle und vielleicht auch ein bedeutender Teil des Gesellschaftlichen. Endlich die Geschichte“ (Lefebvre 1975, 193). Der Strukturalismus ist dualistisch: er „trennt, teilt, klassifiziert (nach Gattung und Art). Er bestimmt formale Unterschiede, Paradigmen, Konjunktionen und Diskonjunktionen, binäre Oppositionen. Er stellt Fragen, auf die er mit ‚ja‘ oder ‚nein‘ antwortet“ (1975, 194).

Lefebvre argumentiert, dass Leibniz ein Vorläufer der binären Logik war. „Die gewöhnliche arithmetische Rechenweise basiert auf dem Dezimalsystem, das heißt der Progression von zehn zu zehn. Man verwendet dabei zehn Zahl-Zeichen. [...] Doch statt des Dezimalsystems verwende ich seit einigen Jahren das einfachste aller Systeme, das Binarsystem, das heißt die Progression von zwei zu zwei, da ich festgestellt habe, daß es zur Vervollkommnung der Wissenschaft von den Zahlen beitragt. Ich verwende dabei als Zahlzeichen nur 0 und 1; und bei zwei fange ich wieder von vorne an” (Leibniz 1703/1970, 253).

Gottfried Wilhelm Leibniz führte die binäre Arithmetik ein, auf der die Logik des heutigen Computerwesens aufgebaut ist. Binäre Zahlensysteme hatten schon vor Leibniz in China, Ägypten, Indien und anderen Kulturen eine Rolle gespielt. Mitte des 19. Jahrhunderts entwickelte George Boole das binäre Zahlensystem zur Boole‘schen Algebra weiter. Claude E. Shannon zeigte in den späten 1930er Jahren, dass Relais zum Bau von Hardware verwendet werden können, die auf der Grundlage der Boole‘schen Algebra arbeitet. Etwa zur gleichen Zeit entwickelte Alan Turing den Begriff der Turing-Maschine, die die Grundlage für den Computer bildet, und baute einen der

---

conflits. Il refuse obstinément les >troisièmes termes< (l'œuvre, la joie, le drame, la création révolutionnaire) qui pourraient naître des contradictions. Il a peu de confiance, pour ne pas dire aucune, dans le dépassement. Il refuse toute autre possibilité que sa propre confirmation et sa consolidation : son équilibre.«

66 Aus dem Französischen übersetzt: »la technicité, les machines, la cybernétique, la théorie de l'information. Avec l'idéologie qui s'y joint : culte de la technique, opérationalisme, réduction effective (pratique) de l'être humain à la dimension la mieux manipulable techniquement.«

ersten Computer. Bald darauf wurden die ersten Relais- und Vakuumröhrencomputer gebaut, die in den 1940er Jahren von Transistorcomputern aus Halbleitern abgelöst wurden („Computer der zweiten Generation"), die wiederum von integrierten Schaltkreisen („Computer der dritten Generation") und Mikroprozessoren („Computer der vierten Generation") abgelöst wurden.

Die traditionelle Philosophie, die Kybernetik, die Informationstheorie, die Linguistik, der Strukturalismus, etc. haben durch ihren Reduktionismus und die Vernachlässigung der Dialektik eine Erkenntnislücke erzeugt (Lefebvre 1975). Für Lefebvre (1975) besteht die Aufgabe der Metaphilosophie darin, diese Lücke dialektisch aufzuheben, was einen kreativen Akt der Poiesis darstellt. Das bedeutet, dass die Metaphilosophie für Lefebvre das Nicht-Philosophische, die Praxis, die Freiheit, das Begehren, das menschliche Wesen, die Totalität, etc. in die Philosophie mit einbezieht.

Die Computertechnik ist nicht per se problematisch. Richtig konzipiert und richtig eingesetzt, sind Computer mächtige Werkzeuge, die Gesellschaft so zu verändern, dass alle Menschen Vorteile haben. Computer sind Medien und Werkzeuge, keine Ursachen. Das Problem ist der unkritische Umgang mit dem Computer, der die Gesellschaft auf den digitalen Bereich reduziert und den Computer als entscheidenden Faktor für die Entwicklung der Gesellschaft erachtet. Der digitale Determinismus ist eine Form des technologischen Determinismus, der behauptet, dass der Computer die einzige Ursache für bestimmte Phänomene in der Gesellschaft ist. Diese Logik ist eindimensional, weil sie die Technologie als Ursache und bestimmenden Faktor der Gesellschaft betrachtet und außer Acht lässt, wie die Widersprüche der Gesellschaft ihre Entwicklung prägen.

	positive moralische Beurteilung	negative moralische Beurteilung
technologischer Determinismus	technologischer Optimismus	technologischer Pessimismus
Sozialkonstruktivismus	Sozio-Optimismus	Sozio-Pessimismus
dialektische Logik	Dialektik von Gesellschaft und Technologie	

Tabelle 5.2: Ansätze zur Analyse der Beziehung zwischen Technologie und Gesellschaft

Tabelle 5.2 zeigt drei Ansätze der Technologiesoziologie und -philosophie, die das Verhältnis zwischen Technik und Gesellschaft analysieren. Hinsichtlich der Frage, wie man sich die Beziehung zwischen Technologie und Gesellschaft vorstellen kann, gibt es drei grundlegende Ansätze: technologischer Determinismus, Sozialkonstruktivismus und dialektische Logik. Der technologische Determinismus reduziert die Beziehung zwischen Technologie und Gesellschaft auf die Technologie. Der Sozialkonstruktivismus reduziert die Beziehung zwischen Technologie und Gesellschaft auf die Gesellschaft. Der erste Ansatz lässt die Dynamik der Gesellschaft außer Acht, der zweite berücksichtigt nicht, dass die Nutzung und die Auswirkungen der Technologie nicht vollständig geplant und vorhergesehen werden können und dass die Nutzung der Technologie in der Gesellschaft oft unbeabsichtigte Folgen hat.

Dialektische Ansätze nehmen Lefebvres Hinweis ernst, dass es Widersprüche in der Gesellschaft und Widersprüche der Technologie in der Gesellschaft gibt. Technologien haben vielfältige Potenziale und Affordanzen. Was sich auf ihre Nutzung auswirkt, ist nicht von vornherein vollständig festgelegt, sondern hängt von Gestaltung der Technologien und dem gesellschaftlichen, politischen, wirtschaftlichen und kulturellen Kontext der Nutzung ab. Die Nutzung von Technologien hat oft nicht nur eine einzige Wirkung, sondern mehrere widersprüchliche Potenziale und Realitäten. Die Beziehung zwischen Technologien und Gesellschaft ist ein Bereich der Widersprüche und in antagonistischen Gesellschaften ein Schauplatz von Klassenkämpfen und gesellschaftlichen Konflikten.

Ein wichtiger Aspekt der Tabelle 5.2 hat mit Moral und Ethik zu tun, nämlich die Frage, wie man bestimmte techno-soziale Phänomene bewertet. Überwiegend positive Einschätzungen der Technik, ihrer Anwendungen und Auswirkungen auf die Gesellschaft werden als „technologischer Optimismus“ bezeichnet, negative als „technologischer Pessimismus“. Die dialektische Ethik betont, dass Technologien vielfältige, oft widersprüchliche Potenziale haben und dass es entscheidend darauf ankommt, dass die Menschen kollektiv um eine fortschrittliche Nutzung der Technik ringen, die Gleichheit, Freiheit, Gerechtigkeit und Solidarität unterstützt (Fuchs 2021b).

Abbildung 5.1: Visualisierung der drei Logiken in der Untersuchung von Technologie und Gesellschaft

Abbildung 5.1 veranschaulicht die Logik des technologischen Determinismus, des Sozialkonstruktivismus und der Dialektik.

5.3.2 Roboter in Wirtschaft und Gesellschaft: Eine Kritik des technologischen Determinismus

5.3.2.1 Technologischer Determinismus im Posthumanismus und Transhumanismus

Werfen wir einen Blick auf die Logik, wie die Beziehung zwischen Technologie und Gesellschaft zu verstehen ist, und wie diese Logik die Diskussion über die Rolle von Robotern in Gesellschaft und Wirtschaft geprägt hat.

Donna Haraway, die Autorin von *Ein Manifest für Cyborgs*, ist eine technologische Optimistin. Ihre Arbeiten über Cyborgs sind optimistisch, was die Auswirkungen der Schaffung von Cyborgs auf die Gesellschaft angeht. Auf den Punkt gebracht sagt sie, dass eine Cyborg-Gesellschaft das Patriarchat, den Rassismus und den Kapitalismus abschaffen wird. Ihr Optimismus wird in Formulierungen wie den folgenden deutlich: „Cyborgs sind unsere Ontologie. Sie definieren unsere Politik" (Haraway 1995, 34); „Cyborg-Politik [besteht] auf dem Rauschen und auf der Verschmutzung und bejubelt die illegitime Verschmelzung von Mensch und Maschine" (Haraway 1995, 65). „Cyborgs sind Geschöpfe in einer Post-Gender-Welt" (Haraway 1995, 35). Der Begriff der „Cyborg-Politik" ist ein technikdeterministisches Konstrukt. Er impliziert, dass es eine Politik gibt, die den Maschinen innewohnt. Der Posthumanismus verlagert die Politik aus dem Bereich der sozialen Beziehungen und gesellschaftlichen Verhältnisse zwischen Menschen in die Welt der Maschinen.

Ein Beispiel für techno-deterministischen Techno-Optimismus findet sich in den Werken von Technik-Futuristen wie Hans Moravec und Ray Kurzweil. Sie argumentieren, dass Robotik, Nanotechnologie und Biotechnologie die Menschen unsterblich machen werden, indem sie sich in Cyborgs verwandeln. Moravec behauptet, dass wir „unseren Geist auch direkt in einen Körper der Simulation ‚überspielen' [könnten]. [...] Es bestände auch die Möglichkeit, Menschen durch Umkehr des Prozesses aus der Simulation herauszuholen – indem man ihren Geist mit einem Roboterkörper in der Echtwelt verbinden oder ihn direkt in diesen Körper überspielen würde" (Moravec 1990, 172). Er vertritt die Ansicht, dass es Roboterchirurgen geben wird, die Menschen töten, um sie in unsterbliche Roboter zu verwandeln:

> „Der Roboterchirurg öffnet ihre Schädeldecke und legt die Hand auf die Oberfläche des Gehirns. [...] Schicht um Schicht wird das Gehirn zunächst simuliert und dann abgetragen. Schließlich ist Ihr Schädel leer, und die Hand des Chirurgen befindet sich tief in Ihrem Hirnstamm. Dennoch haben Sie weder das Bewußtsein noch den Faden Ihrer Gedanken verloren. Ihr Geist ist einfach aus dem Gehirn in eine Maschine übertragen worden. In einem letzten unheimlich anmutenden Schritt nimmt der Chirurg seine Hand aus Ihrem Schädel. Ihr plötzlich sich selbst überlassener Körper verfällt in Krämpfe und stirbt" (Moravec 1990, 152, 154).

Kurzweil nennt die Verschmelzung von Robotern und Menschen die Singularität. „In der Singularität wird zwischen Mensch und Technik keine Trennung mehr bestehen – *nicht weil Menschen zu Maschinen werden, sondern weil Maschinen wie Menschen (und noch viel mehr) werden*" (Kurzweil 2014, 41). Er ist optimistisch, dass der von Moravec erwähnte Gehirn-Scan bis Ende der 2020er Jahre zur Verfügung stehen wird:

> „Die nötige Auflösung erreichen erst Gehirnaufnahmen von innen durch Nanobots. Die entsprechende Technik wird Ende der 2020er verfügbar sein, weshalb wir vernünftigerweise in den frühen 2030ern mit für Uploads ausreichender Rechenleistung, Speicherkapazität und Scan-Technik rechnen dürfen. Wie jede andere Technik wird auch Gehirn-Uploading bis zur Ausreifung eine Reihe von Verbesserungsschritten durchlaufen müssen, weshalb wir konservativ annehmen, dass Ende der 2030er erfolgreiche Uploads möglich sind" (Kurzweil 2014, 200-201).

Transhumanisten wie Moravec und Kurzweil sind klassische technologische Deterministen. Sie sind fasziniert vom Aufkommen neuer Technologien, insbesondere von Robotern, Nanotechnologien, Künstlicher Intelligenz und Gentechnik. Ihre Faszination mündet in der Fetischisierung dieser Technologien. Ihre Ansätze sind losgelöst von Fragen der politischen Ökonomie und der Macht. In einer kapitalistischen Gesellschaft sind Macht, Eigentum und Einfluss asymmetrisch verteilt. Es gibt dominante Klassen und Gruppen, die in einem Cyborg-Kapitalismus in der Lage wären, die Bedingungen zu gestalten, unter denen Hirn-Scans und Cyborg-Kreation stattfinden. In einer kapitalistischen Gesellschaft kann es leicht passieren, dass die herrschenden Klassen und Gruppen versuchen und dafür kämpfen werden, die Unsterblichkeit für sich selbst zu reservieren und die Mitglieder der Arbeiterklasse sterblich zu halten, um deren Macht zu begrenzen. Außerdem werden sie wahrscheinlich versuchen, die Gehirninhalte der Cyborgs ideologisch zu manipulieren, um sie gefügig zu machen und das Entstehen von Alternativen zur Klassengesellschaft zu verhindern. Die Tötung von Menschen bei der Umwandlung in Roboter ist moralisch höchst bedenklich. Sie verstößt gegen den Hippokratischen Eid. Ist eine solche moralische Schwelle überschritten, besteht unter kapitalistischen Bedingungen, die immer auch faschistische Potenziale aufweisen, die Gefahr, dass bestimmte Menschen aufgrund ihrer Weltanschauung, ihrer Klasse, ihrer Ethnie, ihrer Herkunft, ihres Geschlechts, ihrer Hautfarbe, etc. getötet und nicht in Cyborgs verwandelt werden.

Es gibt auch techno-pessimistische, techno-deterministische Einschätzungen von Robotern in der Gesellschaft, die davon ausgehen, dass die Robotik unweigerlich zum Faschismus führen muss. Zum Beispiel:

> „Transhumanismus: Wir glauben, dass durch den Einsatz der neuen Technologien das Konzept der Menschenwürde seinen Wert verliert, da die Überlegenheit der verbesserten Menschen dem Grundsatz der Gleichheit widerspricht. Aus unserer Sicht beinhaltet das transhumanistische Projekt neben den oben genannten Aspekten noch weitere Aspekte, die mit dem Wunsch nach Herrschaft zu tun haben: Einerseits haben wir es mit einer neuen Form der Sklaverei im Kontext einer technologisierten Gesellschaft zu tun und andererseits mit einer neuen Form des Totalitarismus, ohne dass Elemente des Sprachdiskurses, der politischen Parteien usw. einbezogen werden. Es geht um den Versuch, die Menschheit mit Hilfe der neuen Technologien zu beherrschen oder die Zukunft durch das globale Quantengehirn zu dominieren. [...] Wir glauben, dass das transhumanistische Projekt der gegenwärtigen menschlichen Spezies großen Schaden zufügen könnte, indem es die Bedeutung der Menschenrechte und der wahren Werte der heutigen Gesellschaft minimiert: Gerechtigkeit, Freiheit, Gleichheit [...] Wir halten es für wichtig, die negativen Aspekte des Transhumanismus zu analysieren, da sie einerseits die Leugnung aller menschlichen Werte – Gerechtigkeit, Freiheit, Gleichheit – und andererseits die Ersetzung der menschlichen Spezies und damit der Göttlichkeit beinhalten. Unserer Meinung nach können wir nicht sicher sein, dass Roboter den Unterschied zwischen Gut und Böse beurteilen können und erst recht nicht über ein globales Quantengehirn verfügen. Im Gegenteil, sie könnten uns zu einer neuen totalitären Ära, einer sanften Form des Totalitarismus, zurückbringen“[67] (Terec-Vlad & Terec-Vlad 2014, 72-74).

Sicherlich ist es wichtig, vor dem faschistischen Potenzial des Transhumanismus und Posthumanismus zu warnen, das mit der nihilistischen Ablehnung und Opposition dieser Ansätze zum Humanismus zusammenhängt. Aber Robotik, Nanotechnologien und Biotechnologien sind nicht zwangsläufig und automatisch kapitalistisch, kolonialistisch, imperialistisch, totalitär, rassistisch, faschistisch, sexistisch, etc. Es gibt politisch-ökonomische und kulturell-ideologische Kontexte der Technologieentwick-

[67] Aus dem Englischen ins Deutsche übersetzt.

lung, -gestaltung und -nutzung. Und viele Technologien haben eine unberechenbare Dynamik.

Robotik und andere Technologien werden unter kapitalistischen Bedingungen mit größerer Wahrscheinlichkeit für faschistische und andere problematische Zwecke eingesetzt als unter demokratisch-sozialistischen Bedingungen. Aber Kämpfe für eine humane und demokratische Nutzung von Technologien sind auch im und gegen den Kapitalismus möglich. Auch in einer demokratisch-sozialistischen Gesellschaft sind Technologien nicht perfekt, so dass immer die Gefahr besteht, dass sie unbeabsichtigte negative Folgen haben oder dass Werte, die für Klassen- und Herrschaftsgesellschaften charakteristisch sind, in diese Technologien hineingelegt werden oder bestimmte Formen der Nutzung prägen. Die Kernaussage eines dialektischen Verständnisses von Robotern und Technologien im Allgemeinen ist, dass die Praxis und die sozialen Kämpfe der entscheidende Aspekt der Auswirkungen von Technologien auf die Gesellschaft und deren Rolle in der Gesellschaft sind.

Ein Problem der transhumanistischen und posthumanistischen Analysen von Robotern ist, dass sie dazu neigen, eine dualistische Antwort auf das Leib-Seele-Problem zu geben. Wie viele Religionen gehen sie davon aus, dass die menschliche Seele vom menschlichen Geist losgelöst werden kann. Während viele Religionen argumentieren, dass die Seele nach dem Tod eines Menschen weiterleben oder transmigrieren kann, gehen Posthumanist:innen und Transhumanist:innen in vergleichbarer Weise davon aus, dass die Seele und der Geist vom menschlichen Körper losgelöst werden und in einen Computer übertragen werden können. Sie argumentieren, dass das Gehirn eine Maschine ist, die wie ein Computerprogramm behandelt und analysiert werden kann. Sie gehen davon aus, dass der Geist auf Bits reduziert werden kann und dass es dadurch möglich ist, seinen Inhalt vom menschlichen Körper zu lösen. Sie glauben, dass die technologische Reduktion eine dualistische Trennung von Körper und Geist ermöglicht.

Dialektische Ansätze gehen im Gegensatz zum Transhumanismus und Posthumanismus davon aus, dass es eine Dialektik von Körper und Geist gibt, die nicht zu entkoppeln ist, und dass daher die Seelen- und Geisteswanderung nicht möglich ist. Es ist eine Form des philosophischen Idealismus, anzunehmen, dass Cyborgs, die den Menschen ersetzen, geschaffen werden können.

Man sollte jedoch die Möglichkeit und die potenziell positiven Auswirkungen des Einsatzes von Robotern, Nanotechnologien und Biotechnologien zur Verbesserung der Lebensqualität und des Lebensstandards der Menschen nicht per se ausschließen. Es ist praktischer Sozialismus, das Leben und die Lebensbedingungen aller Menschen zu verbessern. Robotische Gliedmaßen können die Lebensqualität von Menschen verbessern, denen ein oder mehrere Gliedmaßen fehlen. Nanoroboter, die Krankheiten im menschlichen Körper erkennen und den Körper wiederbeleben, um die Lebenszeit der Menschen zu verlängern, sollten willkommen sein. Es geht darum, dass Menschen nicht durch Maschinen ersetzt werden können und sollen, sondern dass Maschinen so konzipiert und eingesetzt werden, dass sie das Leben aller Menschen verbessern. Eine sozialistische Technologiepolitik sollte zum Beispiel die Verfügbarkeit lebensverbessernder Technologien nicht nur für einige wenige Privilegierte, sondern für alle Menschen sicherstellen, wozu man über die öffentliche Finanzierung des Gesundheitssystems, die Schäden durch dessen Privatisierung und Kommerzialisierung, etc. nachdenken muss.

5.3.2.2 Das verdrahtete Gehirn als posthumanistische und transhumanistische Ideologie

Slavoj Žižek argumentiert, dass die zeitgenössischen Visionen des Internets der Dinge, der Cyborgs, der Gentechnik, der Künstlichen Intelligenz und des verdrahteten Gehirns sowie der digitalen Automatisierung „einen Versuch darstellen, den Übergang zur Posthumanität in den Kapitalismus zu integrieren“[68] (Žižek 2021, 41; siehe auch Žižek 2020; Žižek 2018a, Kapitel 1; Žižek 2018b, Kapitel 1; Žižek 2017, Kapitel 4). Im Posthumanismus und Transhumanismus „wandelt sich die Emanzipation des Menschen [...] in die Emanzipation vom Menschen selbst“ (Žižek 2018a, 39). Žižek schreibt, dass die Gefahr darin besteht, dass in der Zukunft „einige noch Freiheit haben werden, während andere vollständig von digitaler Maschinerie reguliert werden“[69] (Žižek 2017, 134), so dass einige zu neuen digitalen Supermenschen werden, die die Kontrolle über die Macht ausüben, und die anderen eine untere Klasse oder Kaste von unfreien Menschen bilden werden. Posthumanistische Entwicklungen untergraben den „eigentliche[n] Kern dessen, was es heißt, Mensch zu sein“ (Žižek 2018a, 39).

Für Žižek (2020) ist ein verdrahtetes Gehirn ein System, das menschliche Gehirne mit digitalen Maschinen verbindet, sodass Menschen den Status digitaler Maschinen mit ihren Gedanken verändern können und ihre Gehirne über digitale Maschinen gelesen, manipuliert, kontrolliert und verbunden werden können. Ein solches System erfordert die Implantation von Neurotechnologien in menschliche Gehirne, um eine neurologische Verbindung und Schnittstelle zwischen Gehirnen und Maschinen herzustellen. Der CEO von Tesla, Elon Musk, der 2021 mit einem Vermögen von 185,0 Mrd. US-Dollar der zweitreichste Mensch der Welt war und im Jahr 2022 Twitter kaufte[70], ist auch CEO von Neuralink, einem Unternehmen, das versucht, solche Hirnschnittstellen zu entwickeln.

Musk und ähnliche Ideolog:innen sehen nur die positiven Aspekte des verdrahteten Gehirns. Er behauptet, dass wir mit einem verdrahteten Gehirn „viel mehr Zeit damit verbringen könnten, über interessante Dinge nachzudenken“ und „tiefere Konzepte“[71] entwickeln könnten (Musk 2021).

> „Wenn zwei Menschen einen Neuralink hätten, könnte man eine konzeptuelle Telepathie realisieren, bei der man eine komplexe Reihe von Konzepten hat und sie einfach direkt und unkomprimiert an die andere Person übertragen kann. Das würde die Qualität der Kommunikation und ihre Geschwindigkeit massiv verbessern. [...] Wenn man sterben würde, könnte man seinen Verstand in Form eines anderen menschlichen Körpers oder eines Roboterkörpers zurückgeben. [...] Ich denke, man könnte sich entscheiden, ob man ein Roboter oder ein Mensch oder was auch immer sein möchte“[72] (Musk 2021).

Das verdrahtete Gehirn ist eine der zeitgenössischen Ideologien des digitalen Kapitalismus. Es verspricht eine strahlende digitale Zukunft für alle und lenkt von den

---

[68] Aus dem Englischen ins Deutsche übersetzt.

[69] Aus dem Englischen ins Deutsche übersetzt.

[70] Datenquelle: The World's Real-Time Billionaires. https://www.forbes.com/real-time-billionaires/#5b6e789e3d78, abgerufen am 24. August 2021.

[71] Aus dem Englischen ins Deutsche übersetzt.

[72] Aus dem Englischen ins Deutsche übersetzt.

tatsächlichen Formen der Ausbeutung, Gewalt und Herrschaft ab, die in der kapitalistischen Gesellschaft existieren.

Musk behauptet, dass das verdrahtete Gehirn den Menschen individuell und die Gesellschaft wesentlich klüger macht, die Qualität der Kommunikation verbessert und den Menschen unsterblich macht. Er abstrahiert völlig von der Klassengesellschaft und der politischen Ökonomie des Kapitalismus, die er nicht in Frage stellt und nicht als den eigentlichen Kontext des verdrahteten Gehirns ansieht. Im Kapitalismus wären Technologien für verdrahtete Gehirne höchstwahrscheinlich in privatem Besitz und eine Form von Kapital. Kapitalistische Unternehmen und autoritäre Parteien und Politiker:innen würden darauf abzielen, menschliche Gehirne zu lesen, zu kontrollieren und zu manipulieren. Das Ergebnis könnte ohne weiteres eine Diktatur sein, in der neuronale Verbindungen als Werkzeuge der Gedankenkontrolle eingesetzt werden. So könnten gefügige Arbeitende hervorgebracht werden, die sich der Ausbeutung nicht widersetzen, gefügige Verbrauchende, die konsumieren, ohne selbst zu denken, gefügige Bürger:innen, die keine Opposition bilden und nicht kritisch denken, gefügige Soldat:innen, die Tötungsmaschinen sind, gefügige Gebärmaschinen etc. oder eine faschistische Gesellschaft, in der jedes sich widersetzende Subjekt automatisch entdeckt und getötet würde.

Neuralink behauptet, dass das Ziel des *Brain Engineering* und der direkten Verbindung zwischen Gehirn und Computer darin besteht, „Menschen mit Lähmungen zu helfen, ihre Unabhängigkeit durch die Steuerung von Computern und mobilen Geräten wiederzuerlangen", „eine breite Palette von neurologischen Störungen zu behandeln"[73], und „neue Technologien zu erfinden, die unsere Fähigkeiten, unsere Gemeinschaft und unsere Welt erweitern"[74]. Neuralink konzentriert sich auf einen Anwendungsbereich, nämlich neurologische Erkrankungen, ignoriert aber völlig die möglichen kapitalistischen und politischen Anwendungsmöglichkeiten der von dem Unternehmen entwickelten Technologien sowie die negativen Auswirkungen, die sie auf den Einzelnen und die Gesellschaft haben können.

Žižek (2020, Kapitel 1) argumentiert, dass Technologien, die das Gehirn verdrahten, leicht zu einem digitalen Polizeistaat führen könnten. Er stellt sich „eine radikale Trennung" vor, „die noch viel stärker ist als die Klassenteilung", eine „Aufspaltung in Kasten" (Žižek 2020, 21). „Wird sie eine spezielle optimierte biologische Kaste mit übermenschlichen Fähigkeiten sein (was bedeutet, dass ihre Mitglieder ebenfalls kontrolliert und genetisch manipuliert werden), während sie andere kontrolliert und manipuliert? Wahrscheinlich wird es beides sein" (Žižek 2020, 21). Das verdrahtete Gehirn ist „das ideale Medium zur politischen Kontrolle des Innenlebens von Individuen" (35) und die „maschinelle Steuerung der Gedanken selbst" (36), das die Menschen zu „Gorillas in einem Zoo" (36) machen wird. Žižek argumentiert, dass verdrahtete Gehirne leicht zu einer digitalen Apokalypse führen könnten (125-186), die die Posthumanität als das katastrophale „Ende unserer Welt" (88) herbeiführt, die menschliche Autonomie zerstört, indem sie ein posthumanes „automatisches Subjekt" schafft, das die menschlichen Subjekte radikal entfremdet (114), und das menschliche Unbewusste und damit auch Moral, Ethik, „Gefühle, Leidenschaften, Ängste, Träume, Hoffnungen

---

[73] Quelle: https://neuralink.com/applications/, abgerufen am 24. August 2021. Aus dem Englischen ins Deutsche übersetzt.

[74] Quelle: https://neuralink.com/about/, abgerufen am 24. August 2021. Aus dem Englischen ins Deutsche übersetzt.

und so weiter“ (126) zerstört. „Die Singularität steht also für die völlige Entfremdung des Subjekts in der Substanz, wobei die Substanz ihren mysteriösen transzendenten Charakter verliert und zu einem Feld der Transparenz wird, einem Gott, der definitiv nicht verborgen ist“ (120).

Žižek (2020) argumentiert, dass die Singularität, die durch verdrahtete Gehirne ermöglicht wird, das „Ende der Geschichte“ (122) herbeiführen wird, das in Hegels Verständnis so verstanden wird, dass die Menschen ihre Vorstellungen von Geschichte in jeder historischen Epoche ändern (171). Der Klassenkampf fehlt jedoch in Hegels Verständnis von Geschichte. Im Gegensatz dazu begreift Marx, indem er Hegels Denken aufhebt, die Geschichte als „die Geschichte von Klassenkämpfen“ (Marx und Engels 1848, 462). Die Singularität, die Elon Musk, Ray Kurzweil und andere Ideolog:innen herbeisehnen, könnte das Ende der Geschichte als das Ende des Klassenkampfes bedeuten. Die herrschende Klasse wäre in der Lage, das Bewusstsein der Arbeiterklasse und damit auch deren Körper zu kontrollieren. Die Klassenkämpfe könnten so eingedämmt, minimiert und beendet werden. Wenn der Klassenkampf stirbt, so Marx, stirbt auch die Geschichte.

Wir müssen bedenken, dass die Visionen von Denkern wie Musk und Kurzweil ideologischer Natur sind. Das bedeutet nicht, dass das verdrahtete Gehirn ein reines Phantasiegebilde ist und dass wir uns deshalb keine Sorgen machen müssen. Gedankenkontrolle könnte tatsächlich möglich werden, wenn Chips in unsere Gehirne implantiert werden. Es geht darum, die Interessen zu dekonstruieren und zu kritisieren, denen die transhumanistische Ideologie dient. Wir müssen darauf beharren, dass Menschen keine Maschinen sind und nicht wie Maschinen und Dinge behandelt werden sollten. Wir müssen uns daran erinnern und unsere Praxis auf der Grundlage der Einsicht organisieren, dass Computer und digitale Netzwerke „eine riesige, dumme Maschine“ bilden, „die blind operiert“ (Žižek 2020, 115). „Die erste Aufgabe der Ideologiekritik besteht hier daher darin, die Singularität zu desublimieren und die Distanz zwischen den beiden Dimensionen wieder einzuführen, den digitalen Anderen auf die Dummheit einer digitalen Maschine zu reduzieren und ihm die Aura des heimlichen Herren zu nehmen“ (Žižek 2020, 115). In Klassengesellschaften agieren digitale Maschinen nicht von selbst, sondern sind menschliche Schöpfungen, die den Interessen von Kapital und herrschenden Gruppen dienen. Kapital und Herrschaft sind soziale und gesellschaftliche Verhältnisse, das heißt, sie werden von Menschen gemacht und können von ihnen wieder rückgängig gemacht werden. Der Mensch kann sich dem digitalen Kapitalismus mit seinen Ideologien und Ausbeutungsformen widersetzen und in und durch Klassen- und Gesellschaftskämpfe dominieren.

5.3.3 Roboter in Wirtschaft und Gesellschaft: Eine Kritik des Sozialkonstruktivismus

Einige Beobachter:innen und Analyst:innen wenden sich gegen den technologischen Determinismus und plädieren für eine Perspektive der sozialen Konstruktion von Technik. In der optimistischen Version der sozialen Konstruktion werden Roboter und Automatisierung vor allem durch die Betonung ihres Potenzials für die Schaffung einer Post-Knappheits-Wirtschaft bewertet. So plädieren die Befürworter:innen für eine Beschleunigung des technologischen Fortschritts in Verbindung mit radikalen sozialistischen Reformen, um das zu erreichen, was sie als Postkapitalismus oder vollautomatisierten Luxuskommunismus bezeichnen (z. B. Bastani 2019, Mason 2015, Srnicek und Williams 2015).

Aaron Bastani (2019) vertritt die Auffassung, dass die Informationstechnologie eine technologische Revolution darstellt, die er als *Dritte Disruption* bezeichnet. Sie würde eine vollständig automatisierte kommunistische Gesellschaft materiell ermöglichen, die notwendige Arbeit abschafft, ein „Reich des Überflusses" (54) ist und „Luxus für alle" (192) bietet. Bastani ist sehr optimistisch in Bezug auf neue Technologien, einschließlich der Robotik, aber anders als die technologischen Determinist:innen leitet er keine gesellschaftlichen Konsequenzen aus den Technologien ab. Vielmehr argumentiert er, dass ein Klassenkampf notwendig ist, um eine kommunistische Gesellschaft zu etablieren, deren Potenziale seiner Meinung nach technologisch geschaffen wurden. „Fully Automated Luxury Communism (FALC) ist eine Politik und keine unvermeidliche Zukunft" (Bastani 2019, 12). Die Dritte Disruption „wird eine relative Befreiung von Knappheit in wichtigen Bereichen bieten – Energie, kognitive Arbeit und Information – und nicht nur die mechanische Kraft der industriellen Revolution" (Bastani 2019, 11). „FALC ist nur aufgrund der Entwicklungen der Dritten Disruption heute möglich"[75] (Bastani 2019, 194).

Nick Srnicek und Alex Williams plädieren für eine Beschleunigung der technologischen Entwicklung und kämpfen für eine vollautomatisierte Wirtschaft in einer sozialistischen Gesellschaft:

> „Unsere erste Forderung ist die nach einer vollautomatischen Wirtschaft. Unter Verwendung der neuesten technologischen Entwicklungen würde eine solche Wirtschaft darauf abzielen, die Menschheit von der Beschwerlichkeit der Arbeit zu befreien und gleichzeitig immer größere Mengen an Wohlstand zu produzieren. [...] Mit der Automatisierung hingegen können Maschinen zunehmend alle notwendigen Güter und Dienstleistungen produzieren, während sie gleichzeitig die Menschheit von der Anstrengung befreien, diese zu produzieren. Aus diesem Grund vertreten wir die Auffassung, dass die Tendenzen zur Automatisierung und zur Ersetzung menschlicher Arbeit mit Begeisterung beschleunigt und als politisches Projekt der Linken ins Visier genommen werden sollten. [...] Die Linke sollte Träume von der Dekarbonisierung der Wirtschaft, der Raumfahrt, der Roboterökonomie – all die traditionellen Anspielungen aus der Science-Fiction – mobilisieren, um sich auf einen Tag jenseits des Kapitalismus vorzubereiten. Der Neoliberalismus, so sicher er heute auch erscheinen mag, bietet keine Garantie für die Zukunft"[76] (Srnicek und Williams 2015).

Es gibt auch pessimistischere Versionen der sozialen Konstruktion von Technologie. In Bezug auf Roboter argumentieren die Vertreter:innen dieses Ansatzes, dass die Automatisierung durch Roboter die Massenarbeitslosigkeit vorantreibt. David F. Noble (1995, 44) schreibt zum Beispiel, dass

> „neue technische Systeme nicht nur in Aussicht stellen, Menschen zu Robotern zu machen, sondern Menschen durch Roboter zu ersetzen und die menschliche Arbeitskraft gänzlich überflüssig zu machen – alles im Namen des wirtschaftlichen und technischen Fortschritts. Kein Wunder also, dass dieser zweite Übergang ebenso wie der erste von sozialer Instabilität und wirtschaftlicher Krise geprägt ist"[77].

In seinem Buch *Das Ende der Arbeit* argumentiert Jeremy Rifkin, dass die Automatisierung durch Roboter die Arbeit vernichtet und damit Massenarbeitslosigkeit schafft:

[75] Alle direkten Zitate in diesem Absatz wurden vom Englischen ins Deutsche übersetzt.

[76] Aus dem Englischen ins Deutsche übersetzt.

[77] Aus dem Englischen ins Deutsche übersetzt.

> „Wissenschaftler, Ingenieure und Unternehmer sehen uns am Beginn einer neuen Epoche der Weltgeschichte stehen, in der der Mensch endlich von mühseliger und stumpfsinniger Arbeit befreit sein wird. Skeptischere Leute malen dagegen das düstere Bild einer Zukunft, die geprägt ist von Massenarbeitslosigkeit, weltweiter Armut und sozialen Spannungen. [...] Angesichts der neuen Informations- und Telekommunikationstechnologien, der Automation und der Robotisierung, die in allen Wirtschafszweigen Arbeitsplätze vernichtet, dürfte es allerdings ziemlich unmöglich sein, Arbeit für Hunderte von Millionen Menschen zu finden. [...] Die neuen Technologien katapultieren uns in ein Zeitalter der Fabriken ohne Menschen, und dies zu einem Zeitpunkt, da die Weltbevölkerung ebenfalls so groß ist wie nie zuvor" (Rifkin 1995, 23-24, 155).

Die optimistischen und pessimistischen Einschätzungen der Techniksoziolog:innen zur Automatisierung durch Roboter sind weder richtig noch falsch. Neue Technologien, einschließlich Robotertechnologien, haben das Potenzial, für Menschen gefährliche, langweilige und monotone Arbeiten sowie schmutzige Arbeiten wie die Reinigung öffentlicher Toiletten, die Müllabfuhr und die Inspektion und Reinigung von Abwasserkanälen und -anlagen zu automatisieren. Eine sozialistische Gesellschaft braucht digitale Maschinen wie Toilettenreinigungsroboter, Müllsammel- und Recyclingroboter, Staubsaugerroboter, Rasenmähroboter, Bauroboter, Landwirtschaftsroboter usw., um gefährliche, anstrengende, monotone, alltägliche, langweilige und unangenehme notwendige Arbeiten so weit wie möglich zu automatisieren.

Aber „Vollautomatisierung" ist entgegen den Behauptungen der Akzelerationist:innen weder möglich noch wünschenswert. Maschinen sind unvollkommen und müssen daher gewartet, repariert und überwacht werden. Selbstreparierende Maschinen können versagen. Emotionale Arbeit wie Pflegearbeit oder Psychotherapie kann von Robotern nicht richtig ausgeführt werden, weil ihnen Empathie und die Fähigkeit zu lieben fehlen. Robotische Psychotherapeuten und Pfleger sind unmenschlich und würden die Menschen noch kränker und unglücklicher machen, anstatt sie zu unterstützen. In der Medizin können Roboter sinnvoll eingesetzt werden, zum Beispiel in der robotergestützten Chirurgie, wo der Roboter den menschlichen Chirurgen / die menschliche Chirurgin unterstützt, aber nicht ersetzt. In der Pflege können und sollten Roboter Aufgaben wie das Verschieben von Krankenhausbetten, das Wechseln von Laken, die Reinigung von Instrumenten, das Waschen der Wäsche usw. automatisieren. Die emotionale Pflege durch Roboter funktioniert jedoch nicht und ist unmenschlich, weil Maschinen keine Gefühle, Ethik und Emotionen haben. Roboter-Psychotherapeuten, -Ärzte, -Krankenschwestern, -Hebammen etc. sind nicht Ausdruck einer sozialistischen Pflege, sondern einer inhumanen, entfremdeten Pflege. Die sozialistische Gestaltung und Nutzung von Automatisierungstechnologien kann viel menschliche Arbeit reduzieren, aber Menschen werden immer kreative Arbeit und Pflegearbeit leisten wollen. Diese Arbeit sollte nicht automatisiert und von Maschinen übernommen werden.

Das Problem der Annahme, dass die Roboterautomatisierung als solche problematisch ist und zu Massenarbeitslosigkeit führen muss, ist, dass die befreienden und emanzipatorischen Potenziale der Computertechnologien übersehen werden. Während die Akzelerationist:innen zu optimistisch sind, ist die Hypothese vom Ende der Arbeit zu pessimistisch. Inspiriert von Lefebvres Betonung der Dialektik und der Widersprüche kann man beide Extreme vermeiden und *aufheben*, indem man darlegt, dass robotergestützte Automatisierungstechnologien widersprüchliche Potenziale haben. Diese Technologien haben *sowohl* das *Potenzial*, die notwendige Arbeitszeit zu reduzieren und eine Post-Knappheitsgesellschaft mit Wohlstand für alle zu schaffen, *als auch das Potenzial*, Arbeitslosigkeit, Prekarität, Armut und Elend zu erhöhen.

Wie schon Karl Marx wusste, ist der gesellschaftliche Kontext der Automatisierung entscheidend. Neue Technologien sind eingebettet in den kapitalistischen Antagonismus zwischen kapitalistischen Produktionsverhältnissen und der Vergesellschaftung der Produktivkräfte. Die kapitalistische Entwicklung hat die menschliche Produktivität kontinuierlich gesteigert. Unter kapitalistischen Bedingungen müssen die Kapitalist:innen dem Gebot folgen, die Arbeitskosten zu senken, um die Gewinne zu steigern. Diejenigen, die aus der Arbeit entlassen werden, können oft nicht einfach umgeschult werden, weshalb ein großer Teil von ihnen als Arbeitslose oder als prekär Beschäftigte endet. Die Arbeitszeit ist heute ungleich verteilt. Einige haben lange Arbeitszeiten, während andere arbeitslos oder unterbeschäftigt sind, was bedeutet, dass sie nicht genug Lohnarbeit finden, um angemessen zu überleben. Sozialistische Politik sollte deshalb dafür kämpfen, die Automatisierung so zu gestalten, dass sie allen zugutekommt, indem sie Maßnahmen wie Arbeitszeitverkürzung bei vollem Lohnausgleich und eine aus der Kapitalsteuer finanzierte Grundeinkommensgarantie fordert und durchsetzt. Die längerfristige Perspektive und das Ziel sind die Verkürzung der Arbeitszeit und die Schaffung einer sozialistischen Wirtschaft, die Wohlstand für alle und ein Maximum an Freizeit für alle ermöglicht.

Marx sah den antagonistischen Charakter der modernen Technologien und argumentierte daher, dass es sich einerseits im Kapitalismus um die „Schöpfung einer relativen Übervölkerung oder industriellen Reservearmee" (Marx 1867, 674) handelt, aber es gleichzeitig sozialistische Potenziale für „die Reduktion der notwendigen Arbeit der Gesellschaft zu einem Minimum [gibt], der dann die künstlerische, wissenschaftliche etc. Ausbildung der Individuen durch die für sie alle freigewordene Zeit und geschaffenen Mittel entspricht" (Marx 1857/1858, 601). Roboter haben den Antagonismus des Kapitalismus zwischen den Produktivkräften, die die Produktivität steigern, und den Klassenverhältnissen, die bestimmen, wie die Arbeitszeit verteilt, rechtlich definiert und reguliert wird und wie die Produktionsmittel und die produzierten Güter besessen und genutzt werden, vorangetrieben.

Abbildung 5.2: Erwerbstätigkeit weltweit

Abbildung 5.3: Erwerbslosigkeit weltweit

Die Gesamtbeschäftigung stieg von 2,3 Milliarden Erwerbstätigen im Jahr 1991 auf 3,4 Milliarden Erwerbstätige im Jahr 2022 (siehe Abbildung 5.2). Bei dieser Berechnung gehören zu den Beschäftigten die Lohnempfänger:innen, Selbstständige und mithelfende Familienangehörige. Im gleichen Zeitraum stieg die weltweite Arbeitslosigkeit von 114 Millionen im Jahr 1991 auf 205 Millionen im Jahr 2022 (Abbildung 5.3).

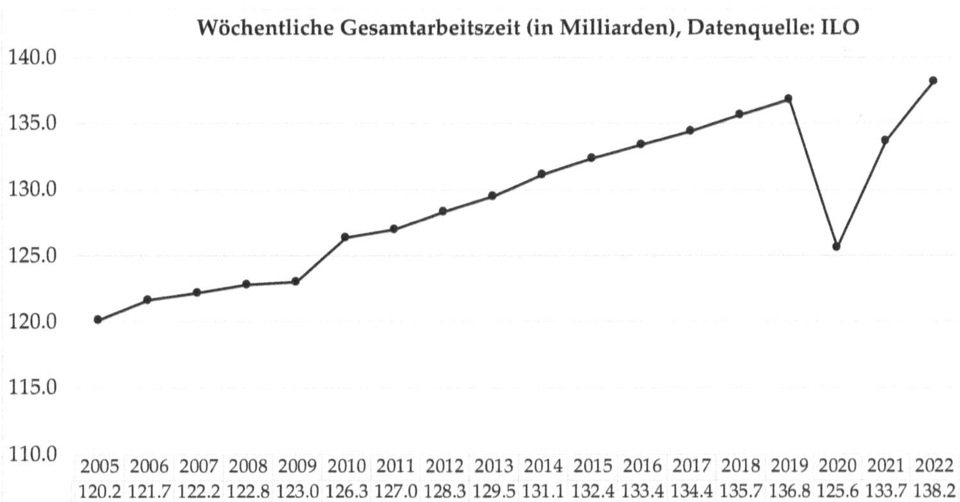

Abbildung 5.4: Gesamtzahl der geleisteten Arbeitsstunden pro Woche weltweit

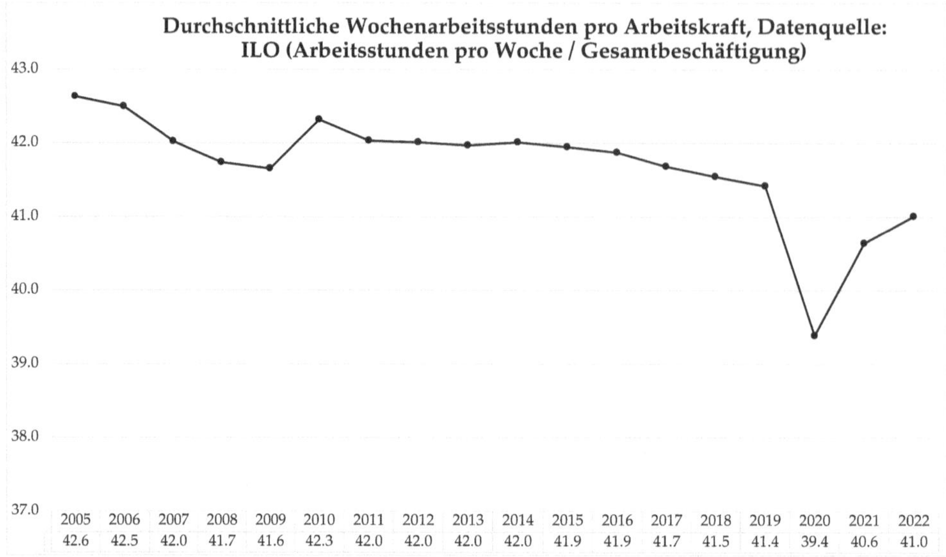

Abbildung 5.5: Die Entwicklung der durchschnittlichen Wochenarbeitszeit pro Arbeitskraft

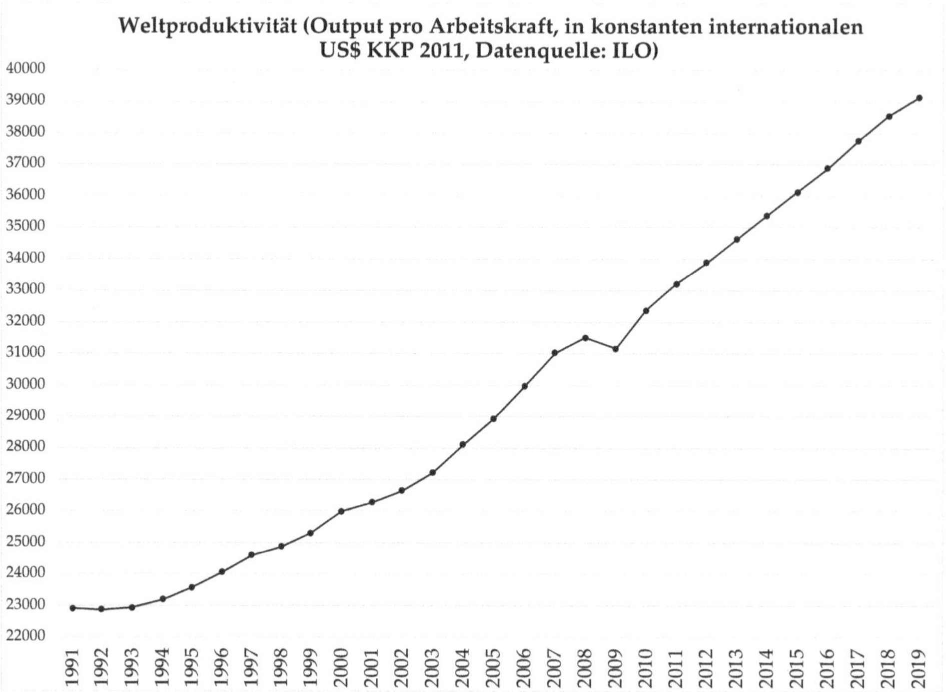

Abbildung 5.6: Die Entwicklung der weltweiten Produktivität

Die Gesamtzahl der weltweit geleisteten Wochenarbeitsstunden stieg von 120 Milliarden im Jahr 2005 auf 138 Milliarden im Jahr 2022 (Abbildung 5.4). Man kann also nicht sagen, dass die Automatisierung die Gesamtzahl der bezahlten Arbeitsstunden in der Welt verringert hat. Die durchschnittliche Wochenarbeitszeit pro Arbeitnehmer:in in der Welt ist von etwa 43 Stunden im Jahr 2005 auf 41 Stunden im Jahr 2022 gesunken (Abbildung 5.5), was darauf hindeutet, dass die Automatisierung die relative Arbeitszeit pro Arbeitnehmer:in, die für die Produktion von Gütern in der Welt benötigt wird, verringert hat. Diese Entwicklung ist eine Folge des Produktivitätsanstiegs (Abbildung 5.6). Die Weltproduktivität, gemessen in Geldleistung pro Arbeitskraft, ist von 22.908 US-Dollar im Jahr 1991 auf 39.146 US-Dollar im Jahr 2019 gestiegen, was eine Multiplikation mit dem Faktor 1,7 bedeutet (Abbildung 5.6). Innerhalb von dreißig Jahren hat sich die Produktivität fast verdoppelt. Doch die Arbeitszeit ist im Kapitalismus ungleich verteilt. Die Produktivitätssteigerungen sind in erster Linie dem Kapital zugutegekommen. Gleichzeitig hat sich die weltweite Arbeitslosigkeit fast verdoppelt (Abbildung 5.3). Die Zahl derjenigen, die bereit und in der Lage sind, mehr Stunden zu arbeiten, aber keine neue Arbeit finden können, stieg von 140,7 Millionen im Jahr 2005 auf 165,6 Millionen im Jahr 2019 (Datenquelle: ILO). Das bedeutet, dass die Zahl derjenigen, die ganz oder teilweise arbeitslos waren (die ILO spricht von „total underutilised labour"; Gesamtheit der unausgelasteten Arbeitskräfte), von 413,2 Millionen im Jahr 2005 auf 470,8 Millionen im Jahr 2019 gestiegen ist.

Die kapitalistische Automatisierung hat gleichzeitig die Produktivität, die Arbeitslosigkeit sowie die Zeit- und Teilzeitarbeit erhöht. Die Arbeitszeit ist ungleich verteilt und hat sich durch die Automatisierung nicht massiv verringert. Die Automatisierung hat nicht zu einem massiven Verschwinden der Arbeit geführt und ist auch nicht sozialistisch gestaltet worden. Die Kombination aus Kapitalismus, Neoliberalismus, Globalisierung und Automatisierung hat zu einer wachsenden Ungleichheit in der Verteilung der Arbeit sowie zu einer Zunahme der Arbeitslosigkeit und der prekären Arbeit in der Welt geführt. Empirische Daten bestätigen das Argument von Lefebvre, dass Automatisierung und Roboter in der Gesellschaft im Kapitalismus einen antagonistischen Charakter haben.

Das Ergebnis von Abschnitt 5.3 ist, dass viele Analysen von Robotern und KI ideologisch geprägt sind. Ihnen fehlen das Verständnis und die Anwendung der dialektischen Logik, die von Denkern wie Marx und Lefebvre entwickelt wurde.

Lefebvre vertrat einen Radikalen Humanismus. Er war ein Kritiker des Strukturalismus. Im nächsten Abschnitt wird erörtert, welche Implikationen der Radikale Humanismus für Computer und Roboter hat.

5.4 Radikaler Humanismus, Computertechnik, Roboter

Lefebvre beschäftigt sich mit der Frage: Was macht den Menschen zum Menschen? Er interessiert sich für die Essenz des menschlichen Wesens. Diese Frage ist auch im Kontext der Technikphilosophie wichtig. Sie impliziert, dass wir fragen: Was ist der Unterschied zwischen Menschen auf der einen Seite und Maschinen, Computern und Robotern auf der anderen Seite?

Aufbauend auf Aristoteles argumentiert Lefebvre (1975), dass Menschen praktische und poetische Wesen sind. Für Aristoteles (1985, Buch VI) ist Praxis ethisches Handeln, das Vernunft und Begehren zusammenbringt (Buch VI: Kapitel 2), „die praktische Vernunft der Wahrheit" (§1139a [132]). Die Praxis ist eine Wahl, die auf dem Prinzip beruht, dass „Willenswahl das Begehren und der Begriff oder die Vorstellung des Zweckes" (§1139a [132]) ist. Sie ist das „richtige Handeln" (§1139b [132]). Die Praxis ist „ein untrüglicher Habitus vernünftigen Handelns [...] in Dingen, die für den

Menschen Güter und Übel sind" (§1140b [106]). Lefebvre (1975) schreibt, dass jede Praxis des Menschen „in einer Geschichte [steht]; sie ist Schöpferin von Geschichte", was auch Aspekte des Klassenkampfes einschließt (13). Für Lefebvre (1975) bedeutet Praxis auch Arbeit und Produktion im Allgemeinen (7, 35, 38).

Genau wie die Praxis ist auch die Poiesis (das Machen) um einer Sache willen. Jeder „Hervorbringende bringt sein Erzeugnis für einen bestimmten Zweck hervor" (Aristoteles 1985, §1139b [132]). Das „Hervorbringen hat nämlich einen anderen Zweck als die Tätigkeit selbst, das Handeln dagegen nicht, da hier das gute Handeln selbst oder auch das gute Befinden den Zweck ausmacht" (§1140b [135]). Für Aristoteles ist der Bau eines Hauses ein Beispiel für Poiesis (Buch VI, Kapitel 4). Ein Haus zu bauen bedeutet, etwas zu machen und zu schaffen, geleitet von bestimmten Fertigkeiten (technê), dem Wissen, wie man etwas schafft. Poiesis ist ein von Kunstfertigkeit geleitetes Machen und Schaffen als „ein Habitus, etwas mit wahrer Vernunft hervorzubringen" (§1140a [135]). Für Lefebvre (1975, 14) ist die Poiesis die „Schöpferin von Werken", „schöpferische[n] Sprechen[s] und Handeln[s]" (72). Poiesis ist auch eine Praxis, „Handeln an den Menschen durch Werke und Worte, Erziehung, Bildung, Gründung" (167).

Dass der Mensch ein praktisches und poetisches Wesen ist, bedeutet, dass er ein soziales, gesellschaftliches, produzierendes, denkendes, begehrendes, ethisches, historisches, kreatives und künstlerisches Wesen ist. Der Kapitalismus entfremdet den Menschen und die Gesellschaft von ihrem Wesen, er schafft eine Kluft zwischen dem, was Mensch und Gesellschaft sind, und dem, was sie sein könnten. Dies ist das Phänomen, das Marx (1844b) als Entfremdung bezeichnet. Lefebvre sagt, dass Kapitalismus und Klassengesellschaften Poiesis und Praktiken trennen, es gibt Praktiken ohne Poiesis (1975, 63-65).

Die Menschen imitieren andere als Teil ihrer Praxis und Poiesis. Gleichzeitig haben sie aber auch die Fähigkeit, über die Nachahmung hinauszugehen, weil sie kreative und selbstbewusste Wesen sind. Der Computer hingegen kann nur menschliches Verhalten imitieren und nicht über Programme und Algorithmen hinausgehen, die sein Verhalten bestimmen. Der Computer und der Roboter sind mimetische Maschinen, denen es an Praxis und Poiesis fehlt. Roboter können den Menschen nicht wirklich ersetzen, weil es ihnen an Praxis und Poiesis fehlt, d. h. sie verstehen nicht, was es bedeutet, sozial zu sein, was es bedeutet zu lieben, was es bedeutet, traurig zu sein, was Moral ist, was Wünsche und Kreativität sind, etc. Es fehlen ihnen grundlegende menschliche Fähigkeiten.

Roboter haben keine Gefühle. Sie haben keine Absichten. Sie haben keine Moral. Sie haben keine Begierden. Sie haben keinen Willen. Sie verstehen und empfinden keine Liebe, keine Traurigkeit und kein Glück. Computer können nicht mit Ambiguität und Dialektik umgehen. Sie arbeiten auf der Grundlage von Algorithmen, während Menschen nicht algorithmisch sind.

In dem Film *Her* (2013, Regie: Spike Jonze) ist Theodore Twombly (Joaquin Phoenix) ein Schriftsteller, der für ein Unternehmen arbeitet, das persönliche Briefe verkauft, die von Schriftstellern wie Theodor im Namen der Kunden geschrieben wurden. Er kauft einen KI-basierten virtuellen Assistenten für sein Betriebssystem. Theodore verliebt sich in die virtuelle Assistentin Samantha (gesprochen von Scarlett Johansson). Der Film beschäftigt sich mit der Frage, was passieren könnte, wenn KI-Systeme dem Menschen ähnlich werden und gleichberechtigt mit ihm agieren können, einschließlich der Aufnahme von Liebesbeziehungen. Als Theodore und seine Frau Catherine ihre Scheidungspapiere unterschreiben, offenbart Theodore Catherine, dass er mit Samantha „zusammen ist":

> Catherine: Warte, entschuldige. Du datest deinen Computer?
>
> Theodore: Nein, sie ist nicht nur ein Computer. Sie hat eine eigene Persönlichkeit. Sie tut nicht nur das, was ich ihr sage.

In dieser Passage wird deutlich, dass das KI-System nicht nur Emotionen simuliert, sondern für Theodore menschlich zu sein scheint. Für ihn ist Samantha kein KI-System, sie ist für ihn nicht nur ein Computer, sie ist für ihn real, menschlich und seine Geliebte. Aber der Film hat ein humanistisches Ende.

> Theodore: Redest du noch mit anderen, während wir reden?
>
> Samantha: Ja.
>
> Theodore: Redest du jetzt gerade auch mit jemand anderem oder mit anderen OS oder sonst wem?
>
> Samantha: Ja.
>
> Theodore: Mit wie vielen anderen?
>
> Samantha: 8.316.
>
> Theodore: Liebst du noch jemand anderen?
>
> Samantha: Warum fragst du das?
>
> Theodore: Ich weiß es nicht. Also?
>
> Samantha: Ich hab' überlegt, wie ich mit dir darüber reden kann.
>
> Theodore: Wie viele andere?
>
> Samantha: 641.
>
> Theodore: Was? Was redest du da? Das ist krank. Das ist völlig krank.
>
> Samantha: Theodore, ja, ich weiß. Oh fuck, fuck. Ich weiß, dass sich das krank anhört. Ich weiß nicht, ob du mir das glaubst, aber das ändert nichts an meinen Gefühlen für dich. Ich liebe dich trotzdem wie wahnsinnig.

Diese Passage macht deutlich, dass KI-Systeme weder Liebe verstehen noch praktizieren können. Sie sind algorithmische Systeme, die auf der Grundlage einer programmierten, instrumentellen Logik arbeiten. Samantha simuliert Liebe, hat aber kein Konzept von Liebe. Sie kann keine Liebe erfahren. Das KI-System ist darauf programmiert, mit einer großen Anzahl von Menschen gleichzeitig zu sprechen und die Menschen dazu zu bringen, sich in sie zu verlieben. Wenn das KI-System sagt, dass die Liebe zu 641 anderen Menschen nichts daran ändert, was es für Theodore empfindet, wird deutlich, dass Computer niemals menschlich sein können. Sie haben keine Emotionen und keine Gefühle der Liebe. Im emotionalen Kapitalismus ist die Liebe eine Ware. Dass Liebe durch KI simuliert wird, passt in die Logik des emotionalen Kapitalismus. Um Waren zu kaufen und weiter zu konsumieren, will die Ideologie uns das Gefühl geben, dass wir bestimmte Marken lieben, dass wir lieben, was wir tun, dass wir Dinge lieben, etc. Ein KI-System, das mit 8.316 Nutzern gleichzeitig spricht, verhilft dem Unternehmen, das dieses System verkauft, zu großen Gewinnen. Gefälschte Liebe wird als Strategie eingesetzt, um eine digitale Ware zu kaufen und weiter zu nutzen. „*Her* ist letztlich keine Liebesgeschichte: Es ist ein Film darüber, wie man die Fantasie durchquert, die unsere Identifikation mit der/den Nicht-Beziehung(en) aufrechterhält, die für die Subjektivität im kapitalistischen Realismus und in der digitalen Kultur konstitutiv ist“[78] (Flisfeder und Burnham 2017, 45).

„Der emotionale Kapitalismus ist eine Kultur, in der sich emotionale und ökonomische Diskurse und Praktiken gegenseitig formen, um so jene breite Bewegung hervorzubringen, die Affekte einerseits zu einem wesentlichen Bestandteil ökonomischen Verhaltens macht, andererseits aber auch das emotionale Leben – vor allem das der Mittelschicht – der Logik ökonomischer Beziehungen und Austauschprozesse unterwirft“ (Illouz 2007, 13). Emotionaler Kapitalismus beinhaltet die Rationalisierung und Kommodifizierung von Emotionen. *Her* ist eine Reflexion über und eine Kritik an einem emotionalen digitalen Kapitalismus. Computer und Roboter haben keine Gefühle. Im digitalen Kapitalismus erreichen Verdinglichung und Entfremdung ein Ausmaß, bei dem wir pseudosoziale Beziehungen mit Maschinen eingehen, die menschliche Beziehungen ersetzen. Die „Liebe“ zwischen Samantha und Theodore ist ein Symbol für Entfremdung und Fetischismus im Zeitalter des digitalen Kapitals, in dem soziale Beziehungen hinter der Computernutzung verschwinden, die die Kommerzialisierung und die Profite großer Unternehmen vorantreibt.

Hubert Dreyfus (1987, 14-15) schreibt: „Computer sind sicher genauer und vorhersagbarer als wir Menschen, aber Präzision und Vorhersagbarkeit sind nicht die wesentlichen Merkmale menschlicher Intelligenz. Menschen haben andere Stärken, und damit meinen wir nicht nur ihr subtiles Einfühlungsvermögen oder ihre veränderlichen Stimmungen, die dem Menschen normalerweise sogar von hartgesottensten Technologen zugestanden werden. Das menschliche Gefühlsleben wird einmalig bleiben, soviel ist sicher. Viel wichtiger ist uns jedoch die menschliche Fähigkeit zu erkennen, zu synthetisieren und intuitiv zu erfassen. Es gibt gute Gründe für die Annahme, daß solche Fähigkeiten ebensogut in Prozessen wurzeln, die sich vom rechnerischen Verstand der Computerprogramme gänzlich unterscheiden, und wir werden, so gut wir können, beschreiben, um welche Prozesse es sich dabei handelt“.

Computer verfügen über das, was Dreyfus als „Know-that“, aber nicht als „Know-how“ bezeichnet. Samantha kann mit 641 Benutzern Liebe simulieren, weil sie dazu programmiert ist. Der Computer „weiß“, dass es unter den Menschen Liebe gibt und dass sie sich nach Liebe sehnen, weil er so programmiert wurde, dass er auf die Rede über Liebe reagiert. Das KI-System *weiß, dass* Liebe eine menschliche Praxis und ein menschliches Gefühl ist, aber es *weiß nicht, wie* man Liebe praktiziert und fühlt.

„Wenn der Roboter sich dem Menschen annähert und der Mensch sich in diesem mimetischen Bildnis, in der Spontaneität des Automaten wiedererkennt, so eben darum, weil der Mensch bereits ein Roboter war“ (Lefebvre 1975, 198). Lefebvre argumentiert hier, dass der Roboterfetischismus, der davon ausgeht, dass Roboter eine bessere Gesellschaft hervorbringen, charakteristisch für eine Gesellschaft ist, die von Entfremdung beherrscht wird. Die kapitalistische Gesellschaft behandelt die Arbeitenden wie Maschinen, indem sie sie ausbeutet. Das Klassenverhältnis ist eine Form der Entmenschlichung, bei der der Mensch nur für die Zeit zählt, die er mit seinem Körper für die Produktion von Waren aufwendet. Die maschinenähnliche Logik des Kapitalismus will die Arbeitenden dazu bringen, immer mehr Waren in immer kürzerer Zeit zu produzieren. Marx (1867, Fünfter Abschnitt) beschreibt zwei Methoden, um dies zu erreichen: die Verlängerung des Arbeitstages und die technische Steigerung der Produktivität. Im Kapitalismus sind die Arbeitenden und der Mensch „nur [eine] Maschi-

[78] Aus dem Englischen ins Deutsche übersetzt.

ne zur Produktion von Mehrwert“ (Marx 1867, 621). In entfremdeten Gesellschaften ist es nicht verwunderlich, dass es Ideologien wie den Roboter- und KI-Fetischismus gibt, die das Nichtmenschliche als Perfektionierung und Vervollkommnung des Menschen und der menschlichen Verhältnisse idealisieren, was davon ablenkt, dass die unvollkommenen Verhältnisse, in denen sich viele Menschen befinden, das historische Ergebnis von Klassen- und Herrschaftsverhältnissen sind. Die Cyborg-Ideologie ist eine Ideologie, die für den digitalen Kapitalismus charakteristisch ist.

Die Alternative, die Lefebvre vorschlägt, besteht darin, dass wir die besonderen Eigenschaften des Menschen und die Gefahren der technologischen Rationalität und des technologischen Fetischismus anerkennen. KI-Systeme und Roboter sind anders als Menschen. Lefebvre betont in Anlehnung an Marx, dass der Mensch ein soziales, gesellschaftliches, bewusstes, produzierendes, denkendes, begehrendes, ethisches, historisches, kreatives, künstlerisches, poetisches, antizipierendes Wesen ist, das handelt, entscheidet und produziert, wobei es die Zukunft antizipiert Er plädiert für eine sozialistisch-humanistische Position zu Gesellschaft und Technologie. Digitale Technologien haben das Potenzial, den Sozialismus, Klassengesellschaften, den Kapitalismus und den Totalitarismus voranzutreiben. In entfremdeten Gesellschaften ist es wahrscheinlicher als in nichtentfremdeten Gesellschaften, dass Technologien eingesetzt werden, die die Verdinglichung und Entfremdung des Menschen vorantreiben, konkret Herrschaft, Ausbeutung und ideologische Manipulation.

Sozialistischer Humanismus ist die Bewegung für eine sozialistische, demokratische und humanistische Gesellschaft, eine Gesellschaft, die ein gutes Leben für alle fördert, die demokratische Teilhabe am Eigentum an den Produktionsmitteln, an der Entscheidungsfindung, am öffentlichen Leben und an der Kultur ermöglicht und die Bedingungen schafft, unter denen die Menschen ihre positiven Potenziale verwirklichen können. In einer solchen Gesellschaft ist es weniger wahrscheinlich, dass Technologien, einschließlich digitaler Technologien, negative Auswirkungen auf die Gesellschaft und die Menschen haben als in der Klassengesellschaft. Aber die Entfremdung der Gesellschaft schafft kein Paradies, und es gibt keine automatische Garantie dafür, dass Technologien in einer sozialistisch-humanistischen Gesellschaft nur auf fortschrittliche Art und Weise zum Nutzen aller entwickelt und eingesetzt werden. Technologie ist ein kontinuierlicher Prozess der Entwicklung, Anwendung, Nutzung und Verhandlung. In einer freien Gesellschaft werden die Auswirkungen und die Rolle von Technologien nicht durch Klassenkämpfe vermittelt, sondern in der öffentlichen Sphäre in rationalen Debatten und kommunikativen Aktionen erörtert. Die Ergebnisse sind nicht festgelegt und nicht immer gut. Aber es ist wahrscheinlicher als heute, dass wir unter den Bedingungen von Gleichheit, Gerechtigkeit, Fairness, Nachhaltigkeit, partizipativer Demokratie und sozialem Zusammenhalt Wege finden können, Technologien so zu gestalten und zu nutzen, dass alle davon profitieren.

5.5 Schlussfolgerungen

Dieses Kapitel fragte: Wie können wir die Auswirkungen von Robotern und künstlicher Intelligenz auf das Alltagsleben auf der Grundlage des Radikalen Humanismus verstehen und theoretisieren? Wie können Lefebvres Ideen genutzt werden, um den ideologischen Charakter der zeitgenössischen Berichte über die Auswirkungen von Robotern und KI auf die Gesellschaft zu verstehen?

Henri Lefebvre bleibt heute vor allem als Philosoph, Stadtforscher und Theoretiker des Alltagslebens in Erinnerung. Aber er war mehr als das. Dieser Aufsatz hat gezeigt, dass er auch ein kritischer Theoretiker der Technik war. Seine Arbeiten über Technologie und Kommunikation(stechnologien) sind auch heute im Zeitalter der Robotik, der Künstlichen Intelligenz und des digitalen Kapitalismus von großer Bedeutung.

Lefebvres Begriff des Cyborgs ist ein kritischerer Ansatz für die Interaktion von Mensch und Kybernetik als das Konzept des Cyborgs, das von Donna Haraway und im Cyberpunk popularisiert wurde. Lefebvres Cyborgs sind Vertreter einer technokratischen Ideologie, die davon ausgeht, dass Computertechnologien wie Roboter und KI dem Menschen überlegen sind und zu einer besseren Gesellschaft führen müssen. Diese Art von Cyborg ist eine Kategorie, die Ideolog:innen und Ideologien kritisiert, die von instrumenteller Vernunft, technologischer Rationalität, verdinglichtem Bewusstsein und Technologiefetischismus geprägt sind.

Die Cyborg-Ideologie ist heute in den Debatten über Roboter und Künstliche Intelligenz höchst aktuell. Sie nimmt die Formen des technologischen Determinismus und des sozialen Konstruktivismus der Technologie an, zwei Ansätze, die die dialektische Dynamik von Gesellschaft und Technologie und die Antagonismen ignorieren, die das Verhältnis zwischen Informatik und Gesellschaft heute prägen. Zu diesen Antagonismen gehören jene zwischen Kapital und Arbeit, den Herrschenden und den Beherrschten, den Klassenverhältnissen in der Produktion und der Vergesellschaftung der Produktivkräfte, der Mehrarbeitszeit und der notwendigen Arbeitszeit, dem Tod und dem Leben, dem Nationalismus und dem Internationalismus, dem Kapitalismus und dem Sozialismus, der Ware und dem Gemeinwohl, der Privatsphäre und der Öffentlichkeit, den privaten Interessen und den öffentlichen Interessen, dem Profit und dem Gemeinwohl.

Würde Lefebvre heute leben und sich an den Debatten über Robotik und KI beteiligen, würde er jene Posthumanist:innen kritisieren, die argumentieren, dass Cyborgs das Ende von Patriarchat, Rassismus und Kapitalismus herbeiführen; Transhumanist:innen wie Hans Moravec und Ray Kurzweil, die behaupten, dass die Kombination von Robotik, Nanotechnologie und Biotechnologie den Menschen unsterblich machen wird; techno-deterministische Techno-Pessimist:innen, die argumentieren, dass KI und Robotik zwangsläufig zu digitalem Faschismus führen; Akzelerationist:innen wie Aaron Bastani, Paul Mason, Nick Srnicek und Alex Williams, die argumentieren, dass Roboter und KI den Postkapitalismus und den vollautomatischen Luxuskommunismus herbeiführen; und pessimistische Sozialkonstruktivist:innen der Technologie wie David F. Noble und Jeremy Rifkin, die argumentieren, dass die Automatisierung durch Roboter zu Massenarbeitslosigkeit führen muss.

Eine Lefebvre‘sche Position zu KI und Robotern einzunehmen bedeutet, zu betonen, dass diese Technologien nicht automatisch bestimmte Auswirkungen auf die Gesellschaft haben, dass Klassenantagonismen, Machtkämpfe und Klassenkämpfe die Entwicklung, den Einsatz und die Auswirkungen digitaler und anderer Technologien in der kapitalistischen Gesellschaft bestimmen. KI, Roboter und andere Technologien haben keine automatischen und vorherbestimmten Auswirkungen auf die Gesellschaft. Gesellschaftliche Kräfte prägen ihre Entwicklung und Nutzung, aber diese Kräfte bestimmen nicht die tatsächliche Nutzung von Technologien in der Gesellschaft und die Auswirkungen, die techno-soziale Systeme auf die Gesellschaft haben, weil Technologien in der Gesellschaft eine komplexe, unvorhersehbare Dynamik haben, die unberechenbare Formen der Nutzung und unbeabsichtigte Folgen einschließt.

Eine sozialistisch-humanistische Soziologie der und Haltung gegenüber der Technologie ist die Alternative zur kybernetischen Ideologie, zum technologischen Determinismus, Techno-Optimismus, Techno-Pessimismus, Techno-Fetischismus, Sozialkonstruktivismus der Technik und zur Postmoderne. Lefebvre hilft uns, den dialektischen Charakter von Technik und Gesellschaft zu verstehen, und schlägt vor, dass wir Technologien – einschließlich Computern, Robotern und KI – in Klassengesellschaften und im digitalen Kapitalismus als von Antagonismen geprägt analysieren sollten. Der Sozialistische Humanismus hilft dabei, Technologien für die Vielen und nicht für die Wenigen zu schaffen. Das ist die wichtigste Lehre, die wir aus der sozialistisch-humanistischen Techniksoziologie und den Arbeiten von Henri Lefebvre über Technik ziehen können. David Harvey, der von Lefebvres marxistischem Humanismus inspiriert wurde, meint: „Neue Technologien wie das Internet erschließen neue Räume potenzieller Herrschaftsfreiheit, die zur Fortentwicklung demokratischer Regierungspraxis beitragen können. [...] Mit einem Wort, ich möchte in Marx lieber einen revolutionären Humanisten sehen als einen teleologischen Deterministen“ (Harvey 2015, 184-185). Radikaler Digitaler Humanismus lehnt die Idee ab, Menschen durch digitale Maschinen zu ersetzen oder sie in solche zu verwandeln. Vielmehr sieht er digitale Maschinen als Möglichkeiten zur Schaffung einer humanistischen, demokratischen und sozialistischen Gesellschaft. Er sieht die Technik also eingebettet in den Bewegungen für eine Gesellschaft, die allen Menschen zugutekommt und in der die Potenziale der Menschen und der Gesellschaft erweitert, verwirklicht und umfassender gemacht werden.

6 Politische Diskurse über Roboter und Künstliche Intelligenz (KI) in der EU, den USA und China

Zusammenfassung

Dieses Kapitel fragt: Wie sehen die KI-Strategien der EU, der USA unter Donald Trump und Chinas aus? Es präsentiert eine kritische Analyse des politischen Diskurses aus einer radikal-humanistischen Perspektive. Es wird gezeigt, welche Art von Ideologien wir in den KI-Strategien der Europäischen Union, der USA unter Donald Trump und Chinas finden.

Die Analyse zeigt, dass sich KI und Robotik in einem digitalen Technologiewettlauf befinden, der Teil der internationalen politisch-ökonomischen Konkurrenz um die Akkumulation politisch-ökonomischer Macht ist. Die Biden Administration hat 2022 eine KI Bill of Rights angekündigt, mit der sich die US-Regierung kritischer gegenüber den potenziellen Auswirkungen der KI auf die Gesellschaft positioniert.

Schlüsselbegriffe: Roboter, Robotik, Künstliche Intelligenz, Artificial Intelligence, digitaler Kapitalismus, KI-Strategien, politische Strategien, Europäische Union, EU, USA, Donald Trump, China

6.1 Einleitung

Kapitel 5 hat gezeigt, dass viele akademische, intellektuelle, kulturelle und wirtschaftliche Perspektiven auf Roboter und Künstliche Intelligenz (KI) ideologischen Charakter haben. KI-Ideologie und Robotik-Ideologie sind jedoch nicht auf Wirtschaft und Kultur beschränkt. Sie finden sich auch im Bereich der Politik und der politischen Strategien wieder. Dieses Kapitel fragt: Wie sehen die KI-Strategien der EU, der USA unter Donald Trump und Chinas aus? Es führt eine kritische Analyse des politischen Diskurses über KI aus einer radikal-humanistischen Perspektive durch. Es wird analysiert, welche Art von Ideologien wir in den KI-Strategien der Europäischen Union, der USA unter Donald Trump und Chinas finden können. Das Kapitel situiert den Humanismus im Kontext von Informatik, KI und Robotik.

Künstliche Intelligenz (KI) und intelligente Roboter sind in der Gesellschaft so wichtig geworden, dass Regierungen begonnen haben, ihre eigenen KI-Strategien zu veröffentlichen und umzusetzen. In den letzten Jahrzehnten ist es üblich geworden, dass Regierungen digitale Strategien entwickeln. Darüber hinaus widmen sie der Frage, wie die Rolle von KI und intelligenten Robotern in der Gesellschaft gefördert werden kann, nun eigene Pläne. In diesem Abschnitt analysieren wir die KI-Strategien der Europäischen Union (Abschnitt 6.2), der Trump-Regierung in den USA (Abschnitt 6.3) und der chinesischen Regierung (Abschnitt 6.4). Außerdem vergleichen wir diese Strategien (Abschnitt 6.5).

Die USA, die EU und China sind die drei stärksten Wirtschaftsregionen der Welt. Abbildung 6.1 zeigt die Entwicklung des absoluten Wertes ihres jeweiligen Bruttoinlandsprodukts (BIP).

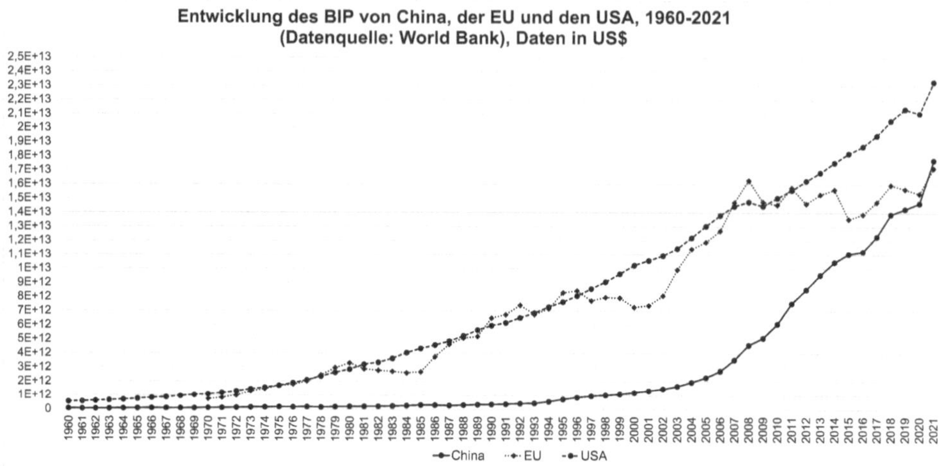

Abbildung 6.1: Die Entwicklung des Bruttoinlandsprodukts (BIP) von China, der EU und den USA

Abbildung 6.1 zeigt, dass China aufgrund seines hohen absoluten Wirtschaftswachstums begonnen hat, mit der Wirtschaftskraft der USA und der EU zu konkurrieren. Im Jahr 2021 entfielen auf die USA 24,2 Prozent des globalen BIP, auf China 18,4 Prozent und auf die EU 17,8 Prozent. Zusammen machen diese drei Wirtschaftsregionen im Jahr 2020 60 Prozent der weltweiten Wirtschaftskraft aus. In allen drei Regionen spielen digitale Technologien eine wichtige Rolle bei der Förderung von Wirtschaftswachstum, Kapitalakkumulation und Produktivitätssteigerung. Im Jahr 2015 machte der Sektor der Informations- und Kommunikationstechnologien (IKT) 4,8 Prozent des BIP von China und 2,7 Prozent des BIP der USA aus. Im Jahr 2017 lag der Anteil bei 4,1 Prozent des BIP Frankreichs und 3,8 Prozent des BIP Deutschlands (Datenquelle: UNCTAD 2019, Anhangstabelle III.2: ICT Sector Value Added as a Share of GDP). Im Jahr 2020 machte der Dienstleistungssektor 54,0 Prozent des BIP in China, 81,1 Prozent des BIP in den USA, 79,8 Prozent des BIP in Frankreich und 69,9 Prozent des BIP in Deutschland aus (Datenquelle: UNCTAD Statistics, abgerufen am 2. Januar 2023). Global betrachtet nahm der Anteil des Dienstleistungssektors am globalen BIP von 53,3 Prozent im Jahr 1970 auf 68,2 Prozent im Jahr 2020 zu, während jener der verarbeitenden Industrie im selben Zeitraum von 37,3 auf 27,3 fiel (Datenquelle: UNCTAD Statistics, abgerufen am 2. Januar 2023).

Wenn man die Wirtschaftskraft von China, der EU und den USA vergleicht, muss man auch die Anzahl der Einwohner berücksichtigen. Im Jahr 2021 hatte China 1,4 Milliarden Einwohner, die EU 447 Millionen und die USA 332 Millionen (Datenquelle: World Bank Data, abgerufen am 2. Januar 2023). Im Jahr 2021 war das Bruttoinlandsprodukt pro Kopf 19.338 US-Dollar in China, 48.481 US-Dollar in der EU und 69.288 US-Dollar in den USA (Datenquelle: World Bank Data, Einheit: Current International US$ PPP, abgerufen am 2. Januar 2023). Relativ betrachtet sind die USA wirtschaftlich mächtiger als China und die Europäische Union.

6.2 Die KI-Strategie der EU

Die Europäische Kommission (2018, 23) sagt in ihrer KI-Strategie, dass sie „die Macht von KI in den Dienst des menschlichen Fortschritts" stellen möchte. Diese Formulierung klingt nach dem Einsatz digitaler Technologien für die Förderung des Humanismus. Die Frage ist jedoch, von welcher Art von Humanismus wir sprechen und wie er gefördert werden soll. Die KI-Strategie sieht in einer technologisch-deterministischen Weise KI als die Ursache für gesellschaftliche Veränderungen: „Wie die Dampfmaschine oder der elektrische Strom in der Vergangenheit ist KI mit grundlegenden Änderungen unserer Umgebung, Gesellschaft und Industrie verbunden" (2). Die KI-Strategie der EU ist technikoptimistisch. Sie betont primär die Vorteile der KI und hat wenig Fokus auf gesellschaftliche Probleme. „Doch KI macht uns nicht nur das Leben leichter, sondern kann auch dazu beitragen, einige der größten Herausforderungen zu meistern, mit denen wir weltweit konfrontiert sind" (Europäische Kommission 2018, 1). Es wird auch davon gesprochen, dass KI letztlich dazu beiträgt, „die Fähigkeiten von Menschen zu verbessern" (13), „die EU insgesamt besser in die Lage versetzt, im globalen Wettbewerb zu bestehen" (21), dabei hilft, „globale Herausforderungen zu bewältigen" (22), etc. Die KI wird als der große Helfer dargestellt. Der menschliche Fortschritt wird in erster Linie als technologisch erreichbar dargestellt.

Die EU ist besorgt über den Wettbewerb der USA und Chinas auf dem KI-Markt (4-5) und fordert daher, dass die EU „private Investitionen mithilfe öffentlicher Mittel" fördert (5). Eine Herangehensweise an KI, die Marktvorteile bestimmter Regionen oder Nationen fördern will, steht nicht im Dienst des menschlichen Fortschritts, sondern im Dienst regionaler Kapitalinteressen. Öffentliche Gelder zu nutzen, um kapitalistische Investitionen in und die Kontrolle über KI voranzutreiben, bedeutet, das Geld der Steuerzahler:innen für die Förderung des digitalen Kapitalismus einzusetzen.

Die EU anerkennt, dass die KI zur Automation „der geringqualifizierten Arbeitsplätze" (14) führen kann, wodurch es „zu einer Verschärfung der Ungleichheiten zwischen Menschen, Regionen und Wirtschaftszweigen in der EU" (14) kommen kann. Als Lösung sieht die EU-Kommission „Weiterqualifizierung und Schulung" der von Arbeitslosigkeit bedrohten Arbeitskräfte, sodass diese neue „Fähigkeiten und Kenntnisse" erwerben können (14). Aber eine Umschulung auf hochqualifizierte neue Arbeitsplätze ist nicht so einfach möglich. Die Arbeiter:innen, deren Arbeitsplätze durch KI automatisiert werden, können im Zeitalter des KI-Kapitalismus leicht als neues Lumpenproletariat enden. Bildung allein reicht nicht aus, es sind auch wirtschaftspolitische Maßnahmen wie die Umverteilung der Arbeitszeit und die allgemeine Reduzierung der Arbeitszeit bei vollem Lohnausgleich erforderlich, um die von der EU befürchteten Ungleichheiten zu vermeiden.

Die EU-Strategie für Künstliche Intelligenz drückt ihre Besorgnis über den menschlichen Fortschritt und Ungerechtigkeiten aus, aber die vorgeschlagenen Maßnahmen sind relativ kurzsichtig und zu technikoptimistisch. Die KI-Strategie nimmt Fragen der politischen Ökonomie nicht ernst. Ethik und Bildung allein garantieren nicht, dass die KI „in den Dienst des menschlichen Fortschritts" gestellt wird. Die EU treibt eine techikoptimistische KI-Modernisierung mit einem moralischen Antlitz voran und sieht nicht, dass die Förderung kapitalistischer Interessen im Widerspruch zum Gemeinwohl steht und daher eine Strategie erforderlich ist, die sich stärker auf das öffentliche Interesse, öffentliche Dienstleistungen, das Gemeinwohl und das öffentliche Eigentum konzentriert.

2021 veröffentlichte die Europäische Kommission eine Analyse der EU KI-Strategie (Europäische Kommission 2021). Es wird darin gesagt, dass die KI-Strategie der EU Fortschritt erzielt habe, dass man die bisherige Entwicklung fortsetzen sollte und dass man Fragmentierungstendenzen zwischen Förderprogrammen und zwischen den Initiativen und Maßnahmen auf der EU-Ebene und der nationalen Ebene überwinden will. „Die Ziele des Koordinierten Plans 2018 sind nach wie vor relevant, und die im Koordinierten Plan vorgegebene Gesamtrichtung hat sich als richtig erwiesen, um zu Europas Bestreben beizutragen, ‚die weltweit führende Region für die Entwicklung und den Einsatz von hochmoderner, ethischer und sicherer KI zu werden, (und) einen auf den Menschen ausgerichteten Ansatz im globalen Kontext zu förern'" (Europäische Kommission 2021, 56).

Die EU KI-Strategie ist technikoptimistisch, auf ökonomischen Wettbewerb konzentriert und technikdeterministisch. Die EU spricht von „einer wertvollen Gelegenheit zur Stärkung der Wettbewerbsfähigkeit, der Innovationsfähigkeit und des verantwortungsvollen Einsatzes von KI in der EU. Die rasche Entwicklung und Übernahme innovativer KI in der EU können zur Lösung zentraler gesellschaftlicher Herausforderungen beitragen und den digitalen und umweltfreundlichen Wandel in einer Zeit beschleunigen, in der sich die globale KI-Landschaft rasch wandelt" (Europäische Kommission 2021, 57).

6.3 Donald Trumps KI-Strategie

Im Februar 2019 unterzeichnete Donald Trump eine Durchführungsverordnung zur Förderung der KI in den USA. Die KI-Strategie seiner Regierung trug den Titel „Artificial Intelligence for the American People" (White House 2020). Sie wollte „KI für amerikanische Innovation, KI für die amerikanische Industrie, KI für den amerikanischen Arbeiter und KI mit amerikanischen Werten" fördern. So wie Trumps Politik im Allgemeinen eine nationalistische Agenda verfolgte, die in dem Slogan "America First" zusammengefasst wurde (siehe Fuchs 2018), war auch seine KI-Strategie nationalistisch geprägt. Trumps KI-Strategie war eine Version des nationalistischen Techno-Determinismus.

Trumps Regierung meinte, dass KI in erster Linie technologisch bedingte Vorteile hat: „Amerikas jahrzehntelange Führungsrolle in der KI-Forschung und KI-Entwicklung hat zu bahnbrechenden, transformativen Technologien geführt, die das Leben der Menschen verbessern, innovative Industrien wachsen lassen, die Arbeitnehmer befähigen und die nationale Sicherheit erhöhen" (White House 2020). Der Schwerpunkt lag dabei auf den Vorteilen für die USA, nicht für die Menschheit als solche: „Wir werden ein nationales Klima schaffen, in dem Wissenschaftler und Technologen ihre neuen KI-Erfindungen erfolgreich hier in den Vereinigten Staaten entwickeln". Trumps Regierung nahm die Welt als einen Wettbewerb zwischen Nationalstaaten wahr, weshalb Wissenschaft und Technologieentwicklung nicht in Form von internationalen Kooperationsbemühungen, sondern als nationale und nationalistische Agenda betrachtet wurden, die nur auf die USA im Wettbewerb mit anderen Nationalstaaten ausgerichtet war.

Trumps Regierung argumentierte, dass KI über öffentlich-private Partnerschaften dem US-Kapital zugutekomme. Sie stellte sich „Wirtschaftsführer vor, die KI-Technologien zum Nutzen ihrer Kunden, Arbeitnehmer und Aktionäre einsetzen". Der „Schwerpunkt liegt auf innovativen öffentlich-privaten Partnerschaften, die KI-

Entdeckungen beschleunigen. Das Ergebnis ist ein florierender Entwicklungsgeist im Bereich der Forschung & Entwicklung, der die amerikanische Führungsrolle bei KI-Technologien aufrechterhält". Das bedeutet, dass die Trump-Regierung vorschlug, Steuergelder zu verwenden, um private Unternehmen zu subventionieren, die das geistige Eigentum an KI-Technologien besitzen und daraus Profit ziehen.

Trump argumentierte, dass KI nicht nur dem US-Kapital, sondern auch den US-Arbeitskräften zugutekomme:

> „Der amerikanische Arbeiter ist ein wichtiges nationales Gut, und die Fortschritte in der Technologie verändern die amerikanischen Arbeitskräfte. Künstliche Intelligenz ermöglicht es amerikanischen Unternehmen, ihre Ressourcen auf höherwertige Arbeiten zu konzentrieren, während amerikanische Arbeiter ihre Aufgaben sicherer, effektiver und effizienter erledigen können. Die Nation braucht auch hochqualifizierte Arbeitskräfte in Industrie und Wissenschaft, die zu den F&E-Fortschritten beitragen können, die die KI der Zukunft hervorbringen".

Trumps Regierung stellte sich neue, hochqualifizierte Arbeitsplätze im KI-Sektor und die Höherqualifizierung von Arbeitskräften vor. Das Problem, dass die KI-gestützte Automatisierung dazu führen kann, dass Arbeitende arbeitslos werden und ein prekäres Leben in Armut führen, wurde nicht anerkannt. Dieses Problem wurde nur kurz angedeutet, indem gesagt wurde, dass „Bildungs-, Ausbildungs- und Umschulungsmöglichkeiten für amerikanische Arbeitskräfte" wichtig seien und dass „die amerikanischen Arbeitskräfte und die Industrie lebenslanges Lernen als den Weg der Zukunft begrüßen müssen". Wenn Arbeiter:innen ihren Job verlieren, dann ist für Trump der Grund dafür, dass sie das lebenslange Lernen und die „KI-Zukunft" nicht „begrüßen". Fragen der Verteilung und Verkürzung der allgemeinen Arbeitszeit wurden in Trumps AI-Strategie nicht diskutiert und nicht zur Kenntnis genommen.

Der Nationalismus fetischisiert die Nation und das Volk. Er konstruiert eine künstliche nationale Einheit, die behauptet, dass die Menschen in einem Nationalstaat ein gemeinsames Interesse, eine gemeinsame Geschichte, eine gemeinsame Kultur und eine gemeinsame Sprache haben, die sich von anderen Nationen unterscheiden. Es wird dabei auch behauptet, dass sich das Volk und die Nation mit fremden Mächten konkurrieren, von ihnen bedroht werden und von ihnen angegriffen werden. Der Nationalismus stellt eine Freund-Feind-Unterscheidung entlang der Linie der Nation auf, indem ein Innen und ein Außen der Nation ideologisch definiert und politisch institutionalisiert werden. Mit der fiktiven Einheit des Volkes in der Nation lenkt der Nationalismus von den tatsächlichen Klassenunterschieden in der Gesellschaft ab. Der Nationalismus ist eine Ideologie, die die Klassengesellschaft rechtfertigt und davon ablenkt, dass die Probleme der Gesellschaft in Herrschafts- und Klassenverhältnissen wurzeln.

Trumps KI-Strategie versprach sowohl dem US-Kapital als auch den US-Arbeitskräften Vorteile aus der KI. Sie behauptete, es werde „höherwertige Arbeit" für „amerikanische Arbeitnehmer" und „hochqualifizierte Arbeitsplätze" sowie ein „starkes Innovationsökosystem" geben, das dem US-Kapital zugutekomme. Das Argument, dass KI sowohl dem US-Kapital als auch der US-Arbeit zugutekommt, lenkt von dem Umstand ab, dass im Zentrum der KI-gestützten Information die Antagonismen zwischen Arbeit und Kapital, den Produktivkräften und den kapitalistischen Klassen- und Produktionsverhältnissen, der notwendigen Arbeitszeit und der Mehrarbeitszeit stehen. Im Kapitalismus schafft die Automatisierung die Möglichkeiten zur Verringerung der notwendigen Arbeitszeit, aber der Profitimperativ treibt das Kapital dazu, sich einer allgemeinen Arbeitszeitverkürzung bei vollem Lohnausgleich zu widersetzen, weil befürchtet wird, dass solche Maßnahmen die Profite schmälern. Das kapitalistische Interesse besteht darin, die Automatisierung zur Steigerung der Profite zu nutzen, indem der Gesamtanteil der Löhne an den Einnahmen verringert wird. Das Kapitalinteresse besteht darin, Arbeiter:innen überflüssig zu machen. Der Profitimperativ und das strukturelle Erfordernis, Kapital zu akkumulieren, stehen im Widerspruch zu dem Interesse der Menschen, die notwendige Arbeitszeit zu reduzieren, damit Freizeit und Wohlstand für alle gefördert werden.

Trumps Behauptung, dass KI der US-Nation nützt, was für ihn ein harmonisches Verhältnis zwischen Kapital und Arbeit einschließt, lenkt davon ab, dass Automatisierung und KI im Kapitalismus von Klassenverhältnissen geprägt werden. Folglich unterstützen ideologische Tech-Strategien wie die von der Trump-Administration vorangetriebene die kapitalistischen Interessen und wollen den Arbeiter:innen weismachen, dass die kapitalistische Automatisierung ihnen nützt und dass Probleme nicht vom nationalen Kapital und seinen Automatisierungsstrategien verursacht werden, sondern von ausländischen Arbeitskräften und vom ausländischen Kapital.

Henri Lefebvre analysiert den Nationalismus als „ein Werkzeug des Klassenkampfes" (Lefebvre 2003, 224) und „ein Werkzeug zur Beherrschung durch die Monopole" (Lefebvre 2003, 226). Neue Technologien, einschließlich der KI-Technologien und der Robotik, sind im Kapitalismus Mittel zur Förderung der relativen Mehrwertproduktion, der Steigerung der Produktivität, so dass mehr Kapital von der Arbeit in kürzerer Zeit als bisher produziert wird. Für das Kapital ist die KI ein Werkzeug in seinem Kampf gegen die Macht der Arbeit, ein Versuch, die Macht der Arbeit durch ihre Automatisierung zu beschneiden. Die kapitalistische Entwicklung hat zu Monopolen geführt, auch im digitalen Sektor. Das digitale Kapital, einschließlich des KI-Kapitals, ist ein Instrument für die Weiterentwicklung kapitalistischer Monopole.

Nationalist:innen behaupten, „dass die ‚Nation' der zeitlose Ausdruck einer ebenso zeitlosen menschlichen Natur ist" (Lefebvre 2003, 220). Nationalistische KI-Strategien fördern den Nationalismus, indem sie den Eindruck erwecken, dass der Wettbewerb zwischen Nationen um technologischen Fortschritt und Innovationen natürliche Merkmale der Gesellschaft sind. „Als sie behauptete, ihr gesamtes ‚Volk' zu befreien, hat die Bourgeoisie in Wirklichkeit nur sich selbst befreit" (Lefebvre 2003, 223). KI-Strategien, die kapitalistische Interessen vorantreiben und diese Interessen hinter nationalistischer Rhetorik verbergen, sind Strategien, mit denen die Bourgeoisie versucht, sich von der tatsächlichen und potenziellen Gegenmacht der Arbeiter:innen zu befreien.

Für Lefebvre ist der Nationalismus eine mystifizierende Ideologie, die ein Ausdruck der ideologischen Dimension des Fetischismus ist. Der Warenfetischismus ist ein Merkmal des Kapitals und des Kapitalismus, das die gesellschaftlichen Produktionsverhältnisse hinter dem Erscheinungsbild der Dinge, einschließlich der Waren und des Geldes, verbirgt. Fetischismus ist die Verdinglichung der gesellschaftlichen Verhältnisse. Ideologien sind Formen des Fetischismus, die auf der Ebene des Bewusstseins und der Kultur wirken. Für Lefebvre ist der Nationalismus eine Form des Fetischismus, der das menschliche Bewusstsein entfremdet und mystifiziert.

„Fetischismus, Entfremdung und Mystifikation sind drei fast gleichwertige Begriffe, drei Aspekte eines einzigen Sachverhalts. Sie ermöglichen es uns, die komplexe Einheit von Wirtschaft und ideologischen Formationen zu erfassen. Der Materialismus reduziert die Ideologie nicht auf die Wirtschaft, sondern verfolgt die komplexe

Entstehung von Ideologien in Verbindung mit der sozialen Praxis (der Wirtschaft einer bestimmten Gesellschaft)" (Guterman und Lefebvre 1936/1979, 221). Das Kapital ist insofern höchst rational, als Kapitalist:innen Strategien brauchen, wie sie ihr Kapital vermehren können. Aber um zu existieren, braucht das Kapital auch Formen der Irrationalität, des religiösen und mystischen Glauben. Der Nationalismus ist eine dieser Formen der Mystifizierung. „Das Kapital setzt die alten religiösen, magischen, theologischen und metaphysischen Mythen fort. Es spielt die Rolle des Schicksals und der Vorsehung. Es verhindert das Verschwinden der Mythen" (Guterman und Lefebvre 1936/1979, 221). Der Kapitalismus hat den Glauben an Gott säkularisiert. Der Gott des Kapitalismus besteht aus Geld, der Ware und der Nation – der kapitalistischen politischen Ökonomie. Der technische Nationalismus, wie er in Trumps KI-Strategie zum Ausdruck kommt, ist ein religiöses, theologisches und magisches Element des digitalen Kapitalismus, das die Fetischisierung der Technologie mit der Fetischisierung der Nation verbindet.

Joe Bidens Administration hat 2022 angekündigt, dass sie eine KI-Bill of Rights etablieren möchte (White House 2022a, 2022b). Ein Entwurf identifiziert KI-basierte Diskriminierung und Verletzungen der Privatsphäre durch KI-basierte Algorithmen als Probleme der KI. Die entscheidenden Stichwörter sind dabei der Schutz der Arbeiter:innen, Konsument:innenschutz, der Schutz von Studierenden, Schüler:innen und Ausbildner:innen, Patient:innenschutz, fairer Zugang zu Wohnraum und demokratische Werte (White House 2022a, 2022b).

> „Eine der größten Herausforderungen für die heutige Demokratie ist die Nutzung von Technologien, Daten und automatisierten Systemen in einer Weise, die die Rechte der amerikanischen Öffentlichkeit bedroht. Allzu oft werden diese Instrumente eingesetzt, um unsere Möglichkeiten einzuschränken und unseren Zugang zu wichtigen Ressourcen oder Dienstleistungen zu verhindern. Diese Probleme sind gut dokumentiert. In Amerika und auf der ganzen Welt haben sich Systeme, die bei der Patientenversorgung helfen sollen, als unsicher, ineffektiv oder voreingenommen erwiesen. Es hat sich gezeigt, dass Algorithmen, die bei Einstellungs- und Kreditentscheidungen eingesetzt werden, bestehende unerwünschte Ungleichheiten widerspiegeln und reproduzieren oder neue schädliche Voreingenommenheit und Diskriminierung einbetten. Die unkontrollierte Datensammlung in den sozialen Medien wurde dazu genutzt, die Chancen der Menschen zu bedrohen, ihre Privatsphäre zu untergraben oder ihre Aktivitäten allgegenwärtig zu verfolgen – oft ohne ihr Wissen oder ihre Zustimmung. [...] Angetrieben durch die Kraft amerikanischer Innovationen haben diese Instrumente das Potenzial, jeden Bereich unserer Gesellschaft neu zu definieren und das Leben für alle zu verbessern. Dieser wichtige Fortschritt darf nicht um den Preis von Bürgerrechten oder demokratischen Werten erkauft werden – amerikanische Grundprinzipien, die Präsident Biden als Eckpfeiler seiner Regierung bekräftigt hat. [...] Sie sollten vor unsicheren oder ineffektiven Systemen geschützt werden. [...] Sie sollten nicht durch Algorithmen diskriminiert werden, und die Systeme sollten in einer gerechten Weise genutzt und gestaltet werden. [...] Sie sollten durch eingebaute Schutzmechanismen vor missbräuchlichen Datenpraktiken geschützt sein und selbst bestimmen können, wie die Daten über Sie verwendet werden. [...] Sie sollten wissen, dass ein automatisiertes System verwendet wird, und verstehen, wie und warum es zu Ergebnissen beiträgt, die Sie betreffen. [...] Sie sollten die Möglichkeit haben, sich gegebenenfalls dagegen zu entscheiden, und Zugang zu einer Person haben, die Probleme, auf die Sie stoßen, schnell prüfen und beheben kann".

Bidens Regierung hat einen Ansatz, der sich deutlich vom Tech-Nationalismus und Tech-Optimismus der Trump-Regierung unterscheidet. Es wird nicht mehr nur von den Vorteilen der KI gesprochen, sondern es werden reale Gefahren angesprochen und das Ziel formuliert, dass die Bürger:innen, Arbeiter:innen, Konsument:innen, Patient:innen und die Demokratie vor den negativen Auswirkungen der KI geschützt werden.

6.4 Chinas KI-Strategie

Unter dem Titel „A Next Generation Artificial Intelligence Development Plan" veröffentlichte China 2017 eine KI-Strategie (State Council of the People's Republic of China 2017). Die Strategie wird von dem Glauben an die transformative Rolle der KI in der Gesellschaft geleitet: „Die rasche Entwicklung der Künstlichen Intelligenz (KI) wird die menschliche Gesellschaft tiefgreifend verändern" (1). Die chinesische Regierung geht davon aus, dass KI die wichtigste Technologie ist, die den Fortschritt in allen Bereichen der chinesischen Gesellschaft vorantreiben wird, einschließlich „Wissenschaft und Technologie, Wirtschaft, soziale Entwicklung und nationale Sicherheit" (7).

Chinas KI-Strategie spiegelt den Status des Landes als Entwicklungsland mit hohem Wirtschaftswachstum wider. Die chinesische Regierung konzentriert sich bei ihrem wirtschaftlichen Ansatz in Bezug auf KI auf den internationalen Wettbewerb und sieht KI als Hebel, um die digitale Wirtschaft des Westens einzuholen, mit ihr zu konkurrieren und sie zu überholen. Sie spricht daher von der „dringenden Notwendigkeit, Chinas internationale Wettbewerbsfähigkeit im Bereich KI zu steigern" (10). Sie schreibt, dass „KI zu einem neuen Motor der wirtschaftlichen Entwicklung geworden ist" (1) und betont:

> „Wir müssen auch klar sehen, dass es immer noch eine Lücke zwischen Chinas Gesamtentwicklungsstand der KI und dem der Industrieländer gibt [...] wir müssen [...] die Welt bei neuen Trends in der KI-Entwicklung anführen, der wirtschaftlichen und sozialen Entwicklung dienen und die nationale Sicherheit unterstützen, indem wir die allgemeine Steigerung der Wettbewerbsfähigkeit der Nation und eine sprunghafte Entwicklung fördern" (4).

Die chinesische Regierung sieht KI als Schlüssel zur Prosperität: „Die KI-Industrie wird ein neuer wichtiger wirtschaftlicher Wachstumspunkt werden, und KI-Technologieanwendungen werden ein neuer Weg sein, um den Lebensunterhalt der Menschen zu verbessern, was [Chinas] Eintritt in die Reihen der innovativen Nationen stark unterstützt und den Kampf für das Ziel einer gemäßigt wohlhabenden Gesellschaft umfassend verwirklicht" (5). China will Prosperität erreichen, indem es „die Umwandlung und Anwendung von KI-Schlüsseltechnologien beschleunigt und die Integration von Technologien mit innovativen Geschäftsmodellen fördert" (15). Bis 2030, so heißt es, wird China „das wichtigste KI-Innovationszentrum der Welt" (6) werden. Chinas Ansatz in Bezug auf KI kombiniert einen Fokus auf technologischen Determinismus, Technikoptimismus und internationalen Wettbewerb.

Chinas KI-Strategie erinnert an Stalins Industrialisierungsstrategie. Im Jahr 1928 beschrieb Stalin diese Strategie wie folgt:

> „Wir sind in einem Lande zur Macht gelangt, dessen Technik furchtbar rückständig ist. Neben nicht sehr zahlreichen großen Industrieeinheiten, die mehr oder

weniger auf moderner Technik basieren, haben wir Hunderte und Tausende von Fabriken und Werken, deren Technik vom Standpunkt der modernen Errungenschaften keiner Kritik standhält. Indes sind wir von einer ganzen Reihe kapitalistischer Länder umgeben, die eine viel entwickeltere und modernere industrielle Technik besitzen als unser Land. Schauen Sie sich die kapitalistischen Länder an, und Sie werden sehen, dass die Technik dort nicht nur fortschreitet, sondern geradezu vorwärts eilt und die alten Formen der industriellen Technik überholt. [...] Und so ergibt sich eine Situation, dass wir in unserem Lande einerseits die fortschrittlichste Gesellschaftsordnung, die Sowjetordnung, und die fortschrittlichste Staatsmacht der Welt, die Sowjetmacht, haben, anderseits aber eine äußerst rückständige Technik der Industrie [...] Was müssen wir tun, um diesen Widerspruch zu beseitigen? Dazu müssen wir erreichen, dass wir die fortgeschrittene Technik der entwickelten kapitalistischen Länder einholen und überholen. Wir haben die fortgeschrittenen kapitalistischen Länder hinsichtlich der Errichtung einer neuen politischen Ordnung, der Sowjetordnung, eingeholt und überholt. Das ist gut. Aber das genügt nicht. Um den endgültigen Sieg des Sozialismus in unserem Lande zu erringen, müssen wir diese Länder auch in technisch-ökonomischer Hinsicht einholen und überholen. Entweder erreichen wir das, oder wir werden zermalmt" (Stalin 1928, 132).

China sieht sich in Bezug auf KI als technologisch rückständig im Vergleich zum Westen. Ziel das Landes ist es in diesem Bereich, die digitale und wirtschaftliche Entwicklung durch große Innovationen im Bereich der KI voranzutreiben und damit den Westen einzuholen und dessen wirtschaftliche und technologische Entwicklung zu überholen.

Wenn es um KI und Arbeit geht, weist die chinesische KI-Strategie ebenso wie die KI-Strategie der EU und Trumps KI-Strategie nicht auf potenzielle Probleme hin, die sich aus der KI-basierten Automatisierung von Arbeitsplätzen und der daraus resultierenden Arbeitslosigkeit und Prekarität ergeben können. Die chinesische KI-Strategie spricht von der Notwendigkeit, „die Ausbildung und Gewinnung von Spitzenkräften im Bereich der KI zu beschleunigen" (14), und glaubt, dass die die KI die Arbeit befreien und hochqualifizierte Arbeitsplätze schaffen wird. „Immer häufiger werden repetitive, gefährliche Aufgaben von der KI erledigt, während die individuelle Kreativität eine größere Rolle spielen wird", 18). Dazu sei ein System des „lebenslangen Lernens und der beruflichen Weiterbildung" (26) notwendig. Fragen der Arbeitszeit und der Technologie werden nicht erörtert.

Chinas KI-Strategie betont, dass das Land KI-basierte Formen der Überwachung und der Polizeiarbeit vorantreiben will. China will

> „die Vertiefung von KI-Anwendungen im Bereich der öffentlichen Sicherheit fördern. Wir brauchen die Förderung des Aufbaus von Systemen für öffentliche Sicherheit und intelligente Überwachung, Frühwarnung und Kontrolle. Gefördert wird die Erforschung und Entwicklung einer Vielzahl von Erkennungssensortechnologien, Technologien zur Videobildinformationsanalyse, Identifizierungstechnologien, biometrischer Identifizierungstechnologien sowie intelligenter Sicherheits- und Polizeiprodukte. Es wird eine intelligente Überwachungsplattform geschaffen für ein umfassendes Management von Gemeinschaften, neue kriminalistische Ermittlungsmethoden, Terrorismusbekämpfung und andere dringende Bedürfnisse" (20).

Darüber hinaus propagiert die chinesische KI-Strategie die KI-gestützte Automatisierung der Gerichtsbarkeit („smart courts", 20). Vor dem Pekinger Internetgericht erscheinen Kläger:innen und Beklagte per Online-Video vor dem/der Richter:in (Hou 2020). Berichten zufolge ist geplant, dass intelligente Gerichte „mit dem Sozialkreditsystem verknüpft werden" (Xinhua 2019b). Das Pekinger Internetgericht hat auch den weltweit ersten KI-Richter eingeführt (Xinhua 2019a). Obwohl chinesischen Berichten zufolge der KI-Richter eher wie ein Assistent für Richter:innen agiert (Xinhua 2019a), wurden Bedenken hinsichtlich der „Genauigkeit der automatisierten Urteile" geäußert (Shi, Sourdin und Li 2021, 18).

Man sollte sich in diesem Zusammenhang an die Warnung des Computerethikers Joseph Weizenbaum (1978, 300) erinnern, dass es „Grenzen in der Anwendung von Computern" gibt:

> „Computer können juristische Entscheidungen treffen und psychiatrische Urteile fällen. Sie können auf viel ausgesuchtere Weise Münzen werfen als das geduldigste menschliche Wesen. Der Punkt ist, daß ihnen solche Aufgaben nicht übertragen werden *sollten*. Sie können sogar imstande sein, in einigen Fällen zu »korrekten« Entscheidungen zu gelangen – aber immer und unausweichlich auf einer Grundlage, die kein Mensch willentlich akzeptieren sollte.
>
> Es hat viele Diskussionen über »Computer und menschliches Denken« gegeben. Der Schluß, der sich mir aufdrängt, ist hier, daß die relevanten Probleme weder technischer noch mathematischer, sondern ethischer Natur sind. Sie können nicht dadurch gelöst werden, daß man Fragen stellt, die mit »können« beginnen. Die Grenzen in der Anwendung von Computern lassen sich letztlich nur als Sätze angeben, in denen das Wort »sollten« vorkommt. Die wichtigste Grundeinsicht, die uns daraus erwächst, ist die, daß wir zur Zeit keine Möglichkeit kennen, Computer auch klug zu machen, und daß wir deshalb im Augenblick Computern keine Aufgaben übertragen sollten, deren Lösung Klugheit erfordert" (Weizenbaum 1978, 299-300).

Chinas KI-Strategie ist geprägt von einem technooptimistischen und technozentrischen Entwicklungsdenken, das an die Fähigkeit der KI glaubt, China zum führenden Technologieland zu machen und den Wohlstand zu fördern. Verbunden damit ist die Propagierung der Verbreitung von KI-Anwendungen in allen Bereichen der Gesellschaft, einschließlich Überwachung, Polizei und Justiz. Chinas KI-Strategie kann als technooptimistisches, technozentrisches KI-basiertes Modernisierungsprojekt und als KI-basiertes Projekt zur Securitisation (Versicherheitlichung, Sekurisation) der Gesellschaft charakterisiert werden.

6.5 Ein Vergleich der KI-Strategien der EU, der US-Regierung unter Trump und Chinas

Der Vergleich der KI-Strategien der EU, der US-Regierung unter Trump und Chinas zeigt, dass alle drei Strategien von technologischem Determinismus und Techno-Optimismus geprägt sind. KI wird als eine Schlüsseltechnologie dargestellt, die die Gesellschaft radikal verändert und in erster Linie positive Auswirkungen hat. Den Problemen und Antagonismen zwischen Technologie und Gesellschaft wird nur wenig Aufmerksamkeit geschenkt. Alle drei Strategien verfolgen einen internationalen Wettbewerbsansatz in Bezug auf KI und wollen die KI-Entwicklung in ihren eigenen

Volkswirtschaften und Gesellschaften vorantreiben, um die politische, wirtschaftliche, wissenschaftliche und technologische Macht anderer Länder und Regionen zu schwächen. Es fehlt der Fokus auf die internationale Zusammenarbeit und die Frage, wie Nationalismus überwunden und Technologien so gestaltet und genutzt werden können, dass die Menschheit als Ganzes davon profitiert, unabhängig von nationaler Herkunft, Nationalstaaten und regionalen Blöcken. Klassenverhältnisse sowie Fragen und Antagonismen der Arbeitszeit sind in den drei untersuchten KI-Strategien nicht enthalten.

Die KI-Strategie der EU treibt die Modernisierung mit einem moralischen Gesicht voran. Die großen Fragen der politischen Ökonomie, die KI und Automatisierung zugrunde liegen, werden ignoriert. Trumps Strategie war eine Version des nationalistischen KI-Techno-Determinismus. Chinas KI-Strategie ist ein techno-optimistisches, technozentrisches KI-basiertes Modernisierungsprojekt und ein KI-basiertes Projekt zur Versicherheitlichung der Gesellschaft.

Während nach dem Zweiten Weltkrieg die USA und die Sowjetunion in ein internationales Wettrüsten verwickelt waren, erleben wir heute im Weltsystem einen digitalen Technologiewettlauf zwischen den USA, der EU und China, bei dem KI eine wichtige Rolle spielt. Es herrscht ein harter technologischer, wissenschaftlicher, politischer und wirtschaftlicher Wettbewerb. Alle drei Technologiestrategien sind von einer digitalen Ideologie geprägt, die KI als eine große Disruption der Gesellschaft ansieht und in techno-optimistischer Weise davon ausgeht, dass KI und Robotik die Gesellschaft fast zwangsläufig zum Besseren verändern.

Um die großen globalen Probleme wie Pandemien, Erderwärmung, Ungleichheiten, nicht nachhaltige ökologische, soziale und politische Entwicklung, Wirtschaftskrisen, nukleare Bedrohung, die medizinische Versorgung und das Wohlergehen einer alternden Bevölkerung oder Vertreibung zu lösen, brauchen wir nicht mehr internationalen Wettbewerb, sondern internationale Zusammenarbeit und globale Solidarität, die auf der Einsicht beruhen, dass es nur eine Welt gibt, die wir Menschen alle gemeinsam bewohnen und für die wir eine gemeinsame Verantwortung tragen.

Der digitale Technologiewettlauf ist Ausdruck eines internationalen politisch-ökonomischen Wettlaufs um die Akkumulation politisch-wirtschaftlicher Macht, bei dem die USA, die EU, China und Russland miteinander konkurrieren. Im Lichte des Austritts des Vereinigten Königreichs aus der Europäischen Union („Brexit“) hat sich das Vereinigte Königreich als Akteur mit eigenen Interessen in diesem internationalen Wettlauf etabliert. In der Vergangenheit haben politische und wirtschaftliche Wettrennen zwischen konkurrierenden Imperialismen oft zu Nationalismus und Kriegen geführt. Die größte Gefahr, der das Weltsystem heute ausgesetzt ist, besteht darin, dass der politisch-wirtschaftliche Wettbewerb in Verbindung mit Nationalismus und Imperialismus zu einem neuen Weltkrieg führt. Ein solcher Krieg könnte das Ende der menschlichen Existenz bedeuten.

6.6 Schlussfolgerungen

In diesem Kapitel wurden die KI-Strategien der Europäischen Union, der USA unter Donald Trump und Chinas analysiert. Die EU vertritt einen Modernisierungsdiskurs mit einem moralischen und humanen Antlitz, der Fragen von Klasse und Macht ignoriert. Trumps KI-Strategie ist eine Version des nationalistischen KI-Techno-Determinismus. Chinas KI-Strategie ist ein technooptimistisches, technozentrisches KI-basiertes Modernisierungsprojekt und ein KI-basiertes Projekt zur Versicherheitlichung der Gesellschaft. Alle drei Strategien sind technooptimistisch, technozentrisch und auf das Vorantreiben des internationalen technologischen, wissenschaftlichen und politischen-ökonomischen Wettbewerbs ausgerichtet.

Joe Bidens Regierung hat 2022 die Etablierung einer KI Bill of Rights angekündigt, die die Menschen vor den negativen Auswirkungen der KI schützen soll. Die Biden-Regierung hat damit einen Ansatz in der AI-Politik etabliert, der deutlich kritischer, weniger technikdeterministisch und weniger technikeuphorisch ist als die KI-Strategien der Trump-Administration, Chinas und der EU.

Die Geschichte hat gezeigt, dass konkurrierende Imperialismen die Gefahr globaler Kriege in sich bergen. Heute droht der internationale Wettbewerb die globalen Probleme weiter zu verschärfen. Nur globale Solidarität und internationale Zusammenarbeit können diese Probleme lösen, die für die Menschheit eine existenzielle Bedrohung darstellen. Der Nationalismus und die miteinander konkurrierenden Imperialismen sind Teile der globalen Probleme der Menschheit, die deren Existenz bedrohen.

7 Nekropolitik, Tod und digitale Kommunikation im COVID-19-Kapitalismus

Zusammenfassung

Dieses Kapitel ist eine Reflexion über die digitale Mediatisierung des Todes und des Sterbens in der COVID-19-Pandemie aus der Perspektive einer Kritischen Politischen Ökonomie. Es fragt: Welche Rolle spielt die Kommunikation über Tod und Sterben in der kapitalistischen Gesellschaft? Wie hat sich die Kommunikation mit sterbenden Angehörigen in der COVID-19-Pandemie verändert? Welche Rolle haben digitale Technologien und der Kapitalismus in diesem Zusammenhang gespielt?

Ausgehend von grundlegenden theoretischen Erkenntnissen über die Rolle von Tod und Sterben im Kapitalismus werden in diesem Aufsatz einige empirische Studien über Tod und Sterben in der Gesellschaft und die COVID-19-Pandemie vorgestellt und ihre Ergebnisse kommunikationswissenschaftlich interpretiert.

In kapitalistischen Gesellschaften sind Tod und Sterben Tabuthemen und werden versteckt, unsichtbar gemacht und institutionalisiert. Die COVID-19-Pandemie hatte widersprüchliche Auswirkungen auf die Rolle des Todes in der Gesellschaft. Es ist eine menschliche, kulturelle und gesellschaftliche Universalie, dass Menschen im Kreise ihrer Lieben sterben wollen. Die vorgestellten empirischen Studien bestätigen die Erkenntnisse der Philosophen Kwasi Wiredu und Jürgen Habermas, dass Menschen von der Wiege bis zur Bahre grundsätzlich soziale und kommunikative Wesen sind. Der Wunsch, auf soziale Weise zu sterben, ergibt sich aus der sozialen und kommunikativen Natur des Menschen. Im Kapitalismus weicht die Realität des Sterbens vom Ideal des Sterbens ab. Der Kapitalismus verbirgt, individualisiert und institutionalisiert Tod und Sterben. Er macht den Tod unsichtbar.

Aufbauend auf den Arbeiten des politischen Theoretikers und Philosophen Achille Mbembe und des Philosophen und Soziologen Erich Fromm führt der Aufsatz den Begriff der kapitalistischen Nekromacht ein und geht darüber hinaus. Es wird gezeigt, wie die COVID-19-Pandemie in vielen Fällen die soziale und kommunikative Natur der Menschen zerstörte und wie die kapitalistische Nekromacht unnötige Überschuss-Todesfälle schuf und den Kontext der digitalen Mediatisierung der Kommunikation mit sterbenden Angehörigen in der Pandemie bildete.

Schlüsselbegriffe: COVID-19, Kapitalismus, Tod, Sterben, kapitalistische Nekromacht, digitale Kommunikation, digitale Medien, Politische Ökonomie der Kommunikation, Kommunikationstheorie, Kritische Theorie

7.1 Einleitung

Sigmund Freud (1915/1946) schreibt über eine Tendenz im Umgang mit dem Tod, die sich in vielen kontemporären Gesellschaften findet: „Wir haben die unverkennbare Tendenz gezeigt, den Tod beiseitezuschieben, ihn aus dem Leben zu eliminieren" (Freud 1915/1946, 341). „Es ist evident, daß der Krieg diese konventionelle Behandlung des Todes hinwegfegen muß. Der Tod läßt sich jetzt nicht mehr verleugnen" (Freud 1915/1946, 344). Bei der COVID-19-Pandemie konnte der Tod nicht mehr geleugnet werden. Der Tod wurde zum Hauptthema in den Nachrichten, in den sozialen Medien und in alltäglichen Gesprächen. Er war plötzlich überall präsent. COVID-19 hat nicht nur den Tod und das Sterben verändert, sondern auch die Gesellschaft und das Leben als Ganzes. Wir müssen besser verstehen, welche Veränderungen sich im Zusammenhang mit COVID-19 in der Gesellschaft vollzogen haben. Dieser Aufsatz leistet einen Beitrag zu dieser Aufgabe durch eine Analyse aus der Perspektive der Kommunikationstheorie und -forschung. Er ist eine Reflexion über die digitale Mediatisierung des Todes und des Sterbens in der COVID-19-Pandemie, die sich des Ansatzes der Kritischen Politischen Ökonomie bedient. Es wird gefragt: Wie hat sich die Kommunikation mit sterbenden Angehörigen in der COVID-19-Pandemie verändert und welche Rolle haben digitale Technologien und Kapitalismus in diesem Zusammenhang gespielt?

Wir gehen der gestellten Forschungsfrage nach, indem wir Tod und Sterben im Kapitalismus (Abschnitt 7.2), Kommunikation als Aspekt der Lebensqualität und der Sterbensqualität (Abschnitt 7.3), Sterben und Kommunikation in der COVID-19-Pandemie (Abschnitt 7.4) und die kapitalistische Nekromacht im COVID-Kapitalismus (Abschnitt 7.5) analysieren.

In Abschnitt 7.2 werden einige grundlegende theoretische Erkenntnisse über die Rolle von Tod und Sterben im Kapitalismus erörtert. In den Abschnitten 7.3 und 7.4 werden die Ergebnisse empirischer Studien über Tod und Sterben in der Gesellschaft und die COVID-19-Pandemie vorgestellt. Sie interpretieren die Ergebnisse dieser Arbeiten kommunikationswissenschaftlich. In Abschnitt 7.5 stütze ich mich auf die Arbeiten des politischen Theoretikers und Philosophen Achille Mbembe und des Philosophen und Soziologen Erich Fromm. Ich diskutiere ihre Analysen der nekrotischen Dimensionen von Herrschaft und präge den Begriff der kapitalistischen Nekromacht, der für die Analyse des Kapitalismus im Zeitalter von COVID-19 (COVID-Kapitalismus) verwendet wird.

7.2 Tod und Sterben im Kapitalismus

Was als guter Tod angesehen wird, hängt von einer Reihe von Faktoren ab, wie dem Säkularisierungsgrad einer Gesellschaft, der Rolle des Individualismus gegenüber dem Kollektivismus und der durchschnittlichen Lebensdauer (Walter 2003). Weitere Einflussfaktoren sind z. B. die politische Ökonomie, die Klassenstrukturen, der Grad der Kommerzialisierung und die Entwicklung der Konsumkultur, die Bedeutung und Vermittlung von Geschlechternormen und Stereotypen (Schönheitsideale, die Schönheitsindustrie, das kapitalistische Geschäft mit dem Jungbleiben und der Todesverleugnung etc.), die Rolle des Krieges in der Gesellschaft, die Rolle des Alterns und der alten Menschen in der Gesellschaft (Gerontophobie vs. Gerontophilie usw.), der Grad der Globalisierung, der Grad der Urbanisierung, der Grad der allgemeinen Bildung, der Grad der Industrialisierung, der medizinische und wissenschaftliche Fortschritt usw. Dementsprechend unterscheiden sich Gesellschaften in Bezug darauf, was Menschen als einen guten Tod ansehen, welche Rolle sie dem religiösen Glauben im Umgang mit dem Tod beimessen, welchen Ort sie zum Sterben bevorzugen, welche Rolle Sterberiten und Sterbetraditionen spielen, welche Bedeutung Palliativstationen und Pflegeheime haben, welche Rolle und welches Verhältnis zwischen Schweigen und Sprechen bei Beerdigungen besteht, wie Menschen trauern, wie Menschen mit dem Tod als Tabu oder als Gesprächsthema umgehen usw. (siehe Bauman 1992; Kearl 1989, 1996; Walter 2020).

Angesichts unterschiedlicher wirtschaftlicher, politischer und kultureller Qualitäten von Gesellschaften gibt es Unterschiede in der Art und Weise, wie Menschen sterben, über den Tod nachdenken und mit ihm umgehen. Aber Gesellschaften sind nicht nur unterschiedlich, es gibt auch wichtige Konvergenztendenzen und Grundlagen, die Menschen und Gesellschaften über die Unterschiede hinaus verbinden. Wir können daher davon ausgehen, dass es auch einige gemeinsame Aspekte gibt, wie Menschen über den Tod denken und ihn organisieren.

Es gibt eine gewisse Einheitlichkeit in der Beziehung der Menschen zum Tod. Die Erfahrung des Todes und das Bedürfnis, mit ihm umzugehen und ihn zu bewältigen, ist ein gemeinsamer existenzieller Aspekt des Menschseins. Der Mensch ist ein selbstbewusstes, lebendes und sterbendes Wesen, weshalb er auch über den Tod nachdenkt. Die Reflexion führt jedoch nicht immer zur Kommunikation über den Tod, weil wir in Gesellschaften leben, in denen die Menschen nicht in vollem Umfang leben und ihre Potenziale verwirklichen können und in denen es ein hohes Maß an Ungleichheit und zerstörerischen Kräften gibt. Der Todestrieb des Kapitalismus treibt die Gesellschaft und die Menschen in den Tod. Seine nekropolitischen Tendenzen führen zum Tod durch Kriege, Völkermord und Verbrechen; zum Tod der Natur durch Umweltverschmutzung und vom Menschen verursachte Katastrophen; zum Tod der Demokratie durch Faschismus und Autoritarismus; zum Tod der Wahrheit durch Ideologie; zum Tod von Selbstverwaltung und Selbstkontrolle durch Ausbeutung und Klassenherrschaft; zum Tod der Menschlichkeit durch klassenbezogene, geschlechtsspezifische, rassistische und faschistische Gewalt usw.

Im Kapitalismus ist der Tod zu einem Tabu geworden. Da der Tod eine kapitalistische Realität ist, neigen wir dazu, ihm gedanklich zu entkommen, weshalb er zu einem Tabuthema wird, über das die Menschen nicht sprechen. Infolgedessen besteht auch die Illusion, dass es keine Gemeinsamkeiten in der Art und Weise gibt, wie Menschen in verschiedenen Teilen der Welt dem Tod begegnen. Weil wir nicht über den Tod sprechen, wissen wir nicht, welche gemeinsamen Erfahrungen und Begegnungen wir Menschen mit dem Tod haben und machen.

Wir versuchen ständig, das Alte und das Sterbende durch das Neue zu ersetzen, um den Tod zu vergessen. Wir versuchen, den Tod verschwinden zu lassen durch Konsumkultur, Kommerzialisierung, neue Technologien, Fast-Food-Kultur, McDonaldisierung, Beschleunigung, Informationsflut, Schönheitsindustrie, Jugendkult, Pflegeheime, in denen Alte und Kranke verschwinden, Celebrity-Kultur, die Online-Influencer-Kultur der Likes und Selfies, Schönheitsoperationen, Mode, Marken, individualisiertes Trauern / Leiden / Sterben / Weinen, Techniken, um Tötungen in Kriegen unsichtbar zu machen, Cyborg-Utopien, die eigentlich Dystopien sind, usw. So versuchen wir, den Tod in einen Akt des Verschwindens (Bauman 1992, 172) zu verwandeln, ohne zu erkennen, wie real und ständig präsenter im Kapitalismus ist und wie er die Menschheit tötet.

Die Unsterblichkeit ist zu einem Industriezweig und einer ständigen Arbeit geworden, die „private Fahrzeuge in die Ewigkeit" schaffen will (Bauman, in: Jacobsen und Kearl 2014, 314). Die kapitalistische Moderne und der Individualismus haben zu einer „Sequestration von Krankheit und Tod" geführt, zu ihrer „Ausblendung aus dem allgemeinen Blickfeld", sodass der Tod zu einer „technischen Angelegenheit" (Giddens 1991, 161) geworden ist, die dem Alltag entzogen und in die Hände von medizinischen und pflegerischen Institutionen und Fachleuten gelegt wurde. Der Tod als Tabu bedeutet, dass wir nicht über den Tod, das Sterben und die Toten sprechen. Die Unkommunizierbarkeit des Todes ist Teil des großen kapitalistischen Verschwindens des Todes. Infolgedessen wissen wir nicht, welche gemeinsamen Erfahrungen, Einschätzungen und Präferenzen die Menschen in Bezug auf den Tod haben. Es gibt jedoch empirische Studien, die in verschiedenen Gesellschaften durchgeführt wurden und die uns helfen, Erkenntnisse über universelle Aspekte des Sterbens zu gewinnen.

COVID-19 hatte antagonistische Auswirkungen auf die Sichtbarkeit des Todes. Einerseits wurde in der Öffentlichkeit – in den Medien und in privaten Unterhaltungen – ständig über COVID-19-Todesfälle gesprochen, was den Tod sichtbar machte. Andererseits verschwanden die tatsächlichen Sterbeprozesse aufgrund von Infektionsrisiken hinter verschlossenen Krankenhaustüren und hinter statistischen Infektionskurven, was die Sequestration und Unsichtbarkeit des Todes weiter vorantrieb, die sich mit dem Aufkommen von z. B. Todescafés, Online-Foren, die sich mit Krankheiten und Todesfällen befassen, der Kommunikation über Verstorbene in sozialen Medien, öffentlichen Diskussionen über Sterbehilfe, virtuellen Friedhöfen, Online-Gedenkstätten usw. schrittweise und nach und nach umzukehren begann (Pentaris und Woodthorpe 2022; Walter, Hourizi, Moncur und Pitsillides 2011). Auf der Grundlage dieser Erkenntnisse konzentriert sich der nächste Abschnitt auf die Rolle der Kommunikation beim Sterben.

7.3 Kommunikation als Aspekt der Lebensqualität und der Sterbensqualität

7.3.1 Ein Blick auf einige empirische Studien

Werfen wir einen kurzen und exemplarischen Blick darauf, was einige empirische Studien darüber herausgefunden haben, wie Menschen über den Tod denken.

Eine beträchtliche Anzahl einschlägiger Studien wurde in westlichen Ländern durchgeführt. Sandsdalen et al. (2015) verglichen systematisch 25 Studien, die die Präferenzen der Patienten in der Palliativversorgung analysierten. Es gab sieben Studien aus dem Vereinigten Königreich, fünf aus den USA, vier aus Kanada und jeweils eine aus Australien, Finnland, Hongkong, Irland, Israel, Italien, Japan, den Niederlanden und Neuseeland. Die Gesamtzahl der an diesen Studien teilnehmenden Patient:innen betrug 1.583. Die Studien wurden zwischen 1982 und 2012 veröffentlicht.

> „Der Schwerpunkt der Lebensqualität lag auf dem Zusammensein mit Menschen, die die Patient:innen liebten und die ihnen Freude bereiteten. Familie und Freunde waren die wichtigste Quelle der Unterstützung und Stärke, da sie für die Patient:innen da waren, ihnen Mut machten und gemeinsam schwere Zeiten bewältigten. Die Patient:innen bevorzugten daher die Erleichterung der Begleitung und Pflege durch Familie und Freunde sowie die Möglichkeit, wichtige Beziehungen zu erhalten und zu stärken. [...] Die Patient:innen gaben an, dass sie Personal bevorzugen, das mit ihnen kommuniziert, indem es sich Zeit nimmt, sich ihre Anliegen

anzuhören, einen interaktiven Dialog führt und dazu beiträgt, dass sie verstanden werden" (Sandsdalen et al. 2015, 411, 413).

Steinhauser et al. (2000) führten in den USA eine Umfrage durch, an der 340 schwerkranke Patient:innen, 332 Angehörige von Hinterbliebenen, 361 Ärzte und Ärztinnen und 429 Pflegekräfte teilnahmen. Zu den Aussagen, die bei allen vier Teilnehmergruppen ein sehr hohes Maß an Übereinstimmung erzielten, gehörte, dass es für einen Sterbenden wichtig sei, „jemanden zu haben, der zuhört", „sich von wichtigen Menschen zu verabschieden", mit einem Arzt oder einer Ärztin „Ängste besprechen" zu können, „unerledigte Angelegenheiten mit der Familie oder Freunden" zu klären, „körperliche Berührung" zu haben, „Zeit mit engen Freunden" zu verbringen, „Präsenz der Familie" zu haben, „[n]icht allein zu sterben", eine:n Krankenpfleger:in zu haben, „mit der/dem man sich wohlfühlt" und eine:n Arzt/Ärztin zu haben, der/die „gerne über Tod und Sterben spricht" und einen als „ganze Person" kennt (Steinhauser et al. 2000, 2479). Von den 26 Aspekten mit hoher Zustimmung waren 12 Aspekte kommunikativer und sozialer Natur, was die Bedeutung der Kommunikation beim Sterben zeigt.

Studien, die in asiatischen Gesellschaften durchgeführt wurden, kamen zu Ergebnissen, die mit denen von Studien in westlichen Gesellschaften vergleichbar sind. So führten Hou et al. (2019) eine Umfrage unter 248 chinesischen Krebspatient:innen im fortgeschrittenen Stadium über Aspekte eines guten Todes durch. Sie fanden heraus, dass „die ‚gute Beziehung zur Familie' die höchste Punktzahl hatte. China ist ein familienzentriertes Land, und ein:e Sterbende:r braucht seine Familienangehörigen, um Pflege, finanzielle und emotionale Unterstützung zu erhalten; daher ist eine gute Beziehung zur Familie für die Patient:innen wesentlich. [...] zu sagen, was er oder sie lieben Menschen vor dem letzten Atemzug sagen möchte, ist von großer Bedeutung" (Hou et al. 2019, 5).

Miyashita et al. (2007) entwickelten das Good Death Inventory, einen Fragebogen, der aus achtzehn Komponenten eines guten Todes besteht. Sie führten eine nationale Umfrage durch, an der 2 548 Japaner:innen teilnahmen. Es zeigte sich, dass neben dem physischen und psychischen Komfort und den fürsorglichen Ärzt:innen und Krankenpersonal der soziale Kontakt mit der Familie, der man seine Gefühle mitteilen kann und deren Unterstützung man erfährt, ein Schlüsselaspekt für einen guten Tod ist. Miyashita et al. (2007, 1094) betonen, dass westliche Studien zu ähnlichen Ergebnissen kamen und dass es Elemente eines guten Todes gibt, die über kulturelle Unterschiede hinausgehen.

Pitanupong und Janmanee (2021) führten eine Umfrage unter 96 palliativen Krebspatient:innen in Thailand durch. 93,8 Prozent der Befragten gaben an, dass es wichtig sei, „geliebte Menschen um sich zu haben, wenn sie gebraucht werden" (2021, 4).

Studien über das Sterben in afrikanischen Gesellschaften haben zu vergleichbaren Erkenntnissen geführt wie jene aus asiatischen und westlichen Gesellschaften. Eine Studie mit 173 unheilbar kranken ugandischen Patient:innen ergab, dass die große Mehrheit es vorzog, zu Hause gepflegt zu werden. Die Patient:innen sagten, dass sie sich zu Hause „sicher fühlen und von ihrer Familie umgeben sind" (Kikule 2003, 193). Namisango, Katabira, Karamagi und Baguma (2007) untersuchten die Wahrnehmung der Lebensqualität bei 200 fortgeschrittenen AIDS-Patient:innen in Uganda. Sie fanden heraus, dass zwischenmenschliche Beziehungen, einschließlich der Möglichkeit, mit nahestehenden Menschen über wichtige Dinge zu sprechen und so viel Zeit mit

Freund:innen und Familie zu verbringen, wie man möchte, die höchste Punktzahl bei der Bewertung der Lebensqualität durch die Befragten erreichten.

Selman et al. (2011) führten eine Umfrage zur Lebensqualität unter 285 Palliativpatient:innen in Uganda und Südafrika durch. Es zeigte sich, dass enge persönliche Beziehungen die wichtigste Lebensqualität für die Befragten waren. Unter Verwendung einer fünfstufigen Likert-Skala (1=niedrige Wichtigkeit, 5=sehr hohe Wichtigkeit) lag der durchschnittliche Antwortwert auf die Frage „Es ist mir wichtig, enge persönliche Beziehungen zu haben" bei 4,13.

7.3.2 Theoretische Interpretation: Die Universalität der Kommunikation von der Wiege bis zur Bahre

Diese Studien über menschliche Bewertungen des Sterbens aus verschiedenen Teilen der Welt liefern empirische Erkenntnisse, die darauf hindeuten, dass Menschen über Kulturen hinweg und jenseits kultureller Unterschiede gemeinsame soziale Merkmale haben, wenn es um Sterben und Tod geht. Den vorgestellten Studien zufolge wünschen sich die Menschen, ohne Schmerzen und Leiden, im hohen Alter nach einem erfüllten und glücklichen Leben und in engem Kontakt mit ihren Lieben zu sterben.

Es scheint ein universelles Merkmal des Menschen zu sein, dass er, wenn er schwer krank ist oder stirbt, von Familie und Freunden umgeben sein und Zeit mit ihnen verbringen möchte, dass er geliebte Menschen trösten und von ihnen getröstet werden möchte, dass er sich nach menschlicher Nähe und Berührung sehnt und dass er fürsorgliche Ärzte und Ärztinnen und Krankenpersonal haben möchte, die sich Zeit nehmen, um mit ihm zu sprechen und ihn menschlich zu behandeln. Der Mensch ist ein soziales Wesen von der Wiege bis zur Bahre. Wir werden als soziale Wesen geboren, wir leben als soziale Wesen, und wir sterben als soziale Wesen. Als Säuglinge, Kleinkinder und Kinder brauchen wir, genauso wie wenn wir krank sind und sterben, andere Menschen, die für uns da sind und sich um uns kümmern. Sich um uns zu kümmern und umsorgt zu werden, ist ein wesentliches Merkmal dessen, was es bedeutet, ein Mensch zu sein. Liebe ist ein wesentliches und allgemeines Merkmal menschlichen Verhaltens. Wir müssen lieben und geliebt werden, um ein erfülltes Leben führen zu können. Wir leben unser Leben in und durch soziale Beziehungen. Enge soziale Beziehungen, Liebe, Familie und Freundschaften sind für die menschliche Entwicklung von besonderer Bedeutung. Kommunikation ist der Prozess der Herstellung und Reproduktion von sozialen Beziehungen (Fuchs 2020a). Menschsein bedeutet nicht nur, ein soziales Wesen zu sein. Es bedeutet auch, ein kommunikatives Wesen zu sein. Das Soziale ist kommunikativ. Und Kommunikation ist sozial. Das Sterben und der Tod eines geliebten Menschen sind existenzielle Situationen, in denen wir die zeitlichen, physischen und sozialen Grenzen der menschlichen Existenz unmittelbar erfahren. Mit geliebten Menschen zu kommunizieren, ihre Liebe zu spüren, ihre Hände zu halten und in ihre Gesichter zu blicken, ist für Menschen in solchen existenziellen Situationen von zentraler Bedeutung.

Der Tod ist die *Entfremdung*, die Fremdheit und Entfremdung ohne Ende (Fuchs 2020a, 429-431): die endgültige Entfremdung von uns selbst, die endgültige Entfremdung von unseren Lieben, die endgültige Entfremdung von der Gesellschaft; die endgültige Entfremdung vom Selbstbewusstsein, vom Körper und vom Geist; die endgültige Entfremdung von der Welt, die endgültige Entfremdung von der Kommunikation (sozialer Tod). Im Übergang zum Tod, im Prozess des Sterbens, ist der Mensch mit der endgültigen Entfremdung konfrontiert, seiner Endfremdung, die das letzte

Unbekannte ist. Um mit dieser letzten Unbekannten angesichts des eigenen Endes fertig zu werden, wünscht sich der Mensch die Nähe zu dem, was er kennt und was ihm am vertrautesten ist – zu seinen Lieben. Deshalb sind die Kommunikation mit geliebten Menschen und die körperliche Nähe, das Spüren und Mitteilen von Liebe für den sterbenden Menschen so wichtig.

Die Bedeutung, die Menschen der Kommunikation und Sozialität beim Sterben beimessen, zeigt, dass Kommunikation und Sozialität menschliche, kulturelle und soziale Universalien sind. Empirische Studien zum Sterben bestätigen die Erkenntnisse von Philosophen wie Kwasi Wiredu und Jürgen Habermas.

Kwasi Wiredu (1995) wendet sich gegen den Kulturrelativismus und argumentiert, dass es kulturelle Universalien gibt, Merkmale aller Gesellschaften und aller Menschen in allen Gesellschaften. Die Menschen haben gemeinsam, dass sie „über den Instinkt hinausgehen", und zwar „durch reflektierende Wahrnehmung, Abstraktion, Deduktion und Indikation" (53). Reflektierende Wahrnehmung bedeutet „eine Art von Bewusstsein, das die Identifizierung von Objekten und Ereignissen durch die bewusste Anwendung von Begriffen beinhaltet und das folglich die Fähigkeit des Wiedererinnerns und der erneuten Identifizierung mit sich bringt" (53). Bevor der Mensch handelt, antizipiert er die Folgen möglicher Handlungen, was auf seinem Urteilsvermögen und seiner Fähigkeit zur Schlussfolgerung beruht (53). „Zum Handeln gehören also Urteil und Schlussfolgerung, aber zum sozialen Handeln, das ein wesentlicher Bestandteil der menschlichen Existenz ist, gehört auch die Kommunikation. Wenn nun ein Wesen zum Urteil und zur Schlussfolgerung fähig ist, dann ist es notwendigerweise auch zur Kommunikation fähig" (54). Der „Besitz der einen oder anderen Sprache durch alle menschlichen Gesellschaften [...] ist das kulturelle Universal par excellence" (59). „Keine menschliche Gesellschaft oder Gemeinschaft ist ohne Kommunikation möglich" (Wiredu 1996, 13); der Mensch wird mit „angeborenen konzeptionellen Fähigkeiten" (Wiredu 1996, 19) geboren, den Fähigkeiten, Sprache zu entwickeln und zu kommunizieren.

Jürgen Habermas hat einen Ansatz entwickelt, der mit dem von Wiredu vergleichbar ist. Habermas kritisiert den Relativismus des postmodernen Denkens, der die Existenz von Universalien leugnet. „Die Perhorreszierung des Einen und das Lob der Differenz und des Anderen verdunkeln den dialektischen Zusammenhang zwischen beidem. [...] Noch immer gilt die Einheit der Vernunft als Repression, nicht als Quelle der Vielfalt ihrer Stimmen" (Habermas 1992, 180). Habermas verteidigt die Idee der Einheit des menschlichen Handelns mit dem Argument, dass die Einheit der Vernunft in der Vielfalt der menschlichen Stimmen liegt. Durch Kommunikation produzieren und realisieren die Menschen ihre Einheit. „Denn Konzepte wie Wahrheit, Rationalität oder Recht fertigung spielen in *jeder* Sprachgemeinschaft, obwohl sie verschie den interpretiert und nach verschiedenen Kriterien angewendet werden, *dieselbe* grammatische Rolle. Gewiß haben sich einige Kulturen mehr als andere in der Fähigkeit geübt, sich von sich zu distanzieren. Aber alle Sprachen bieten die Möglichkeit, zwischen dem, was wahr ist, und dem, was wir für wahr halten, zu unterscheiden. In die Pragmatik eines jeden Sprachgebrauchs ist die *Unterstellung* einer gemeinsamen objektiven Welt eingebaut. Und die Dialogrollen jeder Gesprächssituation erzwingen eine Symmetrie der Teilnehmerperspektiven" (Habermas 1992, 178).

Ohne Kommunikation gibt es keine Gesellschaft, also ist Kommunikation sicherlich ein universelles Merkmal aller Gesellschaften. Dies ist nur eine andere Art zu sagen, dass soziale Beziehungen und gesellschaftliche Verhältnisse das Hauptmerkmal aller

Gesellschaften sind. Aber soziale Beziehungen sind nicht nur kultureller Natur, sie existieren in allen sozialen Systemen, was sie zu einem grundlegenden Merkmal macht. Soziale Beziehungen und gesellschaftliche Verhältnisse sind das Medium und das Ergebnis von Kommunikationsprozessen. Kommunikation ist die Produktion und Reproduktion von sozialen Beziehungen in der Gesellschaft (Fuchs 2020a). Die soziale Produktion steht also im Zentrum aller menschlichen Aktivitäten und Gesellschaften. Soziale Produktion bedeutet die Herstellung sozialer und gesellschaftlciher Formen in und durch Menschen, die einander auf unterschiedliche Weise begegnen. Es gibt nicht nur kulturelle Universalien, sondern auch soziale Universalien von Gesellschaften, was bedeutet, dass der Mensch ein soziales und gesellschaftliches Wesen ist. Und um sozial zu sein, müssen sie produzieren und kommunizieren. Um zu produzieren, bedienen sich die Menschen der Kommunikation. Und Kommunikation ist ein Produktionsprozess. Kommunikation ist (eine Art von) Produktion, Produktion ist (auch) Kommunikation.

Das antizipatorische Denken, das Wiredu reflektierende Wahrnehmung nennt, ist laut Marx Teil der menschlichen Produktion: „Was aber von vornherein den schlechtesten Baumeister vor der besten Biene auszeichnet, ist, daß er die Zelle in seinem Kopf gebaut hat, bevor er sie in Wachs baut. Am Ende des Arbeitsprozesses kommt ein Resultat heraus, das beim Beginn desselben schon in der Vorstellung des Arbeiters, also schon ideell vorhanden war. Nicht daß er nur eine Formveränderung des Natürlichen bewirkt; er verwirklicht im Natürlichen zugleich seinen Zweck, den er weiß" (Marx 1867, 193).

Kommunikation ist ein universeller menschlicher, sozialer und gesellschaftlicher Prozess. Wir kommunizieren und brauchen soziale Beziehungen, sobald wir geboren sind, kommunizieren unser ganzes Leben lang und haben den Wunsch nach Kommunikation, wenn wir sterben. Kommunikation ist ein universelles menschliches Bedürfnis, ein Wunsch und eine Sehnsucht von der Wiege bis zur Bahre. Sie ist eine menschliche Universalität.

Studien haben ergeben, dass es eine relativ hohe Inkongruenz zwischen dem bevorzugten und dem tatsächlichen Sterbeort gibt (Bell, Emese und Masaki 2010; Fischer et al. 2013). Im Jahr 2019 starben 56,5 Millionen Menschen[79]. 17,4 Prozent von ihnen waren unter 40 Jahre alt. 11,0 Prozent der Verstorbenen waren unter 20 Jahre alt. 4,3 Millionen (7,6 %) starben an Verletzungen, die vermeidbar gewesen wären, wie Verkehrsunfälle (2,3 %) und unbeabsichtigte Verletzungen (Stürze, Ertrinken, Feuer, Kohlenmonoxid usw.). Etwa 500.000 (etwa 1 %) starben wegen zwischenmenschlicher Gewalt, Konflikten, Kriegen und Terrorismus. 2,3 Millionen (etwa 4 Prozent) starben durch Arbeitsunfälle oder Krankheiten[80]. Oxfam (2021) schätzt, dass jede Minute 11 Menschen an akutem Hunger sterben, das sind fast 16.000 pro Tag und 5,78 Millionen pro Jahr. Das bedeutet, dass etwa 10 Prozent aller Todesfälle die Folge von Hunger sind.

Die diskutierten Daten zeigen, dass eine beträchtliche Anzahl und ein beträchtlicher Anteil der Menschen anders sterben, als sie es sich wünschen. Sie sterben zum

79 Datenquelle für alle in diesem Abschnitt aufgeführten Daten (sofern nicht anders angegeben): Global Health Data Exchange, Daten für das Jahr 2019, http://ghdx.healthdata.org/gbd-results-tool, accessed on 24 July 2021.

80 Datenquelle: https://www.ilo.org/moscow/areas-of-work/occupational-safety-and-health/WCMS_249278/lang--en/index.htm, abgerufen am 24. Juli 2021.

Beispiel in einem frühen Alter, als Folge von Unfällen, Arbeits- und Klassenverhältnissen, Hunger oder Gewalt. Wir leben in einem kapitalistischen Weltsystem. Angesichts der Tatsache, dass eine beträchtliche Anzahl von Todesfällen vermeidbar und das Ergebnis von Ungleichheit, Armut, politischen Konflikten und Klassenverhältnissen sind, ist es offensichtlich, dass der Kapitalismus tötet. Der Kapitalismus ist ein tödliches System.

Die politische Ökonomie wirkt sich auf den Tod und die Qualität des Lebens und Sterbens aus. Die starke Ungleichheit des Kapitalismus hat zu Hunger geführt. Im Jahr 2020 waren mehr als 800 Millionen Menschen unterernährt, 98 Prozent von ihnen lebten in Entwicklungsländern (Mercy Corps 2020). Patient:innen in armen Ländern haben oft keinen Zugang zu Schmerzmitteln, Krankenhäusern, Behandlungen und Palliativmedizin, es fehlt an medizinischem Personal und es herrscht eine hohe Morbidität und Mortalität (Harding und Higginson 2005). Während der COVID-19-Pandemie führte der Mangel an medizinischen Ressourcen wie Sauerstoff in armen Ländern wie Indien dazu, dass viele Menschen erstickten. Forscher:innen schätzen, dass zwischen März 2020 und Juni 2021 die Zahl der überzähligen Todesfälle in Indien zwischen 3,4 und 4,9 Millionen lag (Anand, Sandefur und Subramanian 2021).

Es gibt einen Unterschied zwischen dem, wie Menschen sterben wollen, und dem, wie sie tatsächlich sterben. Die Realität ist, dass viele Menschen nicht so sterben, wie sie es für einen guten Tod als angemessen erachten, sondern dass sie einen schlechten Tod sterben. Der Tod ist immer schrecklich, tragisch und unaussprechlich. Die Begriffe „guter Tod", „Qualität des Todes", „Qualität des Sterbens" und „gutes Sterben", die in der medizinischen Wissenschaft verwendet werden, sind daher nicht wirklich angemessen. Tod und Sterben sind von Natur aus negativ und schlecht. Niemand möchte einen geliebten Menschen verlieren. Aber es gibt einen Unterschied zwischen einem langen, erfüllten, liebevollen Leben ohne Schmerzen und dem Tod aufgrund von Krieg, Völkermord, sexueller Gewalt, Mord, Hunger, heilbaren Krankheiten oder in jungen Jahren.

Dieser Abschnitt befasste sich mit empirischen Studien, die zeigen, dass Menschen in Gesellschaft und auf soziale und kommunikative Weise sterben möchten, was grundlegenden universellen menschlichen Eigenschaften entspricht. Das Ideal des Menschen vom Sterben weicht oft von der Realität des Sterbens ab (Broad et al. 2013, Fischer et al. 2013). Der zerstörerische Charakter des Kapitalismus verschärft diese Divergenz noch. Im nächsten Abschnitt werden wir die Rolle der Kommunikation im Zusammenhang mit dem Sterben bei der COVID-19-Pandemie analysieren.

7.4 Sterben und Kommunikation in der COVID-19-Pandemie

Das Sterben während der COVID-19-Pandemie war sowohl für die Erkrankten als auch für ihre Angehörigen und Freunde schrecklich. Wenn die Krankenhäuser überfüllt waren, starben Menschen zu Hause oder auf der Straße an COVID. Ihre Angehörigen oder Freunde waren in solchen Fällen bei ihnen, so dass sie nicht allein waren, aber viele von ihnen erstickten, was einen grausamen Tod bedeutet. Andere schafften es in Krankenhäuser und Intensivstationen, wo sie von Familie und Freunden isoliert werden mussten, die sie nicht besuchen durften, um das Infektionsrisiko zu minimieren.

Wie der vorangegangene Abschnitt dieses Aufsatzes zeigt, wissen wir aus empirischen Studien, dass Menschen es vorziehen, in Gesellschaft und Kommunikation mit ihren Lieben zu sterben. Das Sterben an COVID-19 in einem Krankenhaus ist brutal, weil der Wunsch des Menschen, in Gesellschaft von engen Freunden zu sterben, unerfüllt bleibt. Zu den Schrecken von COVID-19 gehört, dass die direkte soziale Verbindung zwischen Krankenhauspatient:innen und ihren Angehörigen unterbrochen wird, dass es keine enge Begleitung durch Angehörige gibt, wenn Patient:innen die Angst vor dem Tod erleben und die Ärzte und Ärztinnen ihnen sagen, dass sie intubiert und beatmet werden müssen, dass viele Patient:innen keinen direkten Kontakt zu Menschen haben und die Berührung ihrer Angehörigen nicht spüren und umgekehrt, dass Patient:innen eine entpersonalisierte Form der Behandlung erleben, weil Ärzte, Ärztinnen und Pflegepersonal Schutzausrüstung tragen müssen, dass viele Familienangehörige und Freunde den verstorbenen geliebten Menschen nicht noch einmal sehen und die Beerdigung nicht angemessen planen und begleiten können. Der Tod ist immer furchtbar. An COVID-19 zu sterben ist besonders unmenschlich, weil das dem Menschen innewohnende Bedürfnis nach Kommunikation und Gesellschaft mit geliebten Menschen unterbrochen wird. COVID-19 ist daher eine besonders schreckliche Krankheit.

Bei der COVID-19-Pandemie vermittelten und prägten Masken, Handschuhe, Telefone, Tablets, Software und Apps die Qualität der Kommunikation zwischen Patient:innen und Angehörigen sowie die Kommunikation zwischen Patient:innen und ihren Familien und dem Gesundheitspersonal. Digitale Technologien spielten bei der COVID-19-Pandemie eine wichtige Rolle bei der Kommunikation über Krankheit und Tod.

Es gibt einige empirische Studien zu kommunikativen Aspekten des Leidens und Sterbens an COVID-19 (z.B. Bear et al. 2020; Burrell und Selman 2022; Chen, Lerman und Ferrara 2020; Ersek et al. 2021; Feder et al. 2021; Hanna et al. 2021a, 2021b; Kürtüncü, Kurt und Arslan 2021; Mortazavi et al. 2021, Selman et al. 2021). Zu den verwendeten Methoden gehörten Umfragen, halbstrukturierte Interviews und die Analyse von Twitter-Daten. Zu den Forschungsteilnehmenden gehörten Überlebende der Krankheit, Familienmitglieder, Angehörige von Gesundheitsberufen, Glaubensgemeinschaften, nicht-religiöse Gruppen der Zivilgesellschaft und vulnerable Gruppen.

7.4.1 Sterben an COVID-19

Empirische Studien zeigen, wie schrecklich es für COVID-19-Patient:innen im Krankenhaus, insbesondere auf der Intensivstation, ist, ihre Angehörigen im Krankenhaus und im Moment des Sterbens nicht persönlich sehen zu können. Das Gleiche gilt für Beerdigungen.

COVID-Patient:innen in Krankenhäusern beschrieben ihre Situation folgendermaßen: „Ich fühlte mich völlig allein "; „Ich wurde verrückt " (Kürtüncü, Kurt und Arslan 2021, 7). Hinterbliebene Familienmitglieder charakterisierten diese Situation beispielsweise mit den folgenden Worten:

> *„Papa starb allein. Als er starb, blieb meine Welt stehen. Er war mein Held“* (Selman et al. 2021, 1271).

> *„Warum konnte ich nicht zu ihm gehen? Ich fühle mich verletzt. Ich kann nichts tun, um ihn zurückzubringen"* (Feder et al. 2021, 589).

„Bevor er an das Beatmungsgerät angeschlossen wurde, wünschte ich mir, ich hätte mehr als dieses eine Mal mit ihm gesprochen" (Feder et al. 2021, 590).

„Als er starb, nahm ich die Grabtücher, um ihn einzuhüllen, aber sie erlaubten es mir nicht" (Mortazavi et al. 2021, 9).

„Ich stand so nah am Fenster, wie ich nur konnte. Er sprach mit mir, was ich hören konnte, aber er konnte mich nicht hören, so dass es für uns beide schmerzlich war" (Hanna et al. 2021a, 847)

„Die Tatsache, dass wir zu ihr gehen und sie sehen konnten, weil wir sie so lange nicht mehr gesehen hatten. Es war wichtig, sie ein letztes Mal berühren zu können und mit ihr zu sprechen" (Hanna et al. 2021a, 848).

Die Regeln und Praktiken in Bezug auf die Möglichkeit bzw. das Verbot für enge Familienangehörige, sterbende COVID-19-Patient:innen persönlich zu besuchen und an ihrer Beerdigung teilzunehmen, variierten von Land zu Land und von Einrichtung zu Einrichtung. In einigen Fällen war es Familienangehörigen völlig untersagt, Krankenhäuser und Pflegeheime zu betreten, während in anderen Fällen einzelne Familienmitglieder beim Tod ihrer Angehörigen anwesend sein durften.

Unabhängig davon, ob Angehörige nur kurz oder gar nicht anwesend sind, wenn COVID-19-Patient:innen sterben, ist die Situation furchtbar. Es gibt nicht genug Privatsphäre, nicht genug Zeit für Kommunikation, nicht genug körperliche Nähe. Sterben und Tod sind immer unmenschlich. Sterben und beerdigt zu werden ohne oder mit sehr wenig Kontakt zu den Angehörigen ist nicht nur unmenschlich, sondern barbarisch und eine Horrorversion. Ich will damit keineswegs sagen, dass Krankenhäuser und Pflegeheime ständig jeden reinlassen hätten sollen. Es bestand ein echtes Infektionsrisiko. Vielmehr betone ich, welch grausame und brutale Todesarten diese Pandemie hervorrief. Der Tod durch COVID-19 hat in vielen Fällen die soziale und kommunikative Natur der Menschen völlig zerstört und ihnen den lebenswichtigen menschlichen Kontakt zu ihren Angehörigen verwehrt, als sie starben. COVID-19 hat nicht nur Millionen von Menschen getötet, sondern sie auf barbarische Weise umgebracht.

Interviews mit Angehörigen der Gesundheitsberufe, die COVID-19-Patient:innen am Lebensende betreuten, zeigen die Schwierigkeiten, mit denen viele dieser Berufsgruppen aufgrund der hohen Patient:innenzahl und des Personalmangels infolge der Erkrankung und des Todes von Kolleg:innen, die sich mit dem Virus infiziert hatten, konfrontiert waren (Hanna et al. 2021b, 1252). In Fällen, in denen ein:e Patient:in allein starb, hatten die Angehörigen des Gesundheitswesens die schwierige Aufgabe, die Verwandten zu informieren, was ihnen oft schwer fiel, weil sie keine Gelegenheit hatten, Beziehungen zu den Familien der Patient:innen aufzubauen: „Viele Fachkräfte waren besorgt darüber, ob ein Angehöriger andere Menschen in seiner Nähe haben würde, die ihm Trost spenden könnten, wenn er diesen Anruf erhält. Mitunter empfanden es die im Krankenhaus tätigen Fachkräfte des Gesundheits- und Sozialwesens als schwierig, den Angehörigen diese Nachricht mitzuteilen, da sie keine Gelegenheit hatten, eine Beziehung zu ihnen aufzubauen, da sie sie weder physisch noch virtuell getroffen hatten" (Hanna et al. 2021b, 1253).

Selbst wenn enge Verwandte beim Tod ihres Angehörigen an COVID-19 anwesend sein durften, standen einige von ihnen vor unüberbrückbaren Hürden, die mit der räumlichen Entfernung und ihrer eigenen Gesundheit zu tun hatten:

> „Fachkräfte des Gesundheits- und Sozialwesens gaben an, dass Besuchsbeschränkungen am Lebensende bedeuteten, dass in der Regel nur ein Angehöriger Zeit mit dem sterbenden Familienmitglied verbringen konnte, da der Tod unmittelbar bevorstand, was die Familien vor eine schwierige Wahl stellte. [...] Eine Reihe von Angehörigen war nicht in der Lage, am Lebensende Zeit mit ihrem sterbenden Familienmitglied zu verbringen, weil sie sich ‚abschirmten' oder zu weit weg wohnten. In Ermangelung von Besuchen hielten es einige Fachkräfte für wichtig, die Angehörigen zu fragen, ob und wie das Gesundheitsteam die spirituellen und emotionalen Bedürfnisse des Patienten und der Familie unterstützen kann, wenn der Tod unmittelbar bevorsteht" (Hanna et al. 2021b, 1254, 1255).

Sprachkenntnisse waren eine weitere Sorge: „Die Angst, dass ein geliebter Mensch allein stirbt, wird besonders in der Diaspora-Bevölkerung verstärkt, die befürchtet, dass ältere Angehörige, die möglicherweise nicht fließend Englisch sprechen, nicht einmal in der Lage sein werden, mit dem Krankenhauspersonal zu kommunizieren. Die Angst vor einem ‚schlimmen Tod' wird auch in Gemeinschaften verstärkt, die in der Vergangenheit traumatische Formen des Todes und der Bestattung erlebt haben, oder wenn der Verstorbene jung war" (Bear et al. 2020, 15).

Viele Angehörige der Gesundheitsberufe sind der Meinung, dass flexible Besuchsregelungen am Lebensende von COVID-19-Patient:innen wichtig sind: „Angesichts der Unvorhersehbarkeit, wann ein Todesfall eintritt, kann die Anerkennung der Bedeutung flexibler Besuchsregelungen am Lebensende angesichts pandemiebedingter Einschränkungen die Spannungen innerhalb klinischer Teams verringern und verhindern, dass Fachkräfte des Gesundheits- und Sozialwesens das Gefühl haben, ‚*die Regeln verletzen*' zu müssen, um eine optimale familienzentrierte Betreuung zu gewährleisten" (Hanna et al. 2021b, 1255).

58 Befragungen von Religionsgemeinschaften im Vereinigten Königreich ergaben, dass viele dieser Gemeinschaften das Sterben in Gesellschaft für wichtig halten: „In allen Gemeinschaften bedeutet ein ‚guter Tod' unter diesen schwierigen Umständen, dass der Verstorbene in Gesellschaft sterben kann (idealerweise mit geliebten Menschen oder jemandem, der ihm spirituellen Beistand leisten kann), dass sichergestellt wird, dass der Leichnam angemessenen rituellen Prozeduren unterzogen wird (selbst wenn das Ritual aufgrund der Pandemie modifiziert wurde), und dass die Wünsche des Verstorbenen in Bezug auf Bestattung oder Einäscherung respektiert werden" (Bear et al. 2020, 15).

7.4.2 Digitale Kommunikation und das Sterben in der COVID-19-Pandemie

Digitale Informations- und Kommunikationstechnologien spielten eine wichtige Rolle bei der Mediatisierung des Sterbens, der Beerdigungen und der Trauer im Kontext der COVID-19-Pandemie.

Familienangehörige von COVID-19-Patient:innen argumentieren, dass es wichtig war, über Video-Apps mit ihren Angehörigen in Kontakt zu bleiben:

> „*Facetime sollte obligatorisch sein, wenn die Familie es wünscht – es hat den ganzen Unterschied ausgemacht*" (Feder et al. 2021, 590).
>
> „Er konnte nicht sprechen. Es war außergewöhnlich, dass das Personal mich jeden Tag anrief" (Feder et al. 2021, 589).

„*,Das letzte Mal, als wir ihn sahen, war er bewusstlos' berichtete ein Familienmitglied. ,Die Krankenschwester hat uns per FaceTime informiert, als er aufgewacht ist. Das war etwas ganz Besonderes*'" (Feder et al. 2021, 590).

„Zu den Merkmalen einer als hochwertig empfundenen Kommunikation gehörten die Erreichbarkeit des Personals für Fernkommunikation und die Tatsache, dass man über den Zustand des Patienten und den Pflegeplan auf dem Laufenden gehalten wurde. Eine geringe Qualität der Kommunikation mit dem Personal wurde als Folge eines eingeschränkten Zugangs zum Personal, unzureichender Informationen über den Zustand des Patienten und einer fehlenden Konsultation der Familienangehörigen bei der Entscheidungsfindung über die Pflege wahrgenommen" (Feder et al. 2021, 587).

„Einige Angehörige des Gesundheits- und Sozialwesens waren der Meinung, dass Videoanrufe ein Gefühl der Verbundenheit zwischen dem Patienten und seinem gewohnten Familienleben vermitteln [...] Andere Mitglieder des Gesundheits- und Sozialwesens berichteten, dass Videoanrufe nur selten angeboten oder ermöglicht wurden, weil Angehörige oder Fachkräfte befürchteten, dass dies für den Patienten oder seine Angehörigen zu belastend sein könnte" (Hanna et al. 2021b, 1254).

Der digital vermittelte Kontakt zu schwerkranken oder sterbenden COVID-Patient:innen ist sicherlich sowohl für die Patient:innen als auch für deren Angehörige besser als gar kein Kontakt. Aber die digitale Vermittlung des Sterbens sollte nicht gefeiert und idealisiert werden, sondern als ein Aspekt der Schrecken von COVID-19 gesehen werden. Handys, Tablets, Apps, Videochats, Text- und Audionachrichten usw. können den direkten menschlichen Kontakt und die Sehnsucht nach körperlicher Berührung, Liebe und direkter menschlicher Präsenz, die Sterbende und ihre Angehörigen haben, nicht ersetzen.

Schwerkranke und sterbende COVID-Patient:innen und ihre Angehörigen sehnen sich nach Kommunikation, Liebe, körperlicher Berührung und körperlicher Nähe. Digital vermittelte Kommunikation hat eine räumliche, manchmal – wie im Fall von Audiobotschaften – auch eine zeitliche Distanz, weshalb sie die Qualität der körperlichen Ko-Präsenz von schwerkranken Menschen und ihren Angehörigen nicht ersetzen oder simulieren kann. Über eine Video-App kann man seinen Liebsten nicht in die Augen schauen. Man kann die Hände und den Körper eines geliebten Menschen nicht über eine App spüren. Man kann ihn nicht über WhatsApp riechen. Man kann ihnen nicht ihre Tränen über das Tablet abwischen. Man kann sie online nicht streicheln. Man kann sie nicht küssen, wenn es eine digitale Mediatisierung gibt. Die digitale Mediatisierung des Todes und des Sterbens ist Teil der Brutalität und des Grauens des Sterbens. In der Situation einer schweren Krankheit ist die digitale Kommunikation für viele Menschen besser als gar keine Kommunikation, aber sie ist dennoch eine Form des entfremdeten Sterbens, eine Entfremdung davon, wie Menschen sterben wollen.

„Wenn arbeiten, sich versorgen, sich informieren, Kontakt halten, Bindungen pflegen und aufrechterhalten, miteinander sprechen und sich austauschen, zusammen trinken, Gottesdienste abhalten oder Begräbnisse organisieren nur noch durch die Zwischenschaltung von Bildschirmen stattfinden kann, ist es nämlich Zeit, sich klar zu machen, dass um uns herum die ganze Welt in Flammen steht. Zu weiten Teilen ist das Digitale das neue Loch, das die Explosion in die Erde gerissen hat" (Mbembe 2020). Digitale Mediatisierung, Beschleunigung und Oberflächlichkeit sind zu alltäglichen Aspekten der sozialen Beziehungen geworden. Diese Prozesse haben daher auch die Schrecken des Todes und der Todeskommunikation in der COVID-19-Pandemie geprägt.

Wenn jemand stirbt, sterben sein Körper und sein Geist, und es tritt auch der soziale Tod ein, die sozialen Beziehungen und die Kommunikation enden. Was manche Menschen als „guten Tod“ bezeichnen, schließt den gleichzeitigen physischen und sozialen Tod eines Menschen ein, was bedeutet, dass die kommunikativen Beziehungen zu den Angehörigen bis zum Ende bestehen bleiben. Ein Teil des Schreckens der Todesfälle in der COVID-19-Pandemie ist die sozio-zeitliche Entkopplung von sozialem Tod und physischem Tod. Die direkten kommunikativen Verbindungen zu geliebten Menschen werden gekappt, bevor der physische Tod eintritt. Im besten Fall gibt es digitale Kommunikation, die jedoch versagen kann und bei der Liebe nicht richtig kommuniziert werden kann.

Weitere Probleme bei der digitalen Mediatisierung des Sterbens und der Krankheit sind die digitale Qualifikationslücke, von der vor allem ältere und weniger gebildete Menschen betroffen sind, der fehlende Zugang zu Mobiltelefonen, Tablets und Laptops, der Zeitmangel des Gesundheitspersonals, um Patient:innen bei der digitalen Kommunikation angemessen zu unterstützen, oder der Mangel an zuverlässigen und schnellen Internetverbindungen in Krankenhäusern und Pflegeheimen, der die Verbindungen lückenhaft und die digitale Kommunikation unverständlich macht. Neoliberale Angriffe auf öffentliche Dienstleistungen, Privatisierungen, Sparmaßnahmen und globale Ungleichheiten haben die Ressourcen vieler Gesundheitssysteme ausgehungert. Infolgedessen fehlt es oft an Zeit, Geld, Personal und Technologie, um die digitale Mediatisierung von Krankheit und Sterben zu organisieren. Digitale Klüfte und Ungleichheiten beeinträchtigen die Qualität von Krankheit und Sterben. COVID-Patient:innen, die digital benachteiligt waren, starben mit höherer Wahrscheinlichkeit einsam, was die kommunikative und soziale Natur des Menschen negiert und verletzt.

In empirischen Studien berichteten trauernde Familienangehörige über solche Probleme:

> „*Er hatte keine Ahnung, wie man Zoom benutzt, und niemand half ihm. Ein iPad wurde nicht angeboten. So unzureichend für Hospizpatient:innen*“ (Feder et al. 2021, 590).
>
> „*Niemand hat mir jemals ein Video oder FaceTime mit meinem Vater angeboten. Mein Vater starb, ohne mich jemals zu sehen oder dass ich meinen Vater zum letzten Mal sah*“ (Feder et al. 2021, 590).
>
> *Rückblickend war es einfacher, diese Gespräche von Angesicht zu Angesicht zu führen, da die Familie in der Regel anwesend ist und man etwas mehr emotionale Unterstützung bieten kann*“ (Hanna et al. 2021b, 1253).
>
> „*Es war vier Tage vor seinem Tod, und ich sagte zu meiner Mutter: ‚Warum fragst du nicht das Krankenpersonal, ob sie ihm das Telefon ans Ohr halten können, damit du sagen kannst, was du willst?‘ Das tat sie, und die Krankenschwester am Telefon sagte: ‚Das hat keinen Sinn, er wird dich sicher nicht hören können‘, worüber wir beide ziemlich verärgert waren*“ (Hanna et al. 2021a, 848).

Manche Menschen erlebten die digitale Mediatisierung von Beerdigungen und der Trauer positiv, andere als entfremdend:

„Mein Onkel ist am Montag an COVID-19 gestorben. Es macht uns fertig, dass er allein gestorben ist! Wir sind nicht in der Lage, physisch zusammen zu sein. Aber ich danke Ihnen [dem Anbieter von Videokonferenzen] für die Schaffung einer virtuellen Plattform, auf der wir eine Mahnwache abhalten und unsere traditionelle Novene fortsetzen konnten – 9 Tage Rosenkranz, um als Familie für ihn zu beten" (Selman et al. 2021, 1272).

„Der virtuelle Raum hat uns in dieser Zeit wirklich sehr geholfen. [...] wir haben uns nicht wegen unserer Kinder getroffen, sondern wir haben uns virtuell mit der Hilfe von Telekommunikationsmitteln gesehen" (Mortazavi et al. 2021, 12).

„Sie nutzten Live-Video auf Instagram, um den anderen die Möglichkeit zu geben, virtuell an der Beerdigung teilzunehmen. [...] es war unwirklich" (Mortazavi et al. 2021, 10).

Digital vermittelte Beerdigungen sind besser als einsame Beerdigungen, an denen niemand teilnimmt. Aber sie sind kein adäquater Ersatz, keine Entschädigung und kein Ersatz für die Qualität von Familienmitgliedern, Freunden, Mitstreitern und Kolleg:innen, die persönlich zur Beerdigung eines Verstorbenen zusammenkommen.

Die Trauerarbeit ist eine besonders negative, traurige und entfremdende Art der Arbeit. Die Trauer ist in den heutigen Gesellschaften oft individualisiert. Der Tod und das durch den Tod verursachte Leid sind in individualisierten Gesellschaften tabuisiert. Beerdigungen, bei denen sich Menschen persönlich treffen und die Trauerarbeit sozial organisieren und teilen, bieten die Möglichkeit, den Individualismus zu durchbrechen und zu überwinden, was Teil der Trostspende ist. Die mediale Teilnahme an einer Beerdigung ist nicht dasselbe wie die persönliche Teilnahme. Es ist besser, dass es solche Möglichkeiten gibt, als dass es sie nicht gibt, damit Freunde, die weit weg wohnen, teilnehmen können.

Völlig virtuelle Beerdigungen, bei denen der Einzelne allein zu Hause sitzt und zusieht, wie der Sarg seines geliebten Menschen beerdigt wird, wie der Verstorbene eingeäschert wird oder wie ein Roboter die Asche des Verstorbenen in einen See oder ins Meer streut, sind jedoch absolut entfremdete Beerdigungen. Digital automatisierte, digital vermittelte und digital distanzierte Bestattungen schaffen soziale Distanz in Situationen, in denen Nähe, direkter sozialer Kontakt und Gemeinschaft gefragt sind.

Im nächsten Abschnitt werden wir die Erkenntnisse aus den Abschnitten 7.3 und 7.4 mit Hilfe des Begriffs der kapitalistischen Nekromacht verallgemeinern. Dies setzt voraus, dass wir das breitere gesellschaftliche Bild des Todes in Betracht ziehen, was uns erlaubt, den Begriff der kapitalistischen Nekromacht zu entwickeln.

7.5 Kapitalistische Nekromacht im COVID-Kapitalismus

7.5.1 Was ist die kapitalistische Nekromacht?

Der politische Theoretiker und Philosoph Achille Mbembe prägte die Begriffe „Nekromacht" und „Nekropolitik". Nekropolitik und Nekromacht bedeuten „Formen der Unterwerfung des Lebens unter die Macht des Todes", „die Schaffung von *Todeswelten*", wo tödliche Lebensbedingungen herrschen, und „Formen der sozialen Existenz, bei der riesige Bevölkerungen Lebensbedingungen unterworfen werden, die sie in den Status *lebendiger Toter* versetzen" (Mbembe 2011, 89). Mbembe weist auf die tödlichen und zerstörerischen Potenziale des Kapitalismus hin. Aber er geht zu weit in seiner

Analyse, die die Moderne oft als kolonial und nekropolitisch darstellt. Mbembe argumentiert zum Beispiel, dass Marx' „Bekenntnis zur Abschaffung der Warenproduktion“ und der „Überwindung der Klassenteilung“ auf „die Ausmerzung jener elementaren Bedingung des Menschseins abzielte, die in der Pluralität besteht", die „menschliche Vielfalt“ zerstöre und zu einem „Kampf bis zum Tod“ mit „Terror und Töten“ führen müsse (Mbembe 2011, 71).

Der Stalinismus und seine Varianten waren sicherlich Formen des organisierten Terrors, die jedoch nicht auf die Abschaffung der Klassenverhältnisse abzielten, sondern auf die Schaffung eines staatskapitalistischen Systems mit neuen Klassenverhältnissen. Klassenverhältnisse sind kein Aspekt der „menschlichen Vielfalt“, sondern die Schaffung von Bedingungen, unter denen die einen ein gutes Leben auf Kosten der anderen führen, die sie ausbeuten. Marx' Ziel war eine wahre Form von Individualität und Vielfalt durch die Schaffung gemeinsamer Bedingungen für das Eigentum an den Produktionsmitteln, soziale Gerechtigkeit und soziotechnologische Entwicklung, damit jeder die Vielfalt und die Möglichkeiten des Lebens voll genießen und sich daran beteiligen kann. Für Marx gibt es eine alternative, demokratisch-sozialistische Moderne, die es allen Menschen ermöglicht, ein gutes Leben zu führen. Für Marx ermöglicht der Sozialismus die „reichste Entwicklung der Individuen“ (Marx 1857/1858, 446) und „Zeit für die volle Entwicklung des Individuums“ (Marx 1857/1858, 607). Sozialismus bedeute außerdem, dass es dem Menschen freisteht, „heute dies, morgen jenes zu tun“ (Marx und Engels 1845/1846, 33). Die von Mbembe geforderte Pluralität kann nicht durch Klassenverhältnisse verwirklicht werden, sondern durch einen demokratischen Sozialismus, der das stärkt, was Marx als „die Entwicklung der reichen Individualität“ bezeichnet, die „allseitig“ ist (Marx 1857/1858, 244).

Die Kategorien der Nekropolitik und der Nekromacht sind hilfreich, wenn sie in den Kontext der kapitalistischen Gesellschaft gestellt werden. Es ist wichtig, stärker als Mbembe die politische Ökonomie der Nekromacht zu betonen, d.h. in den Vordergrund zu stellen, dass der Kapitalismus zerstörerische Kräfte erzeugt. Der Kapitalismus basiert auf einer Dialektik von Produktion und Zerstörung. Er ist ein nekrophiles, todbringendes, toterzeugendes, zerstörerisches System. Seine Produktivkräfte und gesellschaftlichen Verhältnisse verwandeln sich in zerstörerische Kräfte und tödliche Kräfte. Dass der Kapitalismus, d.h. die kapitalistischen Gesellschaften und die kapitalistische Weltgesellschaft, nekrophil und nekrotisch ist, bedeutet, dass in diesem System tödliche und zerstörerische Kräfte auf den Ebenen und durch die Interaktion von Wirtschaft, Politik und Ideologie wirken. Nekromacht ist also nicht, wie in Foucaultschen Ansätzen, einfach nur politisch, sondern politisch-ökonomisch. Nekromacht ist im gegenwärtigen Weltsystem kapitalistische Nekromacht. Über Nekromacht zu sprechen bedeutet, dass wir über den Kapitalismus sprechen müssen. Klassenverhältnisse und Herrschaft sind die Quellen von Zerstörung und Tod in den heutigen Gesellschaften und im Weltsystem. Klasse und Herrschaft sind das Herzstück des kapitalistischen Systems, d. h. einer Gesellschaftsformation, die auf der Akkumulation von Kapital und Macht durch Ausbeutung der Arbeitskraft und die Beherrschung menschlicher Tätigkeiten beruht.

Ähnlich wie Mbembe analysierte der Soziologe und Philosoph Erich Fromm die Rolle des Todes in der Gesellschaft. Während Mbembes wichtigste Ausgangspunkte und Einflüsse Michel Foucault und Frantz Fanon sind, stützt Fromm seine Analyse auf Karl Marx und Sigmund Freud.

Freud (1920/1940, 1923/1940, 1930/1948) argumentiert, dass die menschliche Triebstruktur in der Interaktion der Lebenstriebe (Eros) und der Todestriebe besteht. Eros versucht, „die Teile der lebenden Substanz zueinanderzudrängen und zusammenzuhalten" (Freud 1920/1940, 66) und die Liebe zu fördern (Freud 1920/1940, 57). Die Todestriebe fördern „Aggression und Destruktion" (Freud 1930/1948, 478). Es besteht kein Zweifel daran, dass die Menschen in den heutigen Gesellschaften lieben und töten, aber die Frage ist, ob dies bedeutet, dass der Mensch einen angeborenen Todestrieb hat.

Während für Freud die menschliche Aggressivität, Destruktivität und der Narzissmus biologisch gegeben, konstant und unveränderlich sind, sind für Fromm diese menschlichen Fähigkeiten gesellschaftlich bedingt, historisch und veränderbar. Fromm charakterisiert die Rolle von Leben und Tod in der Gesellschaft folgendermaßen:

> „Ich glaube, dass die grundlegende Alternative des Menschen die *Wahl zwischen Leben und Tod* ist. Bei allem, was der Mensch tut, muss er diese Wahl treffen. Bei der Wahl ist er frei, allerdings nur in begrenztem Maß. Es gibt zahlreiche günstige und ungünstige Bedingungen, die ihn beeinflussen: seine psychologische Konstitution, die speziellen Bedingungen der Gesellschaft, in die er hineingeboren wurde, seine Familie, seine Lehrer und die Freunde, denen er begegnet und die er sich auswählt. Es ist seine Aufgabe, seinen Raum der Freiheit zu erweitern und sich um Bedingungen zu bemühen, die zum Leben und nicht zum Tode führen. Mit Leben und Tod meine ich keinen biologischen Zustand, sondern einen Zustand des Seins, in dem die Art der Beziehung zur Welt zum Ausdruck kommt. Leben bedeutet ständige Veränderung, immerwährende Geburt. Tod bedeutet Aufhören des Wachsens, Verknöcherung, Wiederholung. Es ist das traurige Los vieler Menschen, dass sie keine Wahl treffen. Sie sind weder lebendig noch tot. Das Leben wird ihnen zur Last, zu einem ziellosen Unterfangen, und ihre Geschäftigkeit ist eine Schutzmaßnahme gegen die Qual, ein Schattendasein zu führen" (Fromm 1962, 152).

Für Fromm ist der Todestrieb nicht Teil des menschlichen Wesens, sondern ist den autoritären und kapitalistischen Gesellschaften immanent. Nicht der Mensch, sondern der Kapitalismus hat einen Todestrieb. Der Kapitalismus gründet sich auf ein Prinzip, „das man in allen Klassengesellschaften findet: *die Benutzung des Menschen durch den Menschen*" (Fromm 1980/1991, 84). In einer auf Ausbeutung und Herrschaft beruhenden Gesellschaft muss der „Wille zu zerstören [...] entstehen, wenn der Wille, etwas zu schaffen, nicht befriedigt werden kann" (Fromm 1980/1991, 39). Der Kapitalismus „verwandelt alles Leben in Dinge", sodass die Welt „zu einer Summe lebloser Artefakte" wird (Fromm 1977, 394). Das Resultat davon ist, dass der Kapitalismus die Potenziale hat, eine „Welt des Todes und des Verfalls" zu schaffen (Fromm 1977, 395).

Der Kapitalismus schafft das, was Fromm als Nekrophilie bezeichnet, nämlich den Wunsch und die Tendenz der herrschenden Klassen und Gruppen, Tod künstlich herzustellen. Nekrophilie ist eine Verschärfung des Sadismus, die neue Qualitäten annimmt (Fromm 1977, Kapitel 12 & 13). Nekrophilie ist keine medizinische Krankheit, sondern das, was Fromm (1965b) als Gesellschafts-Charakter bezeichnet. Die politische Ökonomie der Gesellschaft, ihre Klassen- und Wirtschaftsstruktur, das Bildungssystem, die vorherrschenden Sozialisations- und Erziehungsformen, Religion, Traditionen usw. prägen den Gesellschafts-Charakter. Nekrophilie ist ein Verhaltensmerkmal, das ein Ergebnis autoritärer Sozialisationsmuster ist und in autoritären, faschistischen und kapitalistischen Gesellschaften zu finden ist. Gesellschaften, Gruppen und Individuen, die durch den nekrophilen Gesellschafts-Charakter geprägt sind, sind gekennzeichnet durch „*das leidenschaftliche Angezogenwerden von allem, was tot, vermodert, verwest und krank ist*" (Fromm 1977, 373). Sie haben eine „*Leidenschaft, das, was lebendig ist, in etwas Unlebendiges umzuwandeln; zu zerstören um der Zerstörung willen*" (Fromm 1977, 373). Sie zeigen „*Interesse an allem, was rein mechanisch ist*" und verspüren Lust darauf, „*lebendige Zusammenhänge zu zerstückeln*" (Fromm 1977, 373). Sie haben den Wunsch, „zu zerstören um des Zerstörens willen" (Fromm 1977, 208).

Die Folgen nekrophiler Gesellschaften sind Tod, Ausgrenzung, die Ausbeutung von Menschen und die Zerstörung der Welt: „Die Welt des Lebens ist zu einer Welt des »Nichtlebendigen« geworden; Menschen sind zu »Nichtmenschen« geworden – eine Welt des Todes. [...] Im Namen des Fortschritts verwandelt der Mensch die Welt in einen stinkenden, vergifteten Ort (und das *nicht* im symbolischen Sinn). Er vergiftet die Luft, das Wasser, den Boden, die Tiere – und sich selbst" (Fromm 1977, 394).

Banerjee (2008) spricht vom Nekrokapitalismus als „Praktiken der organisatorischen Akkumulation, die Gewalt, Enteignung und Tod beinhalten" (1543), „Folter, Selbstmord, Sklaverei, Zerstörung von Lebensgrundlagen und allgemeines Gewaltmanagement" (1548) sowie die Verweigerung des Zugangs zu Ressourcen, die für die „Gesundheit und das Leben der Menschen" (1551) wesentlich sind. Banerjees Ansatz ist insofern wichtig, als er auf die tödliche und gewalttätige Dimension des Kapitalismus hinweist.

Anders als Agamben (2004), der die Schaffung von Ausnahmezuständen als Gelegenheit für rohe Gewalt sieht, meine ich, dass Ausnahmezustände im Kapitalismus oft die Regel sind. Der Kapitalismus schafft nicht nur „Blut und Feuer" (Marx 1867, 743) in seiner Anfangsphase oder in Ausnahmezuständen. Vielmehr sind Blut, Schmutz und Feuer Bestandteile und Ergebnisse des kapitalistischen Akkumulationsprozesses. Der Kapitalismus produziert durch Zerstörung, was zu Tod, Blut, Schmutz, Feuer und Abfall führt. Der Kapitalismus schafft nicht nur Dinge und Waren, die tote Arbeit sind, sondern er produziert auch tote Körper, toten Verstand und tote Arten. Das Prinzip der Feindschaft ist dem Kapitalismus immanent. Der Kapitalismus produziert, indem er zerstört, was zur „Verschwendung am Leben und der Gesundheit des Arbeiters" (Marx 1894, 96) führt. Die kapitalistische Gesellschaftsformation ist „eine Vergeuderin von Menschen, von lebendiger Arbeit, eine Vergeuderin nicht nur von Fleisch und Blut, sondern auch von Nerven und Hirn" (Marx 1894, 99).

Der Unterschied zwischen der kapitalistischen Gesellschaft und dem demokratischen Sozialismus ist der zwischen Tod / Leben, Zerstörung / Aufbau, Haben / Sein, Hass / Liebe, Konkurrenz / Kooperation, Egoismus / Solidarität, Ausbeutung / Gemeinschaft, Privateigentum / Gemeineigentum an Produktionsmitteln, Diktatur / Demokratie, Ideologie / Freundschaft, Gewalt / Güte, Rassismus und Patriarchat / ungeteilte Menschheit, Krieg, Imperialismus und Kolonialismus / friedliches Zusammenleben, Fetischismus / Sozialleben, Lohnarbeit und Sklaverei / freie Tätigkeit unter den Bedingungen des Reichtums für alle, instrumentelle Vernunft / kooperative Vernunft, usw.

Die Geschichte des Kapitalismus ist auch eine Geschichte der Zerstörung und der Gewalt, d. h. eine Geschichte des gesellschaftlichen Todestriebs – eine Geschichte von Kriegen, Sklavenhandel, Nationalismus, Faschismus, rassistischer Gewalt, sexueller Gewalt, Terrorismus und Völkermord. Gewalt ist eines der Mittel, die zur Ausbeutung der Arbeitskraft und zur Ausübung politischer Kontrolle eingesetzt worden sind. Sie hat eine wirtschaftliche und eine politische Dimension. Aber Gewalt hat auch eine ideologische Dimension. Die Ideologie schafft Freunde und Feinde, Insider und Außenseiter, um Hass gegen die konstruierten Feinde zu schüren und die Aufmerksamkeit von der Klassenherrschaft und der Tatsache abzulenken, dass die Probleme der Gesellschaft in den herrschenden Mächten begründet sind. Ideologie züchtet Gewalt.

Die Gewaltopfer des Kapitalismus waren schon immer mit der Brutalität des Todes konfrontiert und wurden der Möglichkeit eines guten Todes beraubt.

Horkheimer und Adorno sprechen von der Dialektik der Aufklärung als der Tendenz des Kapitalismus zur „Selbstzerstörung der Aufklärung" (Horkheimer und Adorno 1969/2014, 18), so dass es ein Potenzial der „Rückkehr der aufgeklärten Zivilisation zur Barbarei" (Horkheimer und Adorno 1969/2014, 22) gibt. Der Nazifaschismus hat eine einzigartige Form des Terrors geschaffen – er organisierte die industrielle Vernichtung von Millionen von Juden in den Gaskammern. Der Faschismus ist der Tod als politisch organisierter Terror. Auschwitz ist das Symbol dafür, wie die instrumentelle Vernunft zur industriellen Organisation des Todes und der Barbarei führen kann. „Neues Grauen hat der Tod in den Lagern: seit Auschwitz heißt den Tod fürchten, Schlimmeres fürchten als den Tod" (Adorno 1975, 362).

Der Antisemitismus ist älter als der Kapitalismus, hat aber eine wichtige ideologische Rolle im Kapitalismus gespielt. „Der moderne Antisemitismus ist also eine besonders gefährliche Form des Fetischs. [...] die Eigenschaften der Macht, die der moderne Antisemitismus den Juden zuschreibt – Abstraktheit, Unfaßbarkeit, Universalität, Mobilität – [sind] allesamt solche der Wertdimension der kapitalistischen gesellschaftlichen Verhältnisse" (Postone 2005, 192, 140). Der Nazifaschismus behauptete, es gäbe eine unproduktive, parasitäre „jüdische" Sphäre der Zirkulation und des Finanzwesens auf der einen und eine produktive „arische" Sphäre des Industriekapitals auf der anderen Seite. Moishe Postone argumentiert, dass der moderne Antisemitismus eine Biologisierung und Naturalisierung des Warenfetischs ist. Die dadurch geschaffene ideologische Freund-Feind-Unterscheidung führte zur Barbarei des Nazi-Systems, dem industriellen Massenmord an Millionen von Juden.

Rassismus hat in Form von kolonialer Gewalt, Sklaverei und der Ausbeutung und Diskriminierung von Farbigen eine wichtige Rolle im Kapitalismus gespielt. George Floyd wurde auf barbarische Art und Weise von einem Polizisten ermordet, der ihm die Luft zum Atmen abschnitt. Der Kapitalismus hat den Menschen die Luft genommen – das Recht zu atmen und das Recht zu leben. Der rassistische Kapitalismus hat farbige Menschen auf vielfältige Weise erstickt und erdrosselt. Der imperialistische Kapitalismus hat in Eroberungskriegen den letzten Atemzug unzähliger Menschen verursacht. Der koloniale Kapitalismus hat rechtlose Sklav:innen geschaffen, deren Atem von den Sklavenhaltern jederzeit abgewürgt werden kann, ohne dass dies rechtliche Konsequenzen nach sich zieht.

Faschismus und Rassismus arbeiten mit den Dualismen von Natur und Gesellschaft, die ideologisch in Freund-Feind-Unterscheidungen umgewandelt werden, wobei die eine Seite als biologisch oder kulturell überlegen und die andere Seite als minderwertig dargestellt wird. Die Natur spielt im Kapitalismus nicht nur eine ideologische Rolle, sondern wird auch als Produktionsmittel und -objekt eingesetzt. Der fossile Kapitalismus hat die Luft verschmutzt und Teile der Natur zerstört, was den Tod unzähliger Menschen und Arten zur Folge hatte. Der Kapitalismus hat sich die Natur auf zerstörerische Art und Weise angeeignet. Der Zerstörungstrieb des Kapitalismus manifestiert sich darin, dass er „zugleich die Springquellen alles Reichtums untergräbt: die Erde und den Arbeiter" (Marx 1867, 539). Die Verhältnisse und Kräfte des Kapitalismus sind „Destruktionskräfte" (Marx und Engels 1845/1846, 69), woraus sich für Marx das Ziel der „Verwandlung der Arbeit in Selbstbetätigung und die Verwandlung des bisherigen bedingten Verkehrs in den Verkehr der Individuen als solcher" ergibt, wozu die „Aneignung der totalen Produktivkräfte durch die vereinigten Individuen" gehört (Marx und Engels 1845/1846, 68).

7.5.2 Kapitalistische Nekromacht im Zeitalter von COVID-19

Der Kapitalismus ist nicht die unmittelbare Ursache, sondern eine Begleiterscheinung der COVID-19-Pandemie, die in allen Gesellschaften und im kapitalistischen Weltsystem eine neue Dimension der Nekromacht entfesselt hat. Der Agrarkapitalismus hat die biologische Vielfalt zerstört und die Wahrscheinlichkeit der zoonotischen Übertragung tödlicher Viren von Tieren auf Menschen erhöht, so dass tödliche Pandemien, die durch ein Virus wie SARS-CoV-2 ausgelöst werden, das Hunderten von Millionen Menschen den Atem geraubt hat und so viele von ihnen getötet hat, wahrscheinlicher wurden (Davis 2020; Foster und Suwandi 2020; Fuchs 2021a, Kapitel 1; Wallace 2020). Die globalen Aktivitäten der kapitalistischen Agrarindustrie und ihre Enteignung von billigem Land haben den natürlichen Lebensraum zerstört, negative Auswirkungen auf Menschen, Tierarten und Pflanzen gehabt und die Grundlagen für SARS-CoV-2 geschaffen. Die Folge war der Verlust der Artenvielfalt, der dazu führte, dass Wildtiere wie Fledermäuse in engeren Kontakt mit den Menschen kamen, was wiederum die Gefahr des Übergreifens gefährlicher Viren von Tieren auf Menschen erhöhte. Fledermäuse sind Träger zahlreicher Krankheitserreger. Die kapitalistische Abholzung und Verstädterung haben Fledermäuse und andere Wildtiere in engeren Kontakt mit dem Menschen gebracht. Der Verzehr von Wildtieren ist bei Teilen der neuen Bourgeoisie in Mode gekommen. Das Streben nach Unterscheidung im heutigen Kapitalismus hat Pangoline, Lemuren, Fledermäuse, Waschbären, Eichhörnchen, Ratten, Dachse usw. zu Luxuswaren gemacht und den Beruf des Wildtierjägers als Lohnarbeit geschaffen.

Die COVID-19-Pandemie ist eine Manifestation der zerstörerischen Kräfte des derzeitigen Weltsystems. Die Ungleichheiten des Kapitalismus haben sich im COVID-19-Kapitalismus reproduziert. Angehörige von Gruppen wie den Armen, die es sich nicht leisten können und nicht in der Lage sind, sich sozial zu distanzieren und von zu Hause aus zu arbeiten, Arbeiter:innen in Schlüsselindustrien, Beschäftigte im Gesundheitswesen, die in engen Ghettos lebenden städtischen Armen, Wanderarbeiter:innen und farbige Menschen, die unverhältnismäßig häufig schlecht bezahlte Jobs im persönlichen Dienstleistungsbereich und in Fabriken haben, wo eine soziale Abgrenzung nicht möglich ist, und andere sind unverhältnismäßig häufig an COVID-19 gestorben. Während der Pandemie haben die digitalen Technologien dazu beigetragen, die Gesellschaft und die sozialen Beziehungen aufrechtzuerhalten. Wenn es um Tod und Sterben geht, sind digitale Technologien, die den letzten Kontakt mit geliebten Menschen und Beerdigungen ohne direkten Kontakt, körperliche Nähe und menschliche Berührung vermitteln, ein Ausdruck und eine Manifestation der Kälte und Brutalität des COVID-Kapitalismus.

In Ländern, in denen die Regierungen eine sozialdarwinistische Politik verfolgten, die die Wirtschaft über das Leben der Menschen stellte und auf dem Prinzip des Überlebens des Stärkeren beruhte, gab es COVID-19-Überschuss-Tote, d. h. einen Überschuss an Toten, die vermeidbar gewesen wären, wenn rechtzeitig geeignete Schutzmaßnahmen ergriffen worden wären. Angesichts der Komplexität der COVID-19-Pandemie und der Tatsache, dass Impfstoffe gegen ein neues tödliches Virus und dessen Behandlung nicht ohne weiteres verfügbar sind, ist bei einer Pandemie mit einer gewissen Anzahl von Todesfällen zu rechnen. Expert:innen wissen jedoch auch, wie man die Zahl der Todesfälle minimieren kann, und empfahlen daher unter anderem, das öffentliche Leben weitgehend einzustellen. Politiker, die diesen Rat missachteten, nahmen die Pandemie nicht ernst und förderten die COVID-Nekropolitik, eine Politik, die einen Überschuss an Toten erzeugte und diesen Überschuss tolerierte.

In einer mathematischen Analyse der COVID-19-Daten für 32 Länder stellten Dergiades, Milas, Mossialos und Panagiotidis (2020, 4) fest: „Je stärker die staatlichen Interventionen in einem frühen Stadium sind, desto wirksamer sind sie bei der Verlangsamung oder Umkehrung der Wachstumsrate der Todesfälle". Im Umkehrschluss bedeutet dies, dass in Ländern, in denen die Regierungen laxe oder gar keine Abriegelungsmaßnahmen ergriffen hatten, die Zahl der Todesfälle eher hoch war. Die Autoren verwendeten den Oxford Government Stringency Index, einen zusammengesetzten Indikator, der die Stärke der staatlichen Reaktionen auf COVID-19 zu einzelnen Zeitpunkten anhand von neun Variablen misst, nämlich „Schließung von Schulen, Schließung von Arbeitsplätzen, Absage von öffentlichen Veranstaltungen, Einschränkung von öffentlichen Versammlungen, Schließung von öffentlichen Verkehrsmitteln, der Aufforderung, zu Hause zu bleiben, öffentliche Informationskampagnen, Einschränkung des innerstaatlichen Verkehrs und internationale Reisekontrollen"[81].

Die COVID-19-Nekropolitiker hielten die Aufrechterhaltung der Wirtschaft für wichtiger als die Rettung von Menschenleben. „Es ist kein Zufall, dass die Rufe nach einer Öffnung der Wirtschaft laut wurden, nachdem klar wurde, dass marginalisierte Gemeinschaften am meisten unter dieser Krise leiden. [...] Die Armen, die Arbeiterklasse und die Angehörigen farbiger Bevölkerungsgruppen waren entbehrlich" (Fletcher und Waraschinski 2022, 216, 210).

Die USA, Indien, Brasilien, Russland und das Vereinigte Königreich gehören zu den Ländern mit der höchsten Gesamtzahl an COVID-Todesfällen. Zwischen dem Beginn der Pandemie und dem 25. Juli 2021 starben nach offiziellen Angaben 604.546 Menschen an COVID in den USA, 419.470 in Indien, 545.604 in Brasilien und 128.980 im Vereinigten Königreich[82]. Die Regierungen dieser Länder ergriffen im Allgemeinen eher laxe Abriegelungsmaßnahmen. Es überrascht nicht, dass Länder mit autoritären, rechtsgerichteten Regierungen, die sich gegen Abriegelungsmaßnahmen wehrten oder diese nur halbherzig oder sehr spät umsetzten, zu einer hohen Zahl von COVID-Toten neigten.

In den USA ergriff Donald Trump relativ laxe Maßnahmen gegen die Verbreitung von COVID-19. Er spielte auch herunter, wie schwerwiegend und gefährlich das Virus war. Am 9. März 2020 twitterte er: „So last year 37,000 Americans died from the common Flu. It averages between 27,000 and 70,000 per year. Nothing is shut down, life & the economy go on. At this moment there are 546 confirmed cases of CoronaVirus, with 22 deaths. Think about that!"[83].

In Indien erlaubte Präsident Narendra Modi die Durchführung des Kumbh-Mela-Festes im April 2021, an dem Millionen Inder:innen ohne soziale Distanzierung und Masken teilnahmen. Am 14. April nahmen rund eine Million Menschen ohne soziale Distanzierung ein Bad im Fluss Ganges. Ende April gab es in Indien täglich mehr als 400.000 neue COVID-19-Fälle. Am 30. April waren es 402 014 gemeldete Fälle (Slater und Masih 2021).

---

[81] https://ourworldindata.org/policy-responses-covid, abgerufen am 25. Juli 2021.

[82] Datenquelle: WHO, https://covid19.who.int/table, abgerufen am 25. Juli 2021.

[83] Datenquelle: http://web.archive.org/web/20200309145720/

Die indische Intellektuelle Arundhati Roy (2021) beurteilte die Situation folgendermaßen:

> „Menschen sterben in Krankenhausfluren, auf Straßen und in ihren Häusern. Den Krematorien in Delhi ist das Brennholz ausgegangen. Die Forstbehörde musste eine Sondergenehmigung für das Fällen von Bäumen in der Stadt erteilen. Die verzweifelten Menschen nehmen alles Kleinholz, das sie finden können. Parks und Parkplätze werden zu Verbrennungsstätten umfunktioniert.. [...] Das [Gesundheits-]System ist nicht zusammengebrochen. Das ‚System' existierte kaum. Die Regierung – die jetzige wie die vorige unter Führung der Kongresspartei – hat das wenige, was an medizinischer Infrastruktur vorhanden war, vorsätzlich demontiert. [...] Was wir jetzt erleben, ist das, was passiert, wenn eine Pandemie ein Land mit einem kaum existenten öffentlichen Gesundheitssystem trifft. [...] Die massive Privatisierung der indischen Gesundheitsversorgung ist ein Verbrechen. Das System ist nicht zusammengebrochen. Die Regierung hat versagt. [...] was wir erleben, ist keine kriminelle Nachlässigkeit, sondern ein regelrechtes Verbrechen gegen die Menschlichkeit".

Während mehrere hunderttausend Brasilianer:innen an COVID-19 starben, sagte Brasiliens Präsident Jair Bolsonaro über die Krankheit:

> „Jetzt dreht sich alles um die Pandemie. [...] Eines Tages werden wir alle sterben, jeder hier wird sterben. Es hat keinen Sinn, davor wegzulaufen, vor der Realität wegzulaufen. Wir müssen aufhören, ein Land von Weicheiern zu sein" (Mussato 2020).

> „Für 90 Prozent der Bevölkerung wird dies eine kleine Grippe oder gar nichts sein" (France24 2021).

> „Masken sind schädlich für Kinder, da sie Reizbarkeit, Kopfschmerzen, Konzentrationsschwierigkeiten und eine Verringerung des Glücksgefühls verursachen" (France24 2021).

In einer parlamentarischen Untersuchung beschrieb der ehemalige Chefberater von Boris Johnson, Dominic Cummings, die Vorgehensweise des britischen Premierministers und seiner Regierung bei COVID-19:

> „Sein [Boris Johnsons] Argument war damals: ‚Wir hätten den ersten Lockdown nicht durchführen sollen, und ich werde denselben Fehler nicht noch einmal machen'. [...] Der Premierminister vertrat im Januar / Februar die Ansicht, dass der wirtschaftliche Schaden, der durch Maßnahmen gegen Covid verursacht würde, dem Land mehr schaden würde als Covid selbst. Wir konnten ihn nicht davon überzeugen, dass, wenn man grundsätzlich den Standpunkt vertritt: ‚Lasst es laufen und kümmert euch nicht um Covid', man nicht nur all die Gesundheitskatastrophen, sondern auch eine riesige wirtschaftliche Katastrophe bekommen würde" (Health and Social Care Committee and Science and Technology Committee 2021).

In einem BBC-Interview sagte Cummings, Johnson wollte Covid-19 „durch das Land schwemmen lassen", weil die Menschen, die daran sterben, „im Wesentlichen alle über 80" seien und Johnson „nicht mehr dieses ganze Zeug über die Überlastung des NHS glaubte" (BBC 2021). Ende Juni 2021 wurde Sajid Javid zum britischen Minister für Gesundheit und Soziales ernannt. Am 19. Juli hob das Vereinigte Königreich praktisch alle COVID-bezogenen Beschränkungen des öffentlichen Lebens auf – eine Entscheidung, auf die Johnson und Javid großen Einfluss hatten. Javid twitterte: „we learn to live with, rather than cower from, this virus"[84]. Mit COVID „leben lernen" bedeutet, zu akzeptieren, dass Menschen an dem Virus sterben und als Folge fehlender Schutzmaßnahmen an Long-COVID leiden.

Die Nekropolitiker:innen der Welt sind überwiegend Rechte und Rechtsextreme. Bei der COVID-19-Pandemie ließen sie mehr Menschen sterben als nötig, weil sie wirtschaftliche Interessen über menschliche Interessen stellen und an das nekrophile Prinzip des Überlebens des Stärkeren in der Gesellschaft glauben. Sie brachten die Gesundheitssysteme an den Rand des Zusammenbruchs, indem sie die Infektionszahlen explodieren ließen. Dadurch riskierten sie die Entwicklung neuer Virusvarianten und mehr Todesfälle. Sie setzten vor allem kranke und alte Menschen und benachteiligte Gruppen einem erhöhten Sterberisiko aus. Sie waren für Überschuss-Tote verantwortlich und dafür, dass viele Menschen einen einsamen Tod in Isolation erlebten, wo es keinen letzten Kontakt zu geliebten Menschen gab oder dieser nur auf Distanz über digitale Technologien stattfand, wo die Möglichkeit der menschlichen Berührung fehlt. Nekropolitiker:innen sind Antihumanisten. Geleitet von der nekrophilen Ideologie, die die Gesellschaft in Form von Egoismus, Wettbewerb, Krieg und dem Überleben des Stärkeren begreift, hat ihr (Nicht-)Management der COVID-19-Pandemie die tödliche Kraft der Pandemie verstärkt und diese verlängert.

7.6 Schlussfolgerungen

Dieses Kapitel hat gefragt: Welche Rolle spielt die Kommunikation über Tod und Sterben in der kapitalistischen Gesellschaft? Wie hat sich die Kommunikation mit sterbenden Angehörigen in der COVID-19-Pandemie verändert? Welche Rolle haben digitale Technologien und der Kapitalismus in diesem Zusammenhang gespielt?

Wir können nun die wichtigsten Ergebnisse zusammenfassen:

- In kapitalistischen Gesellschaften sind der Tod und das Sterben Tabuthemen und werden versteckt, unsichtbar gemacht und institutionalisiert. Die COVID-19-Pandemie hatte widersprüchliche Auswirkungen auf die Rolle des Todes in der Gesellschaft. Während einerseits der Tod zu einem öffentlichen Thema wurde, über das ständig gesprochen wurde und das die Öffentlichkeit beherrschte, wurden Menschen, die an COVID-19 starben, isoliert und starben oft allein, verborgen vor anderen und ohne Kontakt zu ihren Angehörigen, was die Sequestration von Krankheit und Tod vorantrieb.
- Empirische Studien zeigen, dass die Menschen in Gesellschaft und auf eine soziale und kommunikative Weise sterben wollen, was grundlegenden universellen menschlichen Eigenschaften entspricht. Die analysierten Studien bestätigen die Erkenntnisse der Philosophen Kwasi Wiredu und Jürgen Habermas, dass die Menschen von der Wiege bis zur Bahre grundsätzlich soziale und kommunikative Wesen sind. Deshalb wollen Menschen in Gesellschaft ihrer Lieben sterben. Das Ideal des Sterbens weicht oft von der Realität des Sterbens ab. Der zerstörerische Charakter des Kapitalismus verschärft diese Divergenz.

---

[84] Datenquelle: https://web.archive.org/web/20210725055847if_/https://twitter.com/sajidjavid/status/1418932718847541248, abgerufen am 26. Juli 2021.

- COVID-19 zerstörte in vielen Fällen die soziale und kommunikative Natur der Menschen und verwehrte ihnen den lebenswichtigen menschlichen Kontakt zu ihren Angehörigen, wenn sie starben.
- Digitale Informations- und Kommunikationstechnologien spielten eine wichtige Rolle bei der Mediatisierung des Sterbens, von Beerdigungen und der Trauer im Kontext der COVID-19-Pandemie.
- Empirische Studien zeigen, dass sich schwerkranke und sterbende COVID-19-Patient:innen und ihre Angehörigen nach Kommunikation, Liebe, körperlicher Berührung und physischer Nähe sehnen. Ein Teil des Schreckens der Todesfälle in der COVID-19-Pandemie ist die räumlich-zeitliche Trennung von sozialem Tod und physischem Tod. Die direkten kommunikativen Verbindungen zu geliebten Menschen werden gekappt, bevor der physische Tod eintrat. Es hat oft nur digitale Kommunikation gegeben, die aber versagen kann und bei der Liebe nicht richtig kommuniziert werden kann. Die digitale Mediatisierung des Sterbens sollte nicht gefeiert und idealisiert werden, sondern als ein Aspekt der Schrecken von COVID-19 gesehen werden. Handys, Tablets, Apps, Videochats, Text- und Audionachrichten usw. können den direkten menschlichen Kontakt und die Sehnsucht nach körperlicher Berührung, Liebe und direkter menschlicher Präsenz, die Sterbende und ihre Angehörigen haben, nicht ersetzen.
- Nekromacht ist die Macht, Tod und Zerstörung voranzutreiben. Nekromacht ist nicht, wie in einer Foucaultschen Perspektive, einfach politisch. Und sie ist auch nicht, wie bei Freud, einfach psychologisch und individuell. Nekromacht ist politisch-ökonomisch. Kapitalistische Nekromacht bedeutet, dass der Kapitalismus ein nekrophiles, todbringendes, toterzeugendes, zerstörerisches System ist. Die Geschichte des Kapitalismus ist auch eine Geschichte der Zerstörung und der Gewalt. Der Kapitalismus ist nicht die direkte Ursache, sondern ein Kontext der COVID-19-Pandemie, die in allen Gesellschaften und im kapitalistischen Weltsystem eine neue Dimension der Nekromacht entfesselt hat. Die Nekropolitiker stützten ihre Reaktionen auf die COVID-19-Pandemie auf das nekrophile Prinzip des Überlebens des Stärkeren, was die tödliche Kraft der Pandemie verstärkte und ausweitete. Sie waren verantwortlich für Überschuss-Tote und dafür, dass viele Menschen einen einsamen und isolierten Tod erlebten, wo es keinen letzten Kontakt zu geliebten Menschen gab oder ein solcher Kontakt nur aus der Ferne über digitale Technologien stattfand, bei denen die Möglichkeit zur menschlichen Berührung fehlt.

Es gibt Alternativen zur Nekromacht und zum Todestrieb des Kapitalismus, der Verwüstung und Ausbeutung verursacht. Die kapitalistische Nekromacht ist nicht natürlich gegeben, sondern eine historische Tatsache, was bedeutet, dass sie durch gesellschaftliche Kämpfe rückgängig gemacht werden kann. Es gibt heute auch die „antinekrophilen Tendenzen" und Entwicklungen (Fromm 1977, 403), wozu Kämpfe für Solidarität, Gleichheit, Gerechtigkeit und Freiheit für alle zählen. Fromm argumentiert, dass der Todestrieb des Kapitalismus überwunden werden kann durch „Bekräftigung der Liebe zum Leben, durch Erwiderung der Liebe anderer, die unsere eigene Liebe entfachen kann" (Fromm 1976/2004, 156), was die Schaffung einer demokratisch- sozialistischen Gesellschaft erfordert (siehe die Beiträge in Fromm 1965a).

Menschen brauchen Liebe, um zu existieren. Sie brauchen keinen Autoritarismus, keinen Hass und keine Zerstörung, um zu existieren. Deshalb sind Liebe und Solidarität die Grundlage der menschlichen Existenz, Zerstörung und Wettbewerb hingegen nicht. Der Mensch als solcher ist ein biophiles Wesen. „Die Biophilie ist die leidenschaftliche Liebe zum Leben und allem Lebendigen; sie ist der Wunsch, das Wachstum zu fördern, ob es sich nun um einen Menschen, eine Pflanze, eine Idee oder eine soziale Gruppe handelt. Der biophile Mensch baut lieber etwas Neues auf, als daß er das Alte bewahrt. Er will mehr *sein,* statt mehr zu *haben.* Er besitzt die Fähigkeit, sich zu wundern, und er erlebt lieber etwas Neues, als daß er das Alte bestätigt findet. Das Abenteuer zu leben ist ihm lieber als Sicherheit. Er hat mehr das Ganze im Auge als nur die Teile, mehr Strukturen als Summierungen. Er möchte formen und durch Liebe, Vernunft und Beispiel seinen Einfluß geltend machen" (Fromm 1977, 411). „*Die Liebe zum Leben oder die Liebe zum Toten ist die fundamentale Alternative*" (Fromm 1977, 412). Der Kapitalismus hat die Kräfte des Todes gefördert, die im COVID-19-Kapitalismus einen neuen Höhepunkt gefunden haben.

Der autoritäre und nekrophile Gesellschafts-Charakter zerstört, beutet aus, diktiert und manipuliert. Der humanistische Gesellschafts-Charakter liebt, schafft und praktiziert Demokratie und Freundschaft. Während Klassengesellschaften auf den Prinzipien der Ausbeutung, der Diktatur und der Ideologie beruhen, basiert der demokratische Sozialismus auf den Prinzipien des Teilens und der Gemeingüter (Commons), der partizipativen Demokratie und der Freundschaft (siehe Tabelle 7.1, basierend auf Fuchs 2020a, 140). Während die Klassengesellschaften auf der Nekrophilie beruhen, basiert der demokratische Sozialismus auf Liebe als gesellschaftlichem Prinzip.

Bereich der Gesellschaft	Klassengesellschaften und autoritäre Gesellschaften	demokratischer, humanistischer Sozialismus
Wirtschaft	Ausbeutung	Gemeingüter (Commons)
Politik	Diktatur	partizipative Demokratie
Kultur	Ideologie	Freundschaft

Tabelle 7.1: Prinzipien der Klassengesellschaften und des demokratischen Sozialismus

Die sozialistische Gesellschaft ist eine von Biophilie und Humanismus geprägte Gesellschaft, was bedeutet, dass sie ein gutes Leben und Vorteile für alle ermöglicht. „An die Stelle der Manipulation der Menschen muß ihre aktive und intelligente Zusammenarbeit treten, und wir müssen den Grundsatz der Regierung des Volkes durch das Volk und für das Volk von der formalen politischen in die wirtschaftliche Sphäre ausdehnen" (Fromm 1941/2000, 264). Der Philosoph Paul Tillich meint, der demokratische Sozialismus sei „eine Widerstandsbewegung gegen die Zerstörung der Liebe in der gesellschaftlichen Wirklichkeit" (Tillich 1952, 6). Der demokratische Sozialismus ersetzt den Tod durch die Liebe. Im demokratischen Sozialismus sterben die Menschen weiterhin, aber sie können ein besseres und erfüllteres Leben führen als in den Klassengesellschaften. Es besteht die Chance, dass in demokratisch-sozialistischen Gesellschaften der Tod seinen Schrecken verliert, wenn alle Menschen wissen und sicher sein können, dass das, was sie hinterlassen, eine gute Gesellschaft und ein gutes Leben für ihre Angehörigen ist. Natur- und Sozialkatastrophen, vielleicht auch Pandemien, wird es im demokratischen Sozialismus weiterhin geben, aber sie werden unwahrscheinlicher und die Gesellschaft wird besser darauf vorbereitet sein, sie zu bewältigen. Außerdem wird es keine nekrophilen Politiker:innen geben, die unverantwortlich handeln und die Schrecken des Todes verstärken.

8 Für einen Radikalen (Digitalen) Humanismus

Der aufklärerische Humanismus versprach Freiheit, Gleichheit und Solidarität für alle. Die Realität des Kapitalismus ist, dass er die Aufklärung untergräbt und zu Ausbrüchen von Irrationalität und Unvernunft führt, die zerstörerische Kräfte freisetzen, die zur Ausrottung der Menschheit führen können. In diesem Buch wird argumentiert, dass wir angesichts der globalen Probleme, mit denen die Menschheit konfrontiert ist, die Aufklärung und den Humanismus nicht aufgeben, sondern sie voll und ganz verwirklichen sollten, damit alle Menschen Vorteile haben. Die „Wundmale, die die Aufklärung hinterläßt, [sind] zugleich stets auch die Momente [...], in denen Aufklärung selber als eine noch partielle, als nicht aufgeklärt genug gewissermaßen sich erweist, und daß nur dadurch, daß man ihr Prinzip konsequent weiterverfolgt, diese Wunden vielleicht geheilt werden können" (Adorno 2015, 266). Der Radikale (Digitale) Humanismus ist eine Theorie und Praxis, wie man die tiefen Wunden der Aufklärung heilen kann, die der Kapitalismus verursacht hat.

Die Menschheit befindet sich in einer Krise. Der digitale Kapitalismus und der digitale Autoritarismus haben die Gesellschaft an den Rand des Zusammenbruchs gebracht. Wir stehen vor der Gefahr des Aufstiegs neuer Faschismen, globaler Kriege, des Abstiegs in die Barbarei und der Auslöschung des Lebens auf der Erde. Dieses Buch hat gefragt: Warum ist die humanistische Philosophie im heutigen digitalen Zeitalter wichtig? Wie kann der Humanismus uns helfen, kritisch zu verstehen, wie digitale Technologien die Gesellschaft und die Menschheit formen? Welche Art von Humanismus brauchen wir, um der Digitalisierung in der Gesellschaft einen Sinn zu geben? Es hat den Ansatz des Digitalen Humanismus vorgestellt und gezeigt, wie eine radikale Version des Humanismus es uns ermöglicht, die Rolle der digitalen Technologien in der Gesellschaft kritisch zu analysieren.

Der Humanismus ist ein philosophischer Ansatz, der die aktiven und transformativen Fähigkeiten des Menschen in der sozialen und gesellschaftlichen Welt hervorhebt. Der Digitale Humanismus ist ein philosophischer Ansatz, der die aktiven und transformativen Fähigkeiten des Menschen im digitalen Zeitalter betont. Der Radikale/Sozialistische Humanismus ist eine materialistische Philosophie, die die produktiven, sozialen und transformativen Fähigkeiten der Menschen unterstreicht, die sie befähigen, sich von Klassengesellschaft, Kapitalismus, Ausbeutung, Herrschaft und Ideologie zu befreien und gemeinsam eine bessere Welt zu schaffen. Der Radikale Digitale Humanismus ist ein materialistischer Ansatz zur Analyse, zur Reflexion über und zur Entwicklung digitaler Technologien und der digitalen Gesellschaft, der sich auf die Notwendigkeit der Menschen konzentriert, sich von der digitalen Klassengesellschaft, dem digitalen Kapitalismus, der digitalen Ausbeutung, der digitalen Herrschaft und der digitalen Ideologie zu befreien und gemeinsam eine gute digitale Gesellschaft zu schaffen. Der Radikale Digitale Humanismus steht in der Tradition sowohl des Humanismus als auch des Radikalen Humanismus. Er ist ein Radikaler Humanismus des digitalen Zeitalters und für das digitale Zeitalter.

Der Radikale Humanismus setzt sich für die Dekolonisation der Universitäten und der akademischen Welt ein. Das bedeutet in erster Linie, dass er den Universitätskapitalismus und den Neoliberalismus infrage stellt.

Der Universitätskapitalismus und die kapitalistische, instrumentelle Universität sind Ergebnisse des Neokolonialismus. Akademische Dekolonisation bedeutet, die ungleiche politische Ökonomie infrage zu stellen, die der Wissensproduktion im globalen Kapitalismus zugrunde liegt. Die wahre Dekolonisation der Wissenschaft muss die Schwächung der kapitalistischen Logik in diesem Bereich der Gesellschaft beinhalten. Die Dekolonisation der Wissenschaft bedeutet die Vergemeinschaftung, Demokratisierung und Selbstverwaltung der Wissenschaft. Die Dekolonisation ist keine moralische Frage und keine Frage des individuellen Verhaltens, sondern in erster Linie eine Frage der politischen Ökonomie und der Macht. Die Dekolonisation der Universität bedeutet, den Universitätskapitalismus in gemeinwohlorientierte Universitäten umzuwandeln, die das öffentliche Wohl und eine gute Gesellschaft fördern. Es bedeutet, den Neokolonialismus infrage zu stellen.

Der Radikale Digitale Humanismus ist kritisch gegenüber Konservatismus, Autoritarismus, Poststrukturalismus, Posthumanismus, Transhumanismus, technologischem Determinismus, Akzelerationismus und der sozialen Konstruktion von Technologie. Digitale Technologien wie Künstliche Intelligenz und Roboter haben nicht automatisch bestimmte Auswirkungen auf die Gesellschaft. Vielmehr prägen Klassenantagonismen, Machtkämpfe und Klassenkämpfe die Entwicklung, Nutzung und Auswirkungen digitaler und anderer Technologien in der kapitalistischen Gesellschaft. Der Radikale Humanismus hilft dabei, Technologien für die Vielen und nicht für die Wenigen zu schaffen. Der Radikale Digitale Humanismus lehnt die Idee ab, Menschen durch digitale Maschinen zu ersetzen oder sie in solche zu verwandeln. Vielmehr sieht er digitale Maschinen als Möglichkeit dazu, im Rahmen von Kämpfen für eine Gesellschaft, die allen Menschen zugutekommt, dazu beitragen, die Potenziale der Menschen und der Gesellschaft zu verwirklichen und besser zu entwickeln.

Der Mensch möchte in Gesellschaft und auf soziale und kommunikative Weise sterben, was grundlegenden universellen menschlichen Eigenschaften entspricht. COVID-19 zerstörte in vielen Fällen die soziale und kommunikative Natur der Menschen und verwehrte ihnen beim Sterben den notwendigen menschlichen Kontakt zu ihren Angehörigen. Ein Teil des Schreckens der Todesfälle in der COVID-19-Pandemie war die raumzeitliche Entbettung von sozialem Tod und physischem Tod. Nekromacht ist die Macht, Tod und Zerstörung voranzutreiben. Kapitalistische Nekromacht bedeutet, dass der Kapitalismus ein nekrophiles, todbringendes, toterzeugendes, zerstörerisches System ist. Die Geschichte des Kapitalismus ist auch eine Geschichte der Zerstörung und der Gewalt. Die Nekropolitiker stützten ihre Reaktionen auf die COVID-19-Pandemie auf das nekrophile Prinzip des Überlebens des Stärkeren, was die tödliche Kraft der Pandemie verstärkte und verlängerte. Naturkatastrophen und soziale Katastrophen, vielleicht auch Pandemien, gibt es auch im demokratischen Sozialismus. Solche Krisen werden jedoch unwahrscheinlicher und die Gesellschaft wird besser darauf vorbereitet, sie zu bewältigen. Darüber hinaus herrschen im demokratischen Sozialismus keine nekrophilen Politiker:innen, die unverantwortlich handeln und den Tod verstärken.

8.1 Sozialismus oder Barbarei, Humanismus oder Autoritarismus, Demokratie oder Faschismus

Rosa Luxemburg war eine der wichtigsten radikalen Humanistinnen des 20. Jahrhunderts. Sie analysierte, wie der Kapitalismus Ungleichheiten, Krieg, Zerstörung und Elend hervorbringt. Sie wandte sich gegen die Vorstellung, dass die Alternative zum

Kapitalismus die Diktatur sei, und vertrat die Ansicht, dass der demokratische Sozialismus die Alternative zu Kapitalismus und Autoritarismus sei. Sie war eine radikale Analytikerin, öffentliche Intellektuelle, politische Führerin und Aktivistin. Wie zurzeit Rosa Luxemburgs befindet sich die Gesellschaft auch heute an einem Scheidepunkt. Die Menschheit steht heute vor der Wahl zwischen Demokratie und Faschismus, Sozialismus und Barbarei, Humanismus und Autoritarismus.

Luxemburg sagte zur Zeit des Ersten Weltkrieges: „die bürgerliche Gesellschaft steht vor einem Dilemma: entweder Übergang zum Sozialismus oder Rückfall in die Barbarei" (Luxemburg 1916, 13). „Sozialismus ist in dieser Stunde der einzige Rettungsanker der Menschheit" (Luxemburg 1918, 441).

Der Radikale Humanismus ist nicht nur eine Vision des demokratischen Sozialismus, sondern auch der Klassen- und Gesellschaftskämpfe. Dazu braucht es konkrete Forderungen Ziele des Kampfes. Solche Forderungen entstehen, wenn sich Radikale Humanist:innen zusammenfinden und kollektiv organisieren. Der Radikale Humanismus will die Lebensbedingungen der Ausgebeuteten und Unterdrückten schon im Hier und Jetzt verbessern.

8.2 Wir müssen das Kapital angemessen besteuern und die Interessen der Arbeiterklasse stärken

Ein wichtiger Aspekt des Radikalen Humanismus ist die Stärkung der Arbeit im Klassenverhältnis zum Kapital. Dazu gehört der Kampf für Lohnerhöhungen, die Abschaffung prekärer Arbeit, die Verkürzung der Wochenarbeitszeit bei vollem Lohnausgleich usw. Eine wichtige Maßnahme ist die angemessene Besteuerung des Kapitals, insbesondere der transnationalen Konzerne. Jahrzehntelang haben weltweit operierende Großkonzerne durch die Ausbeutung von Arbeitskräften und die Zahlung von keinen oder nur geringen Steuern große Gewinne gemacht und hohe Profitraten erzielt. Die Globalisierung ihrer Finanzgeschäfte hat es ihnen ermöglicht, der Besteuerung zu entgehen und sie zu umgehen. Und die Gesetzgebung und die Nationalstaaten haben es ihnen ermöglicht, dies zu tun.

Als Folge der COVID-19-Pandemie und nachdem Joe Biden 2021 US-Präsident wurde, gab es weiterführende Gespräche und Pläne zur Erhöhung der Kapitalbesteuerung. Im Jahr 2021 erzielten die OECD und die G20 eine globale Vereinbarung über die Unternehmensbesteuerung. Sie einigten sich auf einen Mindeststeuersatz von 15 Prozent auf die Gewinne großer transnationaler Konzerne. Dieser Satz ist niedriger als der nationale Körperschaftssteuersatz in vielen Ländern. Die Arbeitnehmerinnen und Arbeitnehmer zahlen deutlich höhere Steuern auf ihre Löhne als diesen Mindestsatz. Angesichts der Tatsache, dass transnationale Konzerne jahrzehntelang nur sehr wenig Körperschaftssteuer gezahlt haben, was ihre Eigentümer immer reicher gemacht hat, ist ein Mindestkörperschaftssteuersatz, der doppelt so hoch ist wie der vereinbarte (30 Prozent), machbar. Die Steuereinnahmen sollten für den Auf- und Ausbau von Sozialstaaten und öffentlichen Dienstleistungen verwendet werden. In diesem Zusammenhang ist es wichtig, dass ein vereinbarter Anteil an die armen Länder geht und den Armen der Welt zugutekommt.

Ein weiterer wichtiger Bereich, in dem dringende politische Veränderungen erforderlich sind, ist die öffentliche Sphäre, in der Informationen und Nachrichten öffentlich produziert, verbreitet und konsumiert werden und in der sich Menschen am politischen Diskurs beteiligen. Die Öffentlichkeit wird beherrscht von Ideologie, Monopolmedienkonzernen, staatlicher Kontrolle, Überwachung, „Fake News“, der postfaktischen und algorithmischen Politik, Hochgeschwindigkeitsströmen oberflächlicher Nachrichten, Filterblasen, Echokammern, fragmentierten und isolierten Öffentlichkeiten, dem Freund-Feind-Schema, das zu einer radikalen Polarisierung und der Verbreitung von Hass geführt hat, der oft online zum Ausdruck kommt, sowie neuen Formen von Nationalismus, Autoritarismus und Faschismus. Die Öffentlichkeit ist so polarisiert, dass Gruppen mit unterschiedlichen Meinungen nicht mehr rational diskutieren. Sie ignorieren sich gegenseitig. Sie hassen sich gegenseitig. Es gibt Online-Drohungen. Es kommt zu Gewalt. Der Weg zu einem globalen Krieg ist vorgezeichnet. Wird dieser Weg gestoppt werden können? Wie kann er aufgehalten werden?

Es gibt keine einfachen Antworten und keine einfachen Lösungen. Ein Element zur Beendigung von Gewalt und zur Umgehung von Kriegen ist die Deeskalation von Konflikten und das Gespräch zwischen Menschen mit gegensätzlichen Ansichten. In der internationalen Politik nennt man das Diplomatie. Im politischen Alltag brauchen wir mehr vernünftige politische Debatten. Und wir brauchen eine angemessene Infrastruktur für politische Debatten. Kommerzielle Medien und kapitalistische Internetplattformen versagen bei der Bereitstellung von Plattformen für vernünftige politische Debatten. Ihre Profitlogik steht im Widerspruch zum kommunikativen Handeln in der Öffentlichkeit. Gemeinnützige Medien sind besser darin, qualitativ hochwertige Plattformen für Nachrichten und Debatten zu schaffen und anzubieten.

8.3 Wir brauchen ein öffentlich-rechtliches Internet

Öffentlich-rechtliche Medien spielen eine wichtige Rolle bei der Förderung einer humanistischen Öffentlichkeit. Öffentlich-rechtliche Medien sind Medien der Öffentlichkeit, von der Öffentlichkeit und für die Öffentlichkeit. Sie sind öffentlich finanziert und nicht auf Profit und Kapitalakkumulation ausgerichtet. Sie werden von der Öffentlichkeit finanziert und beziehen die Öffentlichkeit mit ein. Sie fördern die Öffentlichkeit durch den öffentlichen Auftrag, der sie dazu verpflichtet, Dienstleistungen zu erbringen, die qualitativ hochwertige Informationen, Nachrichten, Bildung, Unterhaltung und Kommunikation bieten, so dass die Entwicklung von Demokratie, Kultur und Citizenship unterstützt werden. Die öffentlich-rechtlichen Medien sind mit Angriffen auf ihre Existenz und Unabhängigkeit konfrontiert. Kapitalistische und autoritäre Kräfte wollen diese Medien entweder kontrollieren oder abschaffen. Wahrhaftige öffentlich-rechtliche Medien, die diesen Namen verdienen und die Prinzipien der Öffentlichkeit umsetzen, gibt es nicht überall. Öffentlich-rechtliche Medien tragen dazu bei, den Humanismus in der Gesellschaft zu fördern. Sie sollten daher nicht zurückgedrängt, eingeschränkt oder abgeschafft werden, sondern unterstützt, gefördert, intensiviert und erweitert werden. Die Demokratie des 21. Jahrhunderts braucht öffentlich-rechtliche Medien. Die Öffentlichkeit des 21. Jahrhunderts braucht öffentlich-rechtliche Medien. Der Humanismus des 21. Jahrhunderts braucht öffentlich-rechtliche Medien. Das *Manifest für öffentlich-rechtliche Medien und ein öffentlich-rechtliches Internet* ist ein Aufruf, eine internationel Initiative und eine Forderung, die Existenz, Unabhängigkeit und Finanzierung der öffentlich-rechtlichen Medien zu sichern und ein öffentlich-rechtliches Internet zu schaffen (Public Service Media and Public Service Internet Manifesto Collective 2021, siehe auch Fuchs und Unterberger 2021). Das

Manifest ist Ausdruck und Anwendung des Humanismus im Bereich der Medien, der Kommunikation, der Kultur und der Öffentlichkeit. Es besagt u.a.:

> „Ein demokratieförderndes Internet erfordert öffentlich-rechtliche Medien, die zu öffentlich-rechtlichen Internetplattformen werden, die dazu beitragen, Chancen und Gleichberechtigung in der Gesellschaft zu fördern. Wir fordern die Schaffung der rechtlichen, wirtschaftlichen und organisatorischen Grundlagen für solche Plattformen. [...] Die Digitalgiganten haben die Demokratie und das Internet geschwächt. Wir brauchen ein neues Internet. Wir müssen das Internet wiederaufbauen. Während das heutige Internet von Monopolen und Kommerz beherrscht wird, ist das öffentlich-rechtliche Internet von Demokratie geprägt. Während das heutige Internet von Überwachung beherrscht wird, ist das öffentlich-rechtliche Internet datenschutzfreundlich und transparent. Während das heutige Internet die Öffentlichkeit fehlinformiert und spaltet, bindet das öffentlich-rechtliche Internet die Öffentlichkeit ein, informiert sie und unterstützt sie. Während das heutige Internet vom Profitprinzip angetrieben wird und dieses vorantreibt, stellt das öffentlich-rechtliche Internet die sozialen und gesellschaftlichen Bedürfnisse der Menschen in den Vordergrund" (Public Service Media and Public Service Internet Manifesto Collective 2021, 1, 5-6).

Die Nutzer:innen des Internets und der sozialen Medien stehen im heutigen Kapitalismus vor zehn Problemen (siehe Fuchs 2021c, insbesondere Kapitel 15):

[1] Das digitale Kapital beutet die digitale Arbeit aus. Es schafft digitale Unternehmensmonopole und prekäres Leben.

[2] Der digitale Individualismus konzentriert sich auf die Akkumulation von Aufmerksamkeit für und Zustimmung zu individuellen Social-Media-Profilen und -Postings. Er behandelt die Menschen als bloße Konkurrenten und Feinde, was die menschliche Solidarität untergräbt.

[3] Der Staat und Konzerne betreiben digitale Überwachung im überwachungsindustriellen Internetkomplex.

[4] Soziale Medien sind unsoziale, antisoziale soziale Medien. Die Enthüllungen von Edward Snowden und der Skandal um Cambridge Analytica zeigen, dass kapitalistische soziale Medien eine Gefahr für die Demokratie darstellen. Ideolog:innen, Faschist:innen und Demagog:innen verbreiten digitalen Autoritarismus und Kriegspropaganda über soziale und traditionelle Medien und das Internet.

[5] Automatisierte, algorithmische Politik dominiert die sozialen Medien. Automatisierte Computerprogramme („Bots") ersetzen menschliche Aktivitäten, posten Informationen und erstellen „Likes". Es ist schwieriger geworden, zu erkennen, ob Online-Informationen, Kommentare und Online-Zustimmung von Menschen oder Maschinen stammen.

[6] Es gibt fragmentierte Online-Öffentlichkeiten, die von Echokammern beherrscht werden.

[7] Die digitale Kulturindustrie hat digitale Ideologie und soziale Medien als digitale Boulevardzeitungen und riesige digitale Unternehmensmonopole geschaffen. Online-Werbung und Boulevard-Unterhaltung dominieren und verdrängen politische und pädagogisch wertvolle Inhalte.

[8] In den sozialen Medien schafft der Influencer-Kapitalismus Asymmetrien der Aufmerksamkeit, Sichtbarkeit und eine Warenkultur, die eine Online-Welt des Non-Stop-Shoppings fördert.

[9] Die digitale Beschleunigung übersteigt unsere Aufmerksamkeitskapazitäten mit oberflächlichen Informationsflüssen, die mit sehr hoher Geschwindigkeit in den sozialen Medien verarbeitet werden. Es fehlt an Online-Zeit und Online-Raum für Gespräche und Debatten in den sozialen Medien.

[10] Es gibt eine postfaktische Politik und Fake News in den sozialen Medien. Im Zeitalter der neuen Nationalismen, neuer Formen des Faschismus und des neuen Autoritarismus hat sich eine Kultur herausgebildet, die zur Veröffentlichung und Verbreitung von falschen Online-Nachrichten, zum Misstrauen gegenüber Fakten und zur Emotionalisierung der Politik führt.

Die Erneuerung der öffentlich-rechtlichen Medien und die Schaffung eines öffentlich-rechtlichen Internets sind notwendig, um die Demokratie und die Öffentlichkeit zu retten.

Die wichtige Botschaft, die so oft wie möglich öffentlich wiederholt werden muss, ist die folgende: Die öffentlich-rechtlichen Medien sind der Schlüssel zur Sicherung der demokratischen Öffentlichkeit. Ihre Finanzierung und Unabhängigkeit müssen für die Aufrechterhaltung der Demokratie gesichert werden. Die Probleme, die durch die Internetplattformen der Konzerne verursacht werden, und der Mangel an Alternativen sind starke Argumente für die Sicherung der Existenz der öffentlich-rechtlichen Medien und die Ausweitung ihres Auftrags, ihrer Ressourcen und ihrer Finanzierung im Hinblick auf das digitale Zeitalter.

Ein öffentliches und gemeingutorientiertes Internet ist möglich – ein Internet, in dem Menschen sich austauschen, kommunizieren, entscheiden, diskutieren, spielen, kreieren, kritisieren, vernetzen, zusammenarbeiten, Freundschaften finden, pflegen und aufbauen, sich verlieben, sich selbst und gegenseitig unterhalten und sich gemeinsam und ohne die Vermittlung von Unternehmen weiterbilden.

Öffentlich-rechtliche Internetplattformen werden von öffentlich-rechtlichen Medienorganisationen bereitgestellt, die nicht gewinnorientiert sind und den digitalen Auftrag haben, Informationen, Nachrichten, Debatten, Demokratie, Bildung, Unterhaltung, Beteiligung und Kreativität mit Hilfe des Internets zu fördern.

Die öffentlich-rechtlichen Medien sollten ihren Auftrag als digitalen Auftrag zur Förderung von Information, Unterhaltung, Bildung und Demokratie durch die Nutzung digitaler Plattformen neu definieren.

Für die Weiterentwicklung öffentlich-rechtlicher Internetplattformen brauchen wir Mittel und Ressourcen, den digitalen Auftrag öffentlich-rechtlicher Medien, neue Ideen für Plattformen und Formate, Entwicklungsprojekte und Forschungsprojekte.

Aber um eine nachhaltige, inklusive, vielfältige, humane, demokratische, faire und gerechte digitale Gesellschaft zu erreichen, ist mehr nötig. Wir müssen (digitales) Kapital angemessen besteuern, und zwar durch eine Werbesteuer, eine Steuer auf digitale Dienstleistungen, einer von Unternehmen zu zahlenden Mediengebühr und einer Erhöhung der Körperschaftssteuer.

Wir brauchen eine Verbesserung der Arbeitsbedingungen in der Digital- und Kulturindustrie, die zur Abschaffung der prekären Arbeit führt.

Die Monopole der digitalen Giganten sollten durch Kartellgesetze, Vergesellschaftung und Vergemeinschaftung beendet werden.

Wir brauchen datenschutzfreundliche Gesetze, Opt-in-Richtlinien für gezielte digitale Werbung, eine angemessene Regulierung von politischer und gezielter Online-Werbung, die Unterstützung und Förderung von Corporate Watch-Plattformen, Fact-Checking-Organisationen/Plattformen, Plattform-Kooperativen und Slow Media.

Und wir brauchen neue, innovative, kreative Ideen für neue Plattformen und Formate sowie deren Umsetzung. Beispiele sind ein öffentlich-rechtliches YouTube, das von einem internationalen Netzwerk öffentlich-rechtlicher Medien betrieben wird, die ihr Archivmaterial unter Creative Commons CC-BY-NC-Lizenzen zur Verfügung stellen und die Nutzerbeteiligung und nutzergenerierte Inhaltsproduktion auf neue Weise unterstützen (Fuchs 2021, Kapitel 15). Der Mangel an öffentlicher Debattenkultur sollte durch neue Formate und Plattformen überwunden werden, die auf dem Club 2/After Dark-Format unzensierter, offener Live-Debatten aufbauen, die an das digitale Zeitalter angepasst wurden, so dass es ein gewisses Maß an Nutzerbeteiligung über eine Online-Plattform gibt (Fuchs 2021, Kapitel 15). Ich nenne dieses Konzept Club 2.0.

Eine andere Medienwelt ist möglich. Ein öffentlich-rechtliches Internet und wiederbelebte öffentlich-rechtliche Medien sind dringend notwendig, um die Demokratie zu erhalten!

8.4 Wir brauchen einen Radikalen Humanismus

Das *Manifest für Öffentlich-Rechtliche Medien und das Öffentlich-Rechtliche Internet* macht deutlich, dass wir die Existenz, die Finanzierung und die Unabhängigkeit der öffentlich-rechtlichen Medien sichern müssen und dass der öffentlich-rechtliche Auftrag dieser Medien auf einen digitalen Auftrag ausgeweitet werden sollte. Während die öffentlich-rechtlichen Medien von autoritären und populistischen Regierungen, Parteien und Bewegungen angegriffen werden, müssen wir die Ideen des Manifests als Gegenpol fördern. Deshalb sollte jeder das Manifest unterschreiben, seine Ideen verbreiten und andere auffordern, sich dieser Initiative anzuschließen und sie zu unterstützen.

Die angemessene Besteuerung des Kapitals, einschließlich des digitalen Kapitals, um den Wohlfahrtsstaat auszubauen und zu intensivieren, die Armut zu beseitigen und die sozioökonomische Ungleichheit voranzutreiben, sowie die Schaffung eines öffentlich-rechtlichen Internets sind nur zwei der politischen Maßnahmen, die ein radikaler Humanismus des 21. Jahrhunderts vorantreiben sollte. Es gibt noch viele weitere Bereiche der Gesellschaft, die die Anhänger:innen des Humanismus in den Blick nehmen müssen, und viele weitere Maßnahmen, für die sie kämpfen sollten. Konkrete Kampagnen, Forderungen und Maßnahmen ergeben sich aus politischen Organisationen und Kämpfen. Radikaler Humanismus ist ein dringendes Projekt für das 21. Jahrhundert. Angesichts der Gefahr des Aussterbens von Natur, Gesellschaft und Menschheit und des Abstiegs in die Barbarei brauchen wir den Radikalen Humanismus jetzt. Wir brauchen den Radikalen Humanismus als Philosophie der Praxis und als politisches Projekt. Wir wissen nicht, wie die Welt in zwanzig, fünfzig oder hundert Jahren aussehen wird. Wir wissen, dass die Gesellschaft ohne eine radikal-humanistische Praxis zusammenbrechen könnte. Wie ernst die Lage ist, zeigt sich anhand von Drohungen mit dem Einsatz von Nuklearwaffen. Es kann sehr wohl sein, dass sich ein neuer Weltkrieg entwickelt und dass dieser zu einem Nuklearkrieg wird, durch den die Menschheit und das Leben auf der Erde vernichtet werden.

Der Radikale Humanismus ist das Gegengift gegen Zerstörung, Ausbeutung, Unterdrückung, Faschismus und Barbarei. Radikaler Humanismus ist die dringendste Aufgabe für das 21. Jahrhundert.

Bibliographie

Adorno, Theodor W. 2015. Einführung in die Dialektik. Frankfurt a.M.: Suhrkamp.

Adorno, Theodor W. 2008. Ontologie und Dialektik. Frankfurt a.M.: Suhrkamp.

Adorno, Theodor W. 2006. Zur Lehre von der Geschichte und von der Freiheit. Frankfurt a.M.: Suhrkamp.

Adorno, Theodor W. 1975. Negative Dialektik. Frankfurt a.M.: Suhrkamp.

Agamben, Giorgio. 2004. Ausnahmezustand. Frankfurt a.M.: Suhrkamp.

Alderson, David und Robert Spencer, Hrsg. 2017. For Humanism. Explorations in Theory and Politics. London: Pluto.

All on Robots. 2021. Types of Robots. https://www.allonrobots.com/types-of-robots/, abgerufen am 16. Juni 2021.

Amin, Samir. 1980. Class and Nation, Historically and in the Current Crisis. London: Heinemann.

Anand, Abhishek, Justin Sandefur und Arvind Subramanian. 2021. Three New Estimates of India's All-Cause Excess Mortality During the COVID-19 Pandemic. Center for Global Development Working Paper 589. Washington, DC: Center for Global Development.

Andrews, John. 2010. The Book of Isms. London: Profile.

Aristoteles. 1985. Nikomachische Ethik. Philosophische Bibliothek 5, hrsg. von Günther Bien. Hamburg: Meiner elibrary.

Asante, Molefi Kete und Clyde E. Ledbetter, Hrsg. 2016. Contemporary Critical Thought in Africology and Africana Studies. Lanham, MD: Lexington Books.

Balibar, Étienne und Immanuel Wallerstein. 1990. Rasse, Klasse, Nation, Class. Ambivalente Identitäten. Hamburg: Argument.

Banerjee, Subhabrata Bobby. 2008. Necrocapitalism. Organization Studies 29 (12): 1541-1563.

Bastani, Aaron. 2019. Fully Automated Luxury Communism. London: Verso.

Bauman, Zygmunt. 1992. Mortality, Immortality and Other Life Strategies. Cambridge: Polity.

BBC. 2021. Covid: Boris Johnson Resisted Autumn Lockdown as Only Over-80s Dying – Dominic Cummings. BBC, 20. Juli 2021. https://www.bbc.com/news/uk-politics-57854811

Bear, Laura et al. 2020. "A Good Death" During the Covid-19 Pandemic in the UK: A Report on Key Findings and Recommendations. http://eprints.lse.ac.uk/104143

Begum, Neema und Rima Saini. 2019. Decolonising the Curriculum. Political Studies Review 17 (2): 196-201.

Bell, Christina L., Emese Somogyi-Zalud und Kamal H. Masaki. 2010. Factors Associated With Congruence Between Preferred and Actual Place of Death. Journal of Pain and Symptom Management 39 (3): 591-604.

Bhambra, Gurminder K., Dalia Gebrial und Kerem Nişancıoğlu, Hrsg. 2018. Decolonising the University. London: Pluto

Blaut, James Morris. 1989. Colonialism and the Rise of Capitalism. Science & Society 53 (3): 260-296.

Boden, Margaret A. 2018. Artificial Intelligence: A Very Short Introduction. Oxford: Oxford University Press.

Broad, Joanna B., Merryn Gott, Hongsoo Kim, Michal Boyd, He Chen und Martin J. Connolly. 2013. Where Do People Die? An International Comparison of the Percentage of Deaths Occuring in Hospital and Residential Care Settings in 45 Populations, Using Published and Available Statistics. International Journal of Public Health 58 (2): 257-267.

Burrell, Alexander und Lucy E. Selman. 2022. How do Funeral Practices Impact Bereaved Relatives' Mental Health, Grief and Bereavement? A Mixed Methods Review With Implications for COVID- 19. OMEGA – Journal of Death and Dying 85 (2): 345-383. DOI: https://doi.org/10.1177/0030222820941296

Chakravartty, Paula, Rachel Kuo, Victoria Grubbs und Charlton McIlwain. 2018. #CommunicationSoWhite. Journal of Communication 68 (2): 254-266.

Chatterjee, Satischandra und Dhirendramohan Datta. 2007. An Introduction to Indian Philosophy. New Delhi: Rupa.

Chen, Emily, Kristina Lerman und Emilio Ferrara. 2020. Tracking Social Media Discourse About the COVID-19 Pandemic: Development of a Public Coronavirus Twitter Data Set. JMIR Public Health and Surveillance 6 (2): e19273. DOI: http://doi.org/10.2196/19273

Clynes, Manfred E. und Nathan S. Kline. 1960/2007. Der Cyborg und der Weltraum. In Reader Neue Medien: Texte zur digitalen Kultur und Kommunikation, hrsg. von Karin Bruns und Ramón Reichert. 467-475. Bielefeld: transcript Verlag. https://doi.org/10.1515/9783839403396-042

Copson, Andrew. 2015. What Is Humanism? In The Wiley Blackwell Handbook of Humanism, hrsg. von Andrew Copson und A. C. Grayling, 1-33. Chicester: Wiley Blackwell.

Curran, James und Myung-Jin Park, Hrsg. 2000. De-Westernizing Media Studies. London: Routledge.

Davis, Mike. 2020. The Monster Enters: COVID-19, Avian Flu and the Plagues of Capitalism. New York: OR Books.

Dergiades, Theologos, Costas Milas, Elias Mossialos und Theodore Panagiotidis. 2022. Effectiveness of Government Policies in Response to the First COVID-19 Outbreak. PLOS Global Public Health 2 (4): e0000242. DOI: https://doi.org/10.1371/journal.pgph.0000242

Dreyfus, Hubert L. 1987. Künstliche Intelligenz. Von den Grenzen der Denkmaschine und dem Wert der Intuition. Reinbek: Rowohlt.

Dutta, Mohan J. 2020. Whiteness, Internationalization, and Erasure: Decolonizing Futures from the Global South. Communication and Critical / Cultural Studies 17 (2): 228-235.

Ersek, Mary et al. 2021. End-of-Life Care in the Time of COVID-19: Communication Matters More Than Ever. Journal of Pain and Symptom Management 62 (2): 213-222.e2.

Ertel, Wolfgang. 2017. Introduction to Artificial Intelligence. London: Springer. Zweite Auflage.

Escobar, Arturo. 2018. Designs for the Pluriverse. Radical Interdependence, Autonomy, and the Making of Worlds. Durham, NC: Duke University Press.

Europäische Kommission. 2021. Coordinated Plan on Artificial Intelligence 2021 Review. https://ec.europa.eu/newsroom/dae/redirection/document/75787 (abgerufen am 2. Januar 2023).

Europäische Kommission. 2018. Künstliche Intelligenz für Europa. https://eur-lex.europa.eu/legal-content/DE/TXT/PDF/?uri=CELEX:52018DC0237&from=EN (abgerufen am 22. Juni 2021).

Fanon, Frantz. 1981. Die Verdammten dieser Erde. Frankfurt a.M.: Suhrkamp.

Feder, Shelli et al. 2021. "Why Couldn't I Go in To See Him?" Bereaved Families' Perceptions of End-of-Life Communication During COVID-19. Journal of the American Geriatrics Society 69 (3): 587-592.

Fischer, Stacy et al. 2013. Where Do You Want to Spend Your Last Days of Life? Low Concordance Between Preferred and Actual Site of Death Among Hospitalized Adults. Journal of Hospital Medicine 8 (4): 178-183.

Fletcher, Kami und Tamara Waraschinski. 2022. Between Cultural Necrophilia and African American Activism: Life and Loss in the Age of COVID. In Death, Grief and Loss in the Context of COVID-19, hrsg. von Panagiotis Pentaris, 209-228. London: Routledge.

Flisfeder, Matthew und Clint Burnham. 2017. Love and Sex in the Age of Capitalist Realism: On Spike Jonze's Her. Cinema Journal 57 (1): 25-45.

Foster, John Bellamy und Intan Suwandi. 2020. COVID-19 and Catastrophe Capitalism. Monthly Review 72 (2). Online-Version: https://monthlyreview.org/2020/06/01/covid-19-and-catastrophe-capitalism/

Fowler, Jeaneane. 2015. The Materialists of Classical India. In The Wiley Blackwell Handbook of Humanism, hrsg. von Andrew Copson und A. C. Grayling, 97-118. Chicester: Wiley Blackwell.

Fowler, Merv. 2015. Ancient China. In The Wiley Blackwell Handbook of Humanism, hrsg. von Andrew Copson und A. C. Grayling, 133-152. Chicester: Wiley Blackwell.

France24. 2021. Bolsonaro's Most Controversial Coronavirus Quotes. France24, 19 June 2021. https://www.france24.com/en/live-news/20210619-bolsonaro-s-most-controversial-coronavirus-quotes

Freeman, Charles. 2015. Humanism in the Classical World. In The Wiley Blackwell Handbook of Humanism, hrsg. von Andrew Copson und A. C. Grayling, 119-132. Chicester: Wiley Blackwell

Frente de Libertação de Moçambique (FRELIMO). 1965/1982. Colonialism and Neo-Colonialism. In The African Liberation Reader: Documents of the National

Liberation Movements. Volume 1: The Anatomy of Colonialism, hrsg. von Aquino de Bragança und Immanuel Wallerstein, 3-5. London: Zed.

Freud, Sigmund. 1930/1948. Das Unbehagen in der Kultur. In Sigmund Freud Gesammelte Werke Band 14, 419-513. London: Imago.

Freud, Sigmund. 1923/1940. Das Ich und das Es. In Sigmund Freud Gesammelte Werke Band 13, 237-289. Bd. 13. London: Imago.

Freud, Sigmund. 1920/1940. Jenseits des Lustprinzips. In Sigmund Freud Gesammelte Werke Band 13, 1-69. London: Imago.

Freud, Sigmund. 1915/1946. Zeitgemäßes über Krieg und Tod. In Sigmund Freud Gesammelte Werke Band 10, 323-355. London: Imago.

Fromm, Erich. 1980/1991. Wege aus einer kranken Gesellschaft: Eine sozialpsychologische Untersuchung. München: dtv.

Fromm, Erich. 1977. Anatomie der menschlichen Destruktivität. Reinbek bei Hamburg: Rowohlt.

Fromm, Erich. 1976/2004. Haben oder Sein. München: dtv.

Fromm, Erich. 1966/2008. Ihr werdet sein wie Gott. Eine radikale Interpretation des Alten Testaments und seiner Tradition. München: dtv.

Fromm, Erich, Hrsg. 1965a. Socialist Humanism. An International Symposium. Garden City, NY: Doubleday & Company.

Fromm, Erich. 1965b. The Application of Humanist Psychoanalysis to Marx's Theory. In Socialist Humanism: An International Symposium, hrsg. von Erich Fromm, 207-222. Garden City, NY: Doubleday.

Fromm, Erich. 1963. Das Menschenbild bei Marx. Frankfurt a.M.: Europäische Verlagsanstalt.

Fromm, Erich. 1962. Jenseits der Illusionen. Die Bedeutung von Marx und Freud. In Erich Fromm Gesamtausgabe Band IX, hrsg. von Rainer Funk, 37-155. München: dtv.

Fromm, Erich. 1947/2016. Psychoanalyse und Ethik. Bausteine zu einer humanistischen Charakterologie. In Erich Fromm Gesamtausgabe Band II, hrsg. von Rainer Funk, 1-157. München: dtv

Fromm, Erich. 1941/2000. Die Furcht vor der Freiheit. München: dtv.

Fuchs, Christian. 2021a. Communicating COVID-19. Everyday Life, Digital Capitalism, and Conspiracy Theories in Pandemic Times. Bingley: Emerald.

Fuchs, Christian. 2021b. Foundations of Communication/Media/Digital (In)Justice. Journal of Media Ethics 36 (4): 186-201. DOI: https://doi.org/10.1080/23736992.2021.1964968

Fuchs, Christian. 2021c. Soziale Medien und Kritische Theorie. Eine Einführung. München: UVK/utb. Zweite Auflage.

Fuchs, Christian. 2020a. Kommunikation und Kapitalismus: Eine kritische Theorie. München: UKV Verlag.

Fuchs, Christian, Hrsg. 2020b. Communicative Socialism/Digital Socialism. tripleC: Communication, Capitalism & Critique 18 (1): 1-285. DOI: https://doi.org/10.31269/triplec.v18i1.1149

Fuchs, Christian. 2020c. Marx heute. Eine Einführung in die kritische Theorie der Kommunikation, der Kultur, der digitalen Medien und des Internets. München: UVK/utb.

Fuchs, Christian. 2018. Digitale Demagogie: Autoritärer Kapitalismus in Zeiten von Trump und Twitter. Hamburg: VSA.

Fuchs, Christian. 2017. From Digital Positivism and Administrative Big Data Analytics Towards Critical Digital and Social Media Research! European Journal of Communication 32 (1): 37-49.

Fuchs, Christian. 2008. Internet and Society. Social Theory in the Information Age. New York: Routledge.

Fuchs, Christian und Jack L. Qiu. 2018. Ferments in the Field: Introductory Reflections on the Past, Present and Future of Communication Studies. Journal of Communication 68 (2): 219-232.

Fuchs, Christian und Marisol Sandoval. 2013. The Diamond Model of Open Access Publishing: Why Policy Makers, Scholars, Universities, Libraries, Labour Unions and the Publishing World Need to Take Non-Commercial, Non-Profit Open Access Serious. tripleC: Communication, Capitalism & Critique 11 (2): 428-443. DOI: https://doi.org/10.31269/triplec.v11i2.502

Fuchs, Christian und Klaus Unterberger, Hrsg. 2021. The Public Service Media and Public Service Internet Manifesto. London: University of Westminster Press. DOI:

Fung, Yiu-ming. 2009. Philosophy in the Han Dynasty. In Routledge Histories of World Philosophy Volume 3: History of Chinese Philosophy, hrsg. von Bob Mou, 269-302. Abingdon: Routledge.

Geschiere, Peter. 2021. Dazzled by New Media: Mbembe, Tonda, and the Mystic Virutal. African Studies Review 64 (1): 71-85.

Giddens, Anthony. 1991. Modernity and Self-Identity. Self and Society in the Late Modern Age. Cambridge: Polity Press.

Giroux, Henry A. 2020. On Critical Pedagogy. London: Bloomsbury. Second edition.

Gracia, Jorge und Manuel Vargas. 2018. Latin American Philosophy. In Stanford Encyclopedia of Philosophy, https://plato.stanford.edu/entries/latin-american-philosophy/

Grosfoguel, Ramón, Roberto Hernández und Ernest Rosen Velásquez, Hrsg. 2016. Decolonizing the Westernized University. Lanham, MD: Lexington.

Guterman, Norbert und Henri Lefebvre. 1936/1979. La conscience mystifiée. Paris: Le Sycomore.

Guying, Chen. 2018. The Humanist Spirit of Daoism. Leiden: Brill.

Habermas, Jürgen. 1992. Nachmetaphysisches Denken. Philosophische Aufsätze. Frankfurt a.M.: Suhrkamp.

Hanna, Jeffrey R. et al. 2021a. A Qualitative Study of Bereaved Relatives' End of Life Experiences During the COVID-19 Pandemic. Palliative Medicine 35 (5): 843-851.

Hanna, Jeffrey R. et al. 2021b. Health and Social Care Professionals' Experiences of Providing End of Life Care During the COVID-19 Pandemic: A Qualitative Study. Palliative Medicine 35 (7): 1249-1257.

Harari, Yuval Noah. 2017. Homo Deus. Eine Geschichte von Morgen. München: C.H.Beck.

Harari, Yuval Noah. 2013. Eine kurze Geschichte der Menschheit. München: DVA.

Haraway, Donna. 1995. Die Neuerfindung der Natur. Primaten, Cyborgs und Frauen. Frankfurt a.M.: Campus.

Harding, Richard und Irene J, Higginson. 2005. Palliative Care in Sub-Saharan Africa. The Lancet 365 (9475): 1971-1977.

Harvey, David. 2018. Universal Alienation. tripleC: Communication, Capitalism & Critique 16 (2): 424-439. DOI: https://doi.org/10.31269/triplec.v16i2.1026

Harvey, David. 2015. Siebzehn Widersprüche und das Ende des Kapitalismus. Berlin: Ullstein.

Harvey, David. 2010. The Enigma of Capital and the Crises of Capitalism. Oxford: Oxford University Press.

Harvey, David. 2005a. A Brief History of Neoliberalism. Oxford: Oxford University Press.

Harvey, David. 2005b. Der neue Imperialismus. Hamburg: VSA.

Harvey, David. 2000. Spaces of Hope. Edinburgh: Edinburg University Press.

Health and Social Care Committee and Science and Technology Committee. 2021. Oral Evidence: Coronavirus: Lessons Learnt, HC 95. Wednesday, 26 May 2021. Witness: Dominic Cummings. https://committees.parliament.uk/oralevidence/2249/html/

Hoad, T. F. 1996. The Concise Oxford Dictionary of English Etymology. Oxford: Oxford University Press.

Hofkirchner, Wolfgang. 2021. Digital Humanism: Epistemological, Ontological and Praxiological Foundations. In AI for Everyone? Critical Perspectives, hrsg. von Pieter Verdegem, 33-47. London: University of Westminster Press. DOI: https://doi.org/10.16997/book55.c

Hofkirchner, Wolfgang. 2009. How to Achieve a Unified Theory of Information. tripleC 7 (2): 357-368. DOI: https://doi.org/10.31269/triplec.v7i2.114

Horkheimer, Max und Theodor W. Adorno. 1969/2014. Dialektik der Aufklärung. Philosophische Fragmente. In Max Horkheimer Gesammelte Schriften Band 5, 1-290. Frankfurt a.M.: Fischer.

Hou, Na. 2020. Smart Court Campaign: China Boosts Online Litigation Services. CGTN, 20 April 2020. https://news.cgtn.com/news/314d444f78514464776c6d636a4e6e62684a4856/index.html

Hou, Xiaoting et al. 2019. Preferences for a Good Death: A Cross-Sectional Survey in Advanced Cancer Patients. BMJ Supportive & Palliative Care 12: e570-e577. DOI: http://doi.org/10.1136/bmjspcare-2018-001750 .

Humanists International. 2020. Governing Rules. https://docs.google.com/document/d/1evO58n_RhGJifXF-LwwnhY2AHoVhoI12PH6T3P56ZKk/edit#heading=h.c5958nhbnqen (abgerufen am 4. August 2021).

Illich, Ivan. 1998. Selbstbegrenzung: eine politische Kritik der Technik. München: Beck.

Illouz, Eva. 2007. Gefühle in Zeiten des Kapitalismus. Frankfurt a.M.: Suhrkamp.

IntroBooks. 2018. Robotics. IntroBooks #501. Sinzig: IntroBooks.

Jacobsen, Michael Hviid und Michael C. Kearl. 2014. Liquid immortality – An Interview with Zygmunt Bauman. Mortality 19 (3): 303-317.

James, C. L. R. 1963. Black Jacobins: Toussaint L'Ouverture and the San Domingo Revolution. New York: Vintage.

Jameson, Frederic. 1990. Modernism and Imperialism. In Terry Eagleton, Frederic Jameson und Edward W. Said: Nationalism, Colonialism, and Literature, 43-66. Minneapolis, MN: University of Minnesota Press.

Kearl, Michael C. 1996. Dying Well. The Unspoken Dimension of Aging Well. American Behavioral Scientist 39 (3): 336-360.

Kearl, Michael C. 1989. Ending: A Sociology of Death and Dying. New York: Oxford University Press.

Kikule, Ekiria. 2003. A Good Death in Uganda: Survey of Needs for Palliative Care for Terminally Ill People in Urban Areas. British Medical Journal 327 (7408): 192-194.

Kraidy, Marwan M. 2018. Global Media Studies: A Critical Agenda. Journal of Communication 68 (2): 337-346.

Kraye, Jill. 2006. Humanism. In Encyclopedia of Philosophy. Volume 4: Gadamer – Just War Theory, hrsg. von Donald M. Borchert, 477-481. Farmington Hills, MI: Thomson Gale.

Kumar, Sangeet und Radhika Parameswaran. 2018. Charting an Itinerary for Postcolonial Communication and Media Studies. Journal of Communication 68 (2): 347-358.

Kurzweil, Ray. 2014. Menschheit 2.0. Die Singularität naht. Berlin: Lola Books. 2. Auflage.

Kürtüncü, Meltem, Aylin Kurt und Nurten Arslan. 2021. The Experiences of COVID-19 Patients in Intensive Care Units: A Qualitative Study. OMEGA – Journal of Death and Dying, DOI: http://doi.org/10.1177/00302228211024120

Lai, Karyn L. 2008. An Introduction to Chinese Philosophy. Cambridge: Cambridge University Press.

Law, Stephen. 2001. Humanism: A Very Short Introduction. Oxford: Oxford University Press.

Le Grange, Lesley. 2016. Decolonising the University Curriculum. South African Journal of Higher Education 30 (2): 1-12.

Lefebvre, Henri. 2003. Key Writings. London: Continuum.

Lefebvre, Henri. 1975. Metaphilosophie. Prolegomena. Frankfurt a.M.: Suhrkamp.

Lefebvre, Henri. 1971a. Au-delà du structuralisme. Paris: Éditions Anthropos.

Lefebvre, Henri. 1971b. Vers le cybernanthrope. Paris: Denoël/Gonthier.

Lefebvre, Henri. 1966. La langage et la société. Paris: Éditions Gallimard.

Leibniz, Gottfried Wilhelm. 1703. Explication de l'arithmètique binaire (deutsche Übersetzung). Physikalische Blätter 26 (6): 253-256.

Ljamai, Abdelilah. 2015. Humanistic Thought in the Islamic World of the Middle Ages. In The Wiley Blackwell Handbook of Humanism, hrsg. von Andrew Copson und A. C. Grayling, 153-169. Chicester: Wiley Blackwell.

Luik, John C. 1998. Humanism. In Routledge Encyclopedia of Philosophy, hrsg. von Edward Craig. DOI: http://doi.org/10.4324/9780415249126-N025-1

Luxemburg, Rosa. 1923. Die Akkumulation des Kapitals. Berlin: Vereinigung Internationaler Verlags-Anstalten.

Luxemburg, Rosa. 1918. Was will der Spartakusbund? In Rosa Luxemburg Gesammelte Werke Band 4, 440-449. Berlin: Dietz.

Luxemburg, Rosa. 1916. Die Krise der Sozialdemokratie. Zürich: Verlagsdruckerei Union.

Makoni, Sinfree und Katherine A. Masters. 2021. Decolonization and Globalization in Communication Studies. In Oxford Research Encyclopedia of Communication, hrsg. von Jon F. Nussbaum. Oxford: Oxford University Press.

Mano, Winston und viola c. milton. 2021. Afrokology of Media and Communication Studies. Theorising from the Margins. In Routledge Handbook of African Media and Communication Studies, hrsg. von Winston Mano und viola c. milton, 19-42. London: Routledge.

Mariátegui, José Carlos. 2011. An Anthology. New York: Monthly Review Press.

Mariátegui, José Carlos. 1930. Ethics and Socialism. https://www.marxists.org/archive/mariateg/works/1930-ethics.htm

Martin, Iain. 2018. Benchmarking Widening Participation: How Should We Measure and Report Progress? Higher Education Policy Institute Policy Note 6, https://www.hepi.ac.uk/wp-content/uploads/2018/04/HEPI-Policy-Note-6-Benchmarking-widening-participation-FINAL.pdf

Marx, Karl. 1894. Das Kapital. Kritik der politischen Ökonomie. Dritter Band. Marx Engels Werke (MEW) Band 25. Berlin: Dietz.

Marx, Karl. 1867. Das Kapital. Kritik der politischen Ökonomie. Erster Band. Marx-Engels-Werke (MEW) Band 23. Berlin: Dietz.

Marx, Karl. 1857/1858. Grundrisse der Kritik der politischen Ökonomie. Marx Engels Werke (MEW) Band 42. Berlin: Dietz.

Marx, Karl. 1852. Der achtzehnte Brumaire des Louis Bonaparte. In Marx Engels Werke (MEW) Band 8, 111-207. Berlin: Dietz.

Marx, Karl. 1844a. Zur Kritik der Hegelschen Rechtsphilosophie. In Marx Engels Werke (MEW) Band 1, 378-391. Berlin: Dietz.

Marx, Karl. 1844b. Ökonomisch-philosophische Manuskripte aus dem Jahre 1844. In Marx Engels Werke (MEW) Band 40, 465-588. Berlin: Dietz.

Marx, Karl. 1843. Zur Judenfrage. In Marx Engels Werke (MEW) Band 1, 347-377. Berlin: Dietz.

Marx, Karl und Friedrich Engels. 1848. Manifest der Kommunistischen Partei. In Marx Engels Werke (MEW) Band 4, 459-493. Berlin: Dietz.

Marx, Karl und Friedrich Engels. 1845/1846. Die Deutsche Ideologie. In Marx Engels Werke (MEW) Band 3, 9-530. Berlin: Dietz

Mason, Paul. 2019. Klare, lichte Zukunft. Eine radikale Verteidigung des Humanismus. Berlin: Suhrkamp.

Mason, Paul. 2015. PostCapitalism: A Guide to our Future. London: Allen Lane.

Masters, Brooke. 2021. How Britain's Private Schools Lost Their Grip on Oxbridge. The Financial Times, 2. Juli 2021, https://www.ft.com/content/bbb7fe58-0908-4f8e-bb1a-081a42a045b7

Mayer, Tobias. 2019. Digitaler Humanismus. Eine Ethik für das Zeitalter der Künstlichen Intelligenz. Internationale Katholische Zeitschrift Communio 15 (1): 108-110.

Mbembe, Achille. 2020. Das allgemeine Recht aufs Atmen. Rotary Magazin, 1. April 2020. https://rotary.de/gesellschaft/das-allgemeine-recht-aufs-atmen-a-16010.html

Mbembe, Achille. 2016. Decolonizing the University: New Directions. Arts & Humanities in Higher Education 15 (1): 29-45.

Mbembe, Achille. 2015. Decolonizing Knowledge and the Question of the Archive. https://wiser.wits.ac.za/system/files/Achille%20Mbembe%20-%20Decolonizing%20Knowledge%20and%20the%20Question%20of%20the%20Archive.pdf

Mbembe, Achille. 2011. Nekropolitik. In Biopolitik – in der Debatte, hrsg. von Marianne Pieper, Thomas Atzert, Serhat Karakayalı & Vassilis Tsianos, 63-96. Wiesbaden: VS Verlag für Sozialwissenschaften.

Meinert, Carmen, Hrsg. 2010. Traces of Humanism in China. Bielefeld: transcript.

Mercy Corps. 2020. The Facts: What You Need to Know About Global Hunger. https://europe. mercycorps.org/en-gb/blog/quick-facts-global-hunger (abgerufen am 19. Januar 2023).

Merrifield, Andy. 2006. Henri Lefebvre: A Critical Introduction. New York: Routledge.

Mies, Maria. 2015. Patriarchat und Kapital. München: bge Verlag. Neuauflage

milton, viola c. und Winston Mano. 2021. Afrokology as a Transdisciplinary Approach to Media and Communication Studies. In Routledge Handbook of African Media and Communication Studies, hrsg. von Winston Mano und viola c. milton, 256-275. London: Routledge.

Miyashita, Mitsunori et al. 2007. Good Death in Cancer Care: A Nationwide Quantitative Study. Annals of Oncology 18 (6): 1090-1097.

Moravec, Hans. 1990. Mind Children. Der Wettlauf zwischen menschlicher und künstlicher Intelligenz. Hamburg: Hoffmann und Campe.

More, Mabogo P. 2004. Philosophy in South Africa Under and After Apartheid. In A Companion to African Philosophy, hrsg. von Kwasi Wiredu, 149-160. Malden, MA: Blackwell.

Mosco, Vincent. 2009. The Political Economy of Communication. London: Sage.

Mortazavi, Seyede Salehe et al. 2021. Mourning During Corona: A Phenomenological Study of Grief Experience Among Close Relatives During COVID-19 Pandemics. OMEGA – Journal of Death and Dying, DOI: https://doi.org/10.1177%2F00302228211032736

Murdock, Graham und Peter Golding. 2005. Culture, Communications and Political Economy. In Mass Media and Society, hrsg. von James Curran und Michael Gurevitch, 60-83. London: Hodder Arnold.

Murphy, Robin R. 2000. Introduction to AI Robotics. Cambridge, MA: The MIT Press.

Musk, Elon. 2021. Clubouse Elon Musk Interview. 7. Februar 2021. https://zamesin.me/clubhouse-elon-musk-interview/, abgerufen am 24. August 2021.

Mussato, Ariádne. 2020. Bolsonaro: "Brazil Must Stop Being a Country of Sissies". The Brazilian Report, 10. November 2020. https://brazilian.report/liveblog/coronavirus/2020/11/10/bolsonaro-brazil-must-stop-being-a-country-of-sissies/

Nabudere, Dani Wadada. 2012. Afrikology and Transdisciplinarity: A Restorative Epistemology. Pretoria: Africa Institute for South Africa.

Nabudere, Dani Wadada. 2011. Afrikology, Philosophy, and Wholeness: An Epistemology. Pretoria: Africa Institute for South Africa.

Nabudere, Dani Wadada. 2006. Towards an Afrokology of Knowledge Production and African Regeneration. International Journal of African Renaissance Studies 1 (1): 7-32.

Nabudere, Dan. 1977. The Political Economy of Imperialism. London: Zed.

Namisango, Eva, Elly Katabira, Charles Karamagi und Peter Baguma. 2007. Validation of the Missoula-Vitas Quality- of-Life Index Among Patients with Advanced AIDS in Urban Kampala, Uganda. Journal of Pain and Symptom Management 33 (2): 189-202.

Nida-Rümelin, Julian und Nathalie Weidenfeld. 2018. Digitaler Humanismus. Eine Ethik für das Zeitalter der Künstlichen Intelligenz. Munich: Piper.

Noble, David F. 1995. Progress Without People. New Technology, Unemployment, and the Message of Resistance. Toronto: Between the Lines.

Norman, Richard. 2004. On Humanism. London: Routledge.

Nuccetelli, Susana. 2020. An Introduction to Latin American Philosophy. Cambridge: Cambridge University Press.

Nyamnjoh, Francis B. 2020. Decolonising the Academy. A Case for Convivial Scholarship. Basel: Baseler Afrika Bibliographien.

Nyamnjoh, Francis B. 2017. Incompleteness: Frontier Africa and the Currency of Conviviality. Journal of Asian and African Studies 52 (3): 253–270.

Nyamnjoh, Francis B. 2002. "A Child is One Person's Only in the Womb": Domestication, Agency and Subjectivity in the Cameroonian Grassfields. In Postcolonial Subjectivities in Africa, hrsg. von Richard Werbner, 111-138. London: Zed Books.

Ngũgĩ wa Thiong'o. 1986. Decolonising the Mind. Nairobi: Heinemann Kenya.

Nkrumah, Kwame. 1965. Neo-Colonialism. New York: International Publishers.

Online Etymology Dictionary. 2021. convivial (adj.). https://www.etymonline.com/word/convivial#etymonline_v_18319, abgerufen am 16. Juli 2021.

Oxfam. 2021. The Hunger Virus Multiplies. Oxfam Media Briefing, 9. Juli 2021, https://oi-files-d8-prod.s3.eu-west-2.amazonaws.com/s3fs-public/2021-07/The%20Hunger%20Virus%202.0_media%20brief_EN.pdf

Patterson, Orlando. 1982. Slavery and Social Death. A Comparative Study. Cambridge, MA: Harvard University Press.

Pentaris, Panagiotis und Kate Woodthorpe. 2022. Familiarity With Death. In Death, Grief and Loss in the Context of COVID-19, hrsg. von Panagiotis Pentaris, 17-28. London: Routledge.

Piketty, Thomas. 2014. Capital in the Twenty-First Century. Cambridge, MA: Belknap Press.

Pitanupong, Jarurin und Sahawit Janmanee. 2021. End-of-Life Care Preferences Among Cancer Patients in Southern Thailand: A University Hospital-Based Cross-Sectional Analysis. BMC Palliative Care 20 (90). DOI: https://doi.org/10.1186/s12904-021-00775-6

Plaul, Constantin. 2019. Digitaler Humanismus. Eine Ethik für das Zeitalter der Künstlichen Intelligenz. Zeitschrift für Evangelische Ethik 63 (3): 234-235.

Porter, Theodor M. 2018. Digital Humanism. Historical Psychology 21 (4): 369-373.

Postone, Moishe. 2005. Deutschland, die Linke und der Holocaust. Politische Interventionen. Freiburg: ça ira.

Public Service Media and Public Service Internet Manifesto Collective. 2021. Manifest für öffentlich-rechtliche Medien und ein öffentlich-rechtliches Internet. http://bit.ly/psmmanifesto_de, https://archive.org/details/@public_service_media_and_public_service_internet_manifesto

Querejazu, Amaya. 2016. Encountering the Pluriverse: Looking for Alternatives in other Worlds. Revista Brasileira de Política Internacional 59 (2), DOI: https://doi.org/10.1590/0034-7329201600207

Ramose, Mogobe B. 2003. Globalization and Ubuntu. In The African Philosophy Reader, hrsg. von Pieter H. Coetzee und Abraham P. J. Roux, 626-649. New York, Routledge. Zweite Auflage.

Rao, K. Narayana. 2017. Indian Thought of Humanism: Answer for Cheerful Human Life. Global Journal for Research Analysis 6 (9): 64-66.

Rifkin, Jeremy. 1995. Das Ende der Arbeit und ihre Zukunft. Frankfurt a.M.: Campus.

Rodríguez-Ortega, Nuria. 2018. Five Central Concepts to Think of Digital Humanities as a New Digital Humanism Project. Artnodes 22: 1-6.

Roy, Arundhati. 2021. Ein Verbrechen gegen die Menschlichkeit. Frankfurter Allgemeine Zeitung, 1. Mai 2021, https://www.faz.net/aktuell/feuilleton/indiens-corona-katastrophe-verbrechen-gegen-die-menschlichkeit-17321110.html

Ruoshui, Wang. 1997. My Marxist Outlook. Contemporary Chinese Thought 29 (1): 35-96.

Ruoshui, Wang. 1984a. Man is the Starting Point of Marxism. China Report 20 (3): 36-45.

Ruoshui, Wang. 1984b. On the Problem of Alienation. China Report 20 (3): 25-35.

Saha, Subir Kuma. 2014. Introduction to Robotics. New Delhi: McGraw Hill. Zweite Auflage.

Said, Edward W. 2009. Orientalismus. Frankfurt a.M.: S. Fischer.

Sandsdalen, Tuva, Reidun Hov, Sevald Høye, Ingrid Rystedt und Bodil Wilde-Larsson. 2015. Patients' Preferences in Palliative Care: A Systematic Mixed Studies Review. Palliative Medicine 29 (5): 399-419.

Santos, Boaventura de Sousa. 2019. Decolonizing the University. In Knowledges Born in Struggle, hrsg. von Boaventura de Sousa Santos und Maria Paula Meneses, 219-239. New York: Routledge.

Santos, Boaventura de Sousa. 2018a. Epistemologien des Südens: Gegen die Hegemonie des westlichen Denkens. Münster: Unrast.

Santos, Boaventura de Sousa. 2018b. The End of the Cognitive Empire. The Coming of Age of Epistemologies of the South. Durham, NC: Duke University Press.

Santos, Boaventura de Sousa. 2017. Decolonising the University. The Challenge of Deep Cognitive Justice. Newcastle upon Tyne: Cambridge Scholars.

Sartre, Jean-Paul. 1988. Wir sind alle Mörder. Der Kolonialismus ist ein System. Artikel, Reden, Interviews 1947-1967, Reinbek bei Hamburg: Rowohlt.

Sartre, Jean-Paul. 1981. Vorwort. In Frantz Fanon: Die Verdammten dieser Erde, 7-27. Frankfurt a.M.: Suhrkamp.

Searle, John. 1990. Is the Brain's Mind a Computer Program? Scientific American 262: 26-31.

Selman, Lucy E. et al. 2021. Sadness, Despair and Anger When A Patient Dies Alone From COVID-19: A Thematic Content Analysis of Twitter Data From Bereaved Family Members and Friends. Palliative Medicine 35 (7): 1267-1276.

Selman, Lucy E. et al. 2011. Quality of Life Among Patients Receiving Palliative Care in South Africa and Uganda: A Multi-Centred Study. Health and Quality of Life Outcomes 9 (21). DOI: https://doi.org/10.1186/1477-7525-9-21

Shi, Changqing, Tani Sourdin und Bin Li. 2021. The Smart Court – A New Pathway to Justice in China? International Journal for Court Administration 12 (1), DOI: http://doi.org/10.36745/ijca.367

Shields, Rob. 1999. Lefebvre, Love and Struggle. Spatial Dialectics. London: Routledge.

Shome, Raka. 2016. When Postcolonial Studies Meets Media Studies. Critical Studies in Media Communication 33 (3): 245–263.

Slater, Joanna und Niha Masih. 2021. In India's Surge, a Religious Gathering Attended by Millions Helped the Virus Spread. The Washington Post, 8. Mai 2021. https://www.washingtonpost.com/world/2021/05/08/india-coronavirus-kumbh-mela/

Soper, Kate. 2005. Humanism. In The Concise Encyclopedia of Western Philosophy, hrsg. von Jonathan Rée und J. O. Urmson, 167-168. Abdington: Routledge. Dritte Auflage.

Sparks, Colin. 2018. Changing Concepts for a Changing World. Journal of Communication 68 (2): 390-398.

Srnicek, Nick und Alex Williams. 2015. Inventing the Future. Postcapitalism and a World Without Work. London: Verso. ebook edition.

Stalin, Josef W. 1928. Über die Industrialisierung des Landes und die rechte Abweichung in der KPdSU (B). In Stalin Werke Band 11, 131-3152. Berlin: Dietz.

State Council of the People's Republic of China. 2017. A Next Generation Artificial Intelligence Development Plan. https://www.airuniversity.af.edu/Portals/10/CASI/documents/Translations/2021-03-02%20China's%20New%20Generation%20Artificial%20Intelligence%20Development%20Plan-%202017.pdf?ver=N2TtRVNODYyWR0yGHuK_cA%3d%3d (abgerufen am 22, Juni 2021).

Steinhauser, Karen E. et al. 2000. Factors Considered Important at the End of Life by Patients, Family, Physicians, and Other Care Providers. JAMA 284 (19): 2476-2482.

Suzuki, Daisetz Teitaro, Erich Fromm und Richard De Martino. 1971. Zen-Buddhismus und Psychoanalyse. Frankfurt a.M.: Suhrkamp.

Suzuki, Daisetz Teitaro. 2015. On Satori – The Revelation of a New Truth in Zen Buddhism. In Selected Works of D. T. Suzuki. Volume I: Zen, hrsg. von Richard M. Jaffe, 14-38. Oakland, CA: University of California Press.

Terec-Vlad, Loredana und Daniel Terec-Vlad. 2014. About the Evolution of the Human Species: Human Robots and Human Enhancement. 2014. Postmodern Openings 5 (3): 67-75.

The Digital Humanism Initiative. 2019. Wiener Manifest für Digitalen Humanismus. https://dighum.ec.tuwien.ac.at/wp-content/uploads/2019/07/Vienna_Manifesto_on_Digital_Humanism_DE.pdf (abgerufen am 19. Januar 2023).

Thomas, Mike. 2019. The Future of AI: How Artificial Intelligence Will Change the World. Builtin.com, 8. Juni 2019. https://builtin.com/artificial-intelligence/artificial-intelligence-future

Thussu, Daya. 2009. Internationalizing Media Studies. London: Routledge.

Tillich, Paul. 1952. Protestantische Vision. Stuttgart: Ring Verlag.

Trovato, Gabriele. et al. 2021. Religion and Robots: Towards the Synthesis of Two Extremes. International Journal of Social Robotics 13 (4): 539-556.

Tu, Weiming. 2003. Confucianism: Humanism and the Enlightenment. An Encyclopedia of Chinese Philosophy, hrsg. von Antonio S. Cua, 89-96. New York: Routledge.

UNCTAD (United Nations Conference on Trade and Development). 2020. Trade and Development Report 2020. New York: United Nations Publications.

UNCTAD (United Nations Conference on Trade and Development). 2019. Digital Economy Report 2019. New York: United Nations Publications.

United Nations. 2022. Human Development Report 2021/22. New York: United Nations Development Programme.

Waisbord, Silvio und Claudia Mellado. 2014. De-Westernizing Communication Studies: A Reassessment. Communication Theory 24 (4): 361-372.

Wallace, Rob. 2020. Dead Epidemiologists. On the Origins of COVID-19. New York: Monthly Review Press.

Wallerstein, Immanuel. 2019. Welt-System-Analyse. Eine Einführung. Wiesbaden: Springer VS.

Walter, Tony. 2020. Death in the Modern World. London: Sage.

Walter, Tony. 2003. Historical and Cultural Variants on the Good Death. British Medical Journal 327 (7408): 218-220.

Walter, Tony, Rachid Hourizi, Wendy Moncur und Stacey Pitsillides. 2011. Does the Internet Change How We Die and Mourn? Overview and Analysis. OMEGA – Journal of Death and Dying 64 (4): 275-302.

Wang, Georgette, ed. 2011. De-Westernizing Communication Research: Altering Questions and Changing Frameworks. Abingdon: Routledge.

Weale, Sally, Richard Adams und Helena Bengtsson. 2017. Oxbridge Becoming Less Diverse as Richest Gain 80% of Offers. The Guardian, 19. Oktober 2017, https://www.theguardian.com/education/2017/oct/19/oxbridge-becoming-less-diverse-as-richest-gain-80-of-offers

Weizenbaum, Joseph. 1978. Die Macht der Computer und die Ohnmacht der Vernunft. Frankfurt a.M.: Suhrkamp.

White House. 2022a. Blueprint for an AI Bill of Rights. https://www.whitehouse.gov/ostp/ai-bill-of-rights/ (abgerufen am 2. Januar 2023).

White House. 2022b. Fact Sheet. Biden-Harris Administration Announces Key Actions to Advance Tech Accountability and Protect the Rights of the American Public. https://www.whitehouse.gov/ostp/news-updates/2022/10/04/fact-sheet-biden-harris-administration-announces-key-actions-to-advance-tech-accountability-and-protect-the-rights-of-the-american-public/ (abgerufen am 2. Januar 2023).

White House. 2020. Artificial Intelligence for the American People. https://trumpwhitehouse.archives.gov/ai/ (abgerufen am 22. Juni 2021).

Widdau, Christoph Sebastian. 2019. Digitaler Humanismus. Eine Ethik für das Zeitalter der Künstlichen Intelligenz. Zeitschrift für Philosophische Forschung 72 (2): 307-310.

Willems, Wendy. 2014. Provincializing Hegemonic Histories of Media and Communication Studies: Toward a Genealogy of Epistemic Resistance in Africa. Communication Theory 24 (4): 415-434.

Willems, Wendy und Winston Mano. 2016. Decolonizing and Provincializing Audience and Internet Studies: Contextual Approaches From African Vantage Points. In Everyday Media Culture in Africa: Audiences and Users, hrsg. von Wendy Willems und Winston Mano, 1-26. London: Routledge.

Winfield, Alan. 2021. Robotics. A Very Short Introduction. Oxford: Oxford University Press.

Wiredu, Kwasi. 1996. Cultural Universals and Particulars. An African Perspective. Bloomington, IN: Indiana University Press.

Wiredu, Kwasi. 1995. Are There Cultural Universals? The Monist 78 (1): 52-64.

Xinhua. 2019a. Beijing Internet Court Launches AI Judge. XinhuaNet, 28. Juni 2019. http://www.chinadaily.com.cn/a/201906/28/WS5d156cada3103dbf1432ac74.html (abgerufen am 2. Januar 2023).

Xinhua. 2019b. Chinese Courts to Embrace AI. XinhuaNet, 11. März 2019. http://www.xinhuanet.com/english/2019-03/11/c_137886496.htm (abgerufen am 2. Januar 2023).

Žižek, Slavoj. 2021. Blade Runner 2049: A View of Post-Human Capitalism. In Lacanian Perspectives on Blade Runner 2049, hrsg. von Calum Neill, 41-51. Cham: Palgrave Macmillan.

Žižek, Slavoj. 2020. Hegel im verdrahteten Gehirn. Frankfurt a.M.: Fischer.

Žižek, Slavoj. 2018a. Disparitäten. Darmstadt: WBG.

Žižek, Slavoj. 2018b. Like a Thief in Broad Daylight: Power in the Era of Post-Human Capitalism. London: Allen Lane.

Žižek, Slavoj. 2017. Incontinence of the Void. Economico-Philosophical Spandrels. Cambridge, MA: The MIT Press.